열대와 온대 사이의 삶

호주·뉴질랜드 경북인

글 정희진 | 사진 이정화
기획 (사)인문사회연구소

열대와 온대 사이의 삶 – 호주·뉴질랜드 경북인

ⓒ 경상북도 / (사)인문사회연구소 2019

발행일 2019년 11월 5일
발행처 경상북도
기획 (사)인문사회연구소
디렉터 신동호
에디터 이정화
취재 신동호·이정화·정희진·허석윤
글 정희진
사진 이정화
디자인 안지경
출판 코뮤니타스

ISBN 979-11-85591-90-2

이 책은 '경상북도 2019 해외동포네트워크구축사업
「세계시민으로 사는 경북인 2019 - 호주, 뉴질랜드 편」'의 일환으로 제작되었습니다.

 이 책의 내용은 <Creative Commons> 정신에 따라
비영리 목적에 한해 저작자 표기와 함께 활용하실 수 있습니다.

이 도서의 국립중앙도서관 출판예정도서목록(CIP)은 서지정보유통지원시스템 홈페이지
(http://seoji.nl.go.kr)와 국가자료종합목록 구축시스템(http://kolis-net.nl.go.kr)에서
이용하실 수 있습니다. (CIP제어번호: CIP2019044051)

열대와 온대 사이의 삶

호주·뉴질랜드 경북인

차례

여는 글

1장. 자유 이민자들의 지상낙원, 시드니

- 쁘라쁘라 비행기를 타고 떠난 양모¥毛 1세대　　　　　　　　　32
  　　　　　　　　문동석
- 달성 촌놈, 10년 상장의 꿈　　　　　　　　　　　　　　　　48
  　　　　　　　　서정배·문민정
- 아시아 역사를 가르치던 지구 남반구의 미국 장학생　　　　　64
  　　　　　　　　이경재
- '칼 하나, 가위 하나만 달랑 들고' 온 이민　　　　　　　　　78
  　　　　　　　　김구홍·고순관
- 20대 방황을 반까이 하는, '더 좋은 삶'을 향한 다짐　　　　100
  　　　　　　　　노현상
- 성수기와 비수기 사이, 시드니 십잡10job　　　　　　　　　114
  　　　　　　　　윤영일
- '연매출 100억'에서 '우버 드라이버'까지, 파란만장 30년　 128
  　　　　　　　　이기선
- 다민족 25개 영어 악센트와 만나는 '신성이민법률'　　　　148
  　　　　　　　　이재규
- 주류사회 진출을 위한 발판이 되다　　　　　　　　　　　160
  　　　　　　　　호주 시드니한인회
- '서로 나누고 품앗이 하는' 향우회 활동　　　　　　　　　166
  　　　　　　　　재호주 대구·경북 향우회

2장. 빅토리아 여왕 시대의 구리구리 올드 스타일, 멜번

- 독일의 better Living에서 호주의 better Life로   184
  황용기·김경혜
- 멜번의 12번째 한국인 가족   204
  오영열·안중민
- 발로 뛰는 글, 사람을 향한 따뜻한 시선 '멜번저널'   226
  김은경·한광훈
- 서울대 출신 타일 마스터, CJ 춘제   252
  조춘제
- 잊을 수 없는 '피시 앤 칩스'의 맛, 어쩌다 이방의 삶   268
  김진석
- 세상의 모든 악기 '스카이 뮤직'   282
  이동호
- 8불짜리 청소일로부터 일궈 낸 '캥거루 블록'   294
  안형배
- 봉사의 정신으로 함께 하는 멜번한인회   306
  호주 빅토리아주 한인회

3장. 군청색 하늘 아래 하루 4계절, 브리즈번&골드코스트

- 운명을 바꾸는 반전과 무작정의 힘   330
  송진상
- '룰을 실현하는' 퀸스랜드 한인회   348
  퀸스랜드주 한인회
- 28년 이어온 한국 참전 용사들의 전우애, '가평 데이'   350
  호주 퀴즐랜드 골드코스트 한인회
- 처음이자 마지막이 된 '사이먼 케이스'   358
  전주한

4장. 대자연이 빚어놓은 '키위'의 도시 놀이터, 오클랜드

- 발효 김치를 닮은 빵 '더 게토 하우스'   380
  김보연·유성자
- 270개 LED로 오클랜드 밤하늘을 밝힌 안동 촌놈   406
  유광석
- 퀸즈 메달의 영광, 금산 인삼 집 맏딸   422
  변경숙
- 대륙을 이끄는 K문화를 만드는 방송 외교가   444
  김운대
- 이 세상이 제 집이죠   458
  김민석
- 비 온 뒤에 땅이 굳는다   470
  오클랜드 한인회
- 대한민국 경제발전을 위한 역할   476
  재뉴질랜드 상공인연합회
- 한국 54년, 다시 뉴질랜드 54년   482
  뉴질랜드 한인사 편찬위원회

도움주신 분

참고문헌

세계시민으로 사는 경북인, 지난 10년의 여정

여는 글

　　남반구에 있는 오세아니아는 지구상에서 떠오르는 태양을 가장 먼저 맞는다. 이 지역에서만 볼 수 있는 남극광은 오색빛깔로 호주와 뉴질랜드의 밤하늘을 물들인다. 각양각색 하늘색만큼이나 다양한 눈동자를 가진 이들이 서로 어울려 살아가는 곳이기도 하다. 햄버거부터 쌀국수, 스시롤을 파는 가게들이 즐비한 이곳은 인도 영어부터 중국, 베트남, 아랍 영어까지 뒤섞여 오간다.

　　1788년 영국 죄수들을 가득 실은 배가 시드니 항에 닻을 내렸다. 호주와 뉴질랜드는 영국의 식민지가 되었고, 영국은 1868년까지 약 16만 명의 죄수를 호주로 보냈다. 점차 설 자리가 없어진 호주 애버리진^{호주 선주민}과 뉴질랜드 마오리족^{뉴질랜드 선주민}은 자신들의 '마더랜드'를 이방인에게 내어줘야 했다. 호주, 뉴질랜드의 이민사는 중앙아시아의 고려인과 재일 동포에 비해 짧은 편으로 100년이 채 되지 않는다. 두 나라는 1950년 한국전쟁에 파병했으며 한국전쟁이 한국과 호주, 한국과 뉴질랜드 간 첫 공식교류였다. 1960년대부터 콜롬보 플랜*을 통해 당시 한국의 고학력자들이 유학생 신분으로 호주와 뉴질랜드로 건너갔다.

---

* 1951년 영연방 외무장관회의에서 제안한 동남아시아의 기술·경제원조 계획으로 호주와 뉴질랜드 정부가 장학금을 제공해 한국 학생들이 유학길에 올랐음

1973년 이후 백호주의가 철폐되었고 호주의 정권을 잡고 있던 노동당은 체류기간이 초과한 이들에게 영주권을 주는 사면령을 내렸다. 이를 기회로 영주권이 없던 이민자들은 호주에 정착할 수 있었다. 호주의 한인 이민자들은 1980년대 중반을 전후하여 '구포'와 '신포'로 나눌 수 있다고 한다. 구포는 베트남에서 노동자로 있다가 호주로 들어 온 '월남파'와 중동에서 건너간 '중동파'가 있다고 한다. 그리고 1980년대 이후에 호주로 들어 온 투자 이민자들을 신포라고 부르고 있었다.

뉴질랜드의 경우 1965년부터 시행된 콜롬보 플랜으로 한국 유학생들이 뉴질랜드 정부로부터 장학금을 받고 본격적인 유학길에 올랐다. 1991년 해외의 고급인력을 유치할 목적으로 이민자의 나이, 학력, 경력 등을 점수로 계산하여 영주권을 발급해주는 일반 점수 이민제를 시행하였다. 이후 2001년부터 일반 이민, 사업 이민, 가족 이민으로 세분된 이민정책을 통해 한국의 고학력 중산층들이 뉴질랜드 땅을 밟았다.

두 나라는 공통적으로 행복한 노후를 꿈꾸는 이들에게 안전하고 살기 좋은 나라로 불리며 청년들에게는 일한 만큼 보상받는 정직한 나라로 알려져 있다. 현재 우리 동포는 주로 호주 시드니를 비롯해 멜번, 브리즈번, 골드코스트와 뉴질랜드의 오클랜드에 밀집해 있다. 이민 초기 한인들의 정착지는 시드니의 서쪽인 캠시였지만 점차 이들이 빠져나가고 지금은 중국을 비롯한 아시아 이민자들이 대부분이다. 현재 스트라스필드에 살고 있는 많은 한인들은 점차 부를 축적하면서 '뭐든지 2배인' 동쪽으로 옮겨가고 있었다. '남반구의 런던' 멜번에는 교민들이 세운 한인회관이 있다. 십시일반 모은 돈으로 공장 건물을 사서 교민들이 직접 미장을 하고 마루를 깔았다. 또한 평화의 소녀상을 세우기 위해 이미 300여명이 모금을 마쳤다. 은퇴 후 최고로 살고 싶은 도시로 손꼽히는 브리즈번과 골드코스트는 천혜의 자연환경으로 이민자들에게 가장 주목받는 도시이다. '골드코스트 한인회'는 한국전쟁 참전 용사를 추모하는 가평 데이 행사를 28년째 이어가고 있다. '굴뚝 없는 산업의 나라' 뉴질랜드의 오클랜드는 후손들에게 깨끗한 자연을 물려주기 위해 의도적으로 부존자원의 개발을 늦추고 있다.

경상북도와 (사)인문사회연구소는 2010년부터 10년 동안 '세계시민으로 사는 경북인'을 통해 로컬리티 디아스포라를 발굴하고 담아내는 작업을 해왔다. 올해 우리가 만난 호주·뉴질랜드 동포들은 한인 사회를 위해 자신의 삶을 내어놓기도 하고 한국인답게 자녀교육에 고집스러운 모습을 보이기도 했다. 이들은 아침에 일어나 자연스럽게 한국 뉴스 방송부터 시청하며 자신을 '무엇이든 다 잘하는 한국인 유전자'를 가졌다고 말한다. 다민족 국가의 일원으로서 자신의 목소리를 높이기보다 다양한 문화를 존중하는 삶을 살고 있으며, 한국과 호주·뉴질랜드 사이 가교 역할을 하고 있다.

총괄 디렉터 신동호 소장, 취재와 더불어 도시 소개 글을 쓰고 원고를 다듬어 준 이정화 에디터, 사전조사에 함께한 경북도청 이정아 주무관, 김인정 연구소 전문위원, 본 취재를 함께한 영남일보 허석윤 기자에게 감사의 인사를 전합니다. 교열을 맡아준 김소희 선생님, 안지경 북 디자이너, 김병호 전시 디렉터님 고맙습니다. 취재진을 환대해주신 동포 여러분의 따스함을 잊지 않겠습니다.

정희진 | (사)인문사회연구소 연구원

1장
자유 이민자들의 지상낙원, 시드니

시드니의 동서남북

만약 시드니의 아파트 창문으로 하버 브릿지가 보인다면 '적어도 50만 불은 더 얹어줘야 할'정도로 코트행거 모양의 대형 철교는 이 도시의 명물이다. 시드니는 하버 브릿지와 오페라 하우스를 중심으로 동서남북으로 나눌 수 있다. 서쪽의 중심인 스트라스필드는 '물가도 싸고 만만한'지역으로 요즘 부쩍 아랍인들이 많아졌다고 한다. 동쪽인 본다이비치부터 빠삐용을 촬영한 왓슨스베이는 호주의 부촌이다. '아랍사람들이 남의 집 청소하러 가는 곳'으

로 더블베이는 말 그대로 '담뱃값도 두 배, 기름값도 두 배'인 지역이다. 아시안들은 찾아보기가 힘들다는 남쪽은 '백인지대'라고 불릴 정도이다. 늙은 백인 노부부들의 '잘 알아듣지도 못하는 호주식 영어'를 흔하게 들을 수도 있으며, 종종 인종차별에 관한 사건사고 소식이 들려오는 곳이라고도 한다. 북쪽은 그야말로 호주에서 성공한 1%의 사람들이 사는 곳이다. 음식문화 또한 맛집보다는 호주 유러피언들의 전통을 고수한 고급 음식점이 대부분이다.

죄수의 벽돌 패턴

1788년 최초의 영국 함대가 시드니 코브에 도착하면서 호주의 역사가 시작되었다. 이주민 중 반은 죄수였고, 나머지는 이들을 감시하는 군인이었다. 시드니 더 록스 지역에 정착민 마을이 형성되자 영국 정부는 호주를 본격적인 유형지로 결정했고, 1868년까지 약 16만 명에 달하는 죄수를 이송했다.

유럽인들의 최초 정착지인 더 록스를 기점으로 도시는 개발되었다. 단단한 모래를 깨고 직접 만든 벽돌로 지은 건물들을 곳곳에서 만날 수 있었다. 누런 빛이 도는 담벼락을 가까이서 만져보게 되면 저마다 독특한 패턴이 새겨져 있음을 알 수 있다. 좌우 일직선으로, 사선으로 혹은 콕콕 찍어놓은 무늬들은 참 천진하고도 다채로웠다. 힘든 노역 속에서 제 작업량을 지키기 위해 자기만의 표시가 필요했던 것이다. 최초의 정착민이었던 그들이 세운 건축물은 훗날 유네스코 세계문화유산으로 지정될 만큼 역사적인 의미가 크다.

모두의 선물센타, 캠시 Campsie

시드니의 남서쪽에 있는 캠시는 초기 한인들의 정착지로서 한인회관이 있는 곳이다. 덕분에 한인회관을 오가며 값싼 기름을 종종 넣을 수 있다는 한 교민의 말이 인상적이었다. 이민 초기에는 한인 상가뿐만 아니라 아파트 또한 많았다. '베란다에 널려있는 빨래만 보아도' 동포임을 알 수 있었던 시절이 있었지만 벌써 20년 전의 풍경이다. 이제 한국인들은 거의 찾아볼 수 없으며 중국계, 중동계 이민자들이 대부분이다. 한산한 상가 입구, 낡고 빛바랜 한국어 간판들을 보면서 '물 설고 말 설은 낯선 땅'에 맨몸으로 일찍감치 들어와 악착같이 일에 매달려 '코리안 캥거루'로 살았던 이 땅의 이민 1세대들이 떠올랐다.

캐리지웍스 carriageworks

시드니 최대의 복합문화공간인 캐리지웍스는 이민자가 증가하던 19세기 시드니의 경제를 책임지던 산업공간이었다. 하루에도 수십 대의 화물운송열차가 드나들었던 이곳을 최소한의 보수를 거쳐 2007년 복합문화공간으로 재탄생시켰다. 철로와 플랫폼이 그대로 남아있는 낡은 벽돌 건물의 빈티지한 아름다움 속에서 다소 실험적이고도 파격적인 현대미술을 종종 마주할 수 있다는 것은 너무도 설레는 일이다.

쁘라쁘라 비행기를 타고 떠난 양모^{羊毛} 1세대

문동석 | 1938년 2월 18일, 경북 영천읍 문내동
(현. 경북 영천시 문내동)

그는 호주 이민사에 자주 등장하는 인물로 1969년 호주에 뿌리내린 자랑스러운 경북인이다. 그는 호주 시드니한인회 회장을 지냈으며 한인회관 설립을 위한 모금 운동을 펼친 주인공이기도 하다. 이 밖에도 한호 상공인연합회, 민주평화통일 자문회의, 호주 한인총연합회, 경상북도 해외자문위원회의에서 활동하며 동포들의 결집과 한호 관계를 위해 부단히 노력해왔다.

경북 영천이 고향인 그의 부모님은 '농사 많고 본채에 방이 30개'나 있었던 마을의 유지였다. 마음씨 넉넉했던 그의 아버지는 강가에 있는 피난민들을 집으로 데리고 와서 살뜰하게 보살펴 주기도 했다. 학창시절 공부도 곧잘 했던 그는 시험을 거쳐 대구에 있는 경북중학교로 가게 되었다. 당시만 해도 영천에서 경북중학교를 진학하는 것은 '장원급제'와 같은 것이었다. 그의 생각과 달리 성적은 원하는 만큼 나오지 않았다. '용 꼬리가 되기보다는 뱀 머리가 되겠다'는 마음으로 대구공고에 진학하여 고등학교 3학년 때 제일모직에 입사했다.

그는 사내 호주 양모감정 실습이 있다는 것을 듣고 '해외를 가겠다'는 당찬 포부로 시험에 응시했다. 당시 이병철 회장과의 면접은 '네 나이 몇 살이고?', '스무 살입니더', '나가봐라' 단 세 마디로 끝났지만 한 달 뒤 합격통보를 받았다. 판 아메리카의 '쁘라쁘라'^{프로펠러} 비행기에 몸을 싣고 3일 만에 도착한 멜번에서 줄곧 양모를 공부했다. 어느덧 그는 양모를 한번 훑어보기만 해도 질 좋은 옷감인지 구별할 만큼 양모 전문가가 되어있었다.

1969년 가족과 함께 꿈에 그리던 호주로 다시 돌아 온 그는 '밤낮 없이 뛰어다닌다'는 의미를 가진 '선문 트레이딩'이라는 무역회사를 설립했다. 비교적 짧은 기간 동안 한국과 호주의 특산품을 수·출입하며 빠르게 성장했다. 한국 산업에 기여한 공로로 대통령 훈장을 받기도 한 그는 교민들의 결집과 한호관계 향상에 큰 힘을 기울여왔다.

'용꼬리보다 뱀머리'가 되고 싶었던 공고1학년

저는 문동석입니다. 1938년 2월 18일 영천읍 문내동에서 태어났어요. 우리집이 영천에서 가정집으로는 제일 컸고 정미소도 하고 과수원도 해서 영천에서 유지에 속했죠. 우리집은 농사를 많이 지어서 본채에 방이 30개나 됐어요. 6·25사변 나가지고 영천 강가에 피난민이 왔을 때 우리 아버님이 피난민들 다 데리고 와서 '우리집 살아라' 한 기억이 난다고. 피난 시절 군인부대가 있을 때 지역 사령관 가족도 우리집에 살았어요. 영천이 다 점령되지는 안 했거든. 영천에서 피난 간 사람도 있고 안 간 사람도 있고 그랬어요. 우리는 언양으로 피난을 갔어요.

아버지는 문효빈이십니다. 저는 7남매에요. 백씨^{큰형}는 한국에 대성산업 창설 동지고 대성산업이 내가 학교 다닐 때 연탄공장이었대. 우리 백씨는 상문가 그랬어요. 그다음 큰 누님, 둘째 누님, 내고 그담에 남동생, 여동생, 꼬마 남동생 있지요. 남동생은 호주에 살고 꼬마 동생은 대구에서 사업을 아주 참 잘하고 있죠.

내가 50년대 초에 영천국민학교를 졸업하고 경북중학교 들어갔어요. 영천에서 경북중학교 들어갔다 카면 장원급제하는 기나 마찬가지 아닌 겨. 학생들이 운동도 잘 하고 모든 것을 너무 잘하는데 나는 아무리 해도 한 중간층밖에 안 되더라고. 나는 오히려 '용꼬리가 되기보다 뱀 머리가 돼야지' 생각하고 대구공고 화학과에 들어갔죠. 육군사관학교 학생들이 대구에 왔는데 옷 입은 걸 보니까 너무 멋있게 보이더라고. 나도 육군사관학교를 가야지 했고 장군이 되고 싶었어요.

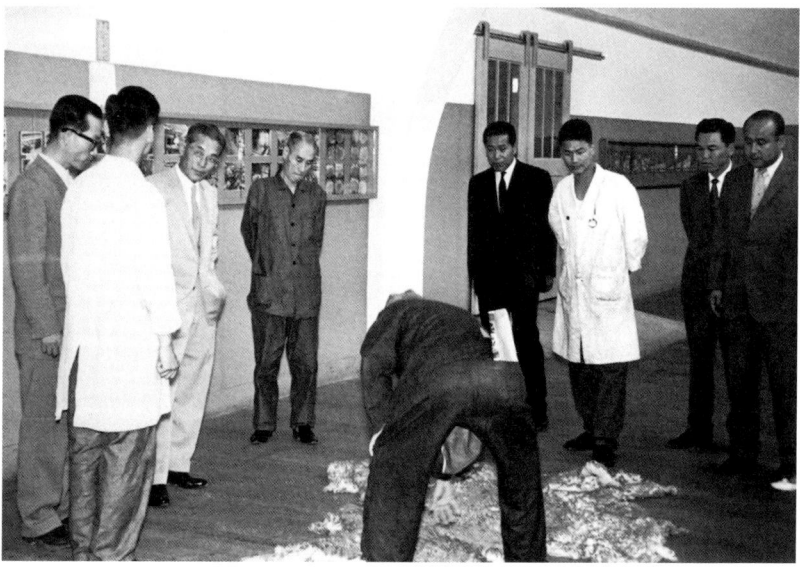

단 세 마디로 끝났던 회장님의 면접시험

이병철 회장님이 제일모직을 1954년에 시작을 했어요. 고등학교 3학년 때 대구 칠성로에 땅을 닦고 공장 짓고 할 때 1기생들 모집을 했어요. 삼성에서 사람을 뽑을 때는 독일 유학 보내준다 카는 게 신문에 난거야. 독일도 가고 싶고 그게 제일 큰 매력이었죠. 내가 제일모직 시험에 응시했어요. 그때는 군에 안 갔다 온 사람은 시험 자격을 안 준 거야. 이병철 회장님이 유능한 사람은 군에 안 가도 입사를 시키라 해서 고등학교 졸업생자로서 4급으로 9명 정도 취직됐고 대학 졸업자들은 3급이래. 그래가 고등학교 3학년 상반기에 회사를 드갔는 기라.

군대 같으면 장군이 돼야 하고, 남자가 태어나서 사업을 하면 해외도 좀 가보고 그래야 사업가로서 발전할 수 있지요. 그때는 이승만 대통령 시절이라서 군에 안 갔다 온 사람은 해외를 못 갔어요 내가 해외를 나갈라 카면 군에 가야 되기 때문에 제일모직에서 1년 일하고 입대했어요. 군 나이가 미달이지만 자원입대를 하면 신체검사만 마치면 됐어요. 대구에서 신체검사하고 경북 문경에 자원입대했어요.

제대하고 마침 회사에 호주 유학시험이 있었던 거야. 응시를 했죠. 대구 제일모직에서 6명이 추천받고 차출해서 서울로 보냈지요. 서울 반도호텔 롯데호텔의 전신에 이병철 회장님 인터뷰를 하러 갔죠. 그때는 이병철 사장님이죠. 내가 출생하고 서울은 처음이었어요. 넥타이도 맬 줄 몰라서 넥타이를 빌려 가지고 딱 땡기면 매게 되도록 했어. 큰 테이블 앞에 가운데 이병철 회장님, 왼쪽에는 금성, 효성 분들이고 오른쪽에는 잘 모르는 사람이에요. 나중에 보니까 백운학관상가 선생이랑 조수도 있었지요. 우리는 생쥐같이 그래 마음이 뜰뜰하죠. 이병철 회장님이 두 말씀밖에 안 해요. 경상도 사투리로 '네 나이 몇 살이고?' 카는 거야. 그때 '스무 살입니더' 카고는 '나가 봐라' 카는 기야. 나는 떨어졌구나. 나는 뭐 빽도 없고 큰 희망이 없구나. 면접 왔는 게 보람된다 하고 서울 구경이나 하고 다음 날 내려왔지요. 한 달쯤 지나고 보니까 내 혼자 발탁이 됐는 거야.

쁘라쁘라 비행기 타고 3일 걸려 도착한 멜번

　　59년 1월 달에 한국에서 비행기를 탔는 거야. 그때는 전부다 쁘라쁘라 비행기^{프로펠러 비행기}라서 김포에서 비행기를 타고 일본에서 내렸고 일본에서 이틀 자고 그 담에 홍콩 거쳐서 다윈, 시드니 갔다가 멜번으로 갔다고. 한 3일 걸렸지. 쁘라쁘라 하면 소리가 덜덜덜 났는데 만 2년 있다가 61년 1월쯤 돌아올 땐 제트기를 타고 돌아왔지요. 처음에 판 아메리카 제트기 타니까 소리도 쐐 카면서 세상에 이런 것도 있는가 하면서 참 신기했다고.

　　제일모직이라 하면 양복 천 만드는 회사 아닙니까? 원료공장을 차릴라꼬 나를 호주에 실습 보냈는 기라. 반제품을 사는 거보다도 양털에서 직접 깎은 원료를 사 오면 부가가치가 훨씬 많아지는 거라. 반제품 원료 사는 회사가 멜번에 있었다고. 양털이 가는 것도 있고 굵은 것도 있고 이거를 분별해야 되거든. 그거 공부하러 멜번에 왔는 거야. 멜번 RMIT 공과대학에서 학술이론 공부를 하고 또 거기서 양털 깎는 농장실습을 한 3주씩 3번을 갔다 왔어요. 대구 오다가 일본 나고야 옆에 이치노미야 공장에서 실습 3개월 하고 대구로 왔지요. 해외 연수받고 온 방직 기술자들은 목에 집 한 채가 달렸어요. 요즘 집 한 채가 5억 같으면 집 두 채를 10억을 줘야 가는 거야. 제일모직에서는 삼성에서는 해외 유학을 보내면 복무연한 9년을 채워야 됩니다. 9년을 근무 안 하고 나가면 퇴직금도 제대로 못 받고 회사에서 좋게 생각을 안 한다고요. 나는 복무연한을 채웠지요.

고추장하고 먹으면 그날은 생일이야

제일모직에서 일하는 것보다 호주라 카는 나라가 너무 좋았는 거야. 왜 미칠 정도로 호주가 좋았냐 하면 멜번에서 하숙 생활하면서 일도 하고 학교도 댕기고 그런데 그때 20살 청년은 뭘 먹어도 배가 고프잖아요. 농장 실습 가보면 이 세상에 음식이 왜 이리 풍부한지도 모르는 거야. 아침 주지, 중참 주지, 점심 주지, 후참 주지, 또 저녁 먹지. 저녁 먹고 난 다음에는 양털 깎는 사람, 감정하는 사람 해서 10명 정도 자동차 타고 사냥을 간다고. 가서 불 피워 놓고 토스트 구워먹고 또 손낚시하면 고기가 이만큼 있는지도 몰라가 잡다가 손이 다 터졌어. 주방장한테 고기 주면 요리도 해주고 내가 참 상상을 못할 정도로 좋은 거야. 학교에서 전철 타고 집에 올 때 중국촌에 가서 고추장하고 먹으면 그날은 생일이야. 나는 빨리 한국에 돌아가서 내 할 일 다 하고 호주 와서 살겠다는 생각이 딱 드는 거야. 돌아와서 원료공장을 차렸죠. 고급 양복재 아니면 세타 짜는 실을 만들어야 된다 하면 고급, 중급을 구분하죠. 그때부터 호주에서 양털 깎은 거를 가져와서 물로 세척하고 털어 어서 굵은 실을 만들어 내는 거죠. 방직 공장에서 더 가늘게 가늘게 뽑는 거라. 손으로 만지고 육안으로 딱 보면 알지요. 고급 양복재는 보들보들하죠.

양털실습 농장의 버프톤 할머니

애들 셋 낳고 69년 12월 말에 시드니 왔어요. 나는 초청 이민으로 됐거든. 내가 멜번서 학교 다닐 때 그 옆집 농장에서 실습했고 실습할 때 같이 일하는 기술자 한 분이 멜번 옆에 지롱이라고 그쪽 집하고 친척인 거라. 그분이 그 집에 한번 가봐라 해서 금요일에 일마치고 걸어갔죠. 10km 안 됐어요. 땀을 뻘뻘 흘려가지고 그 집에 도착했는데 사람이 생쥐같이 되버린 거야. 버프톤 Bufton 할머니가 반갑게 맞이해주고 내한테는 참 큰 은인이죠. 내가 호주

이민을 오고 싶다 카니까 할머니가 농장에서 취업 보증, 재정보증, 주택보증 다 해준 거야. 그 할머니가 돌아가셨지만 우리 애들이 엄마, 아버지는 눈이랑 머리가 새카만데 우리 할머니는 왜 눈이 새파랗고 머리도 새하얗냐고 그럴 만큼 자기 할머니같이 생각했어요. 할머니가 참 잘해 주셨고 늘 호주에서 옷을 보내주고 애들 서이가 한국에서 호주 옷 입고 자랐어요.

독립해서 만든 첫 회사, 선문 트레이딩

시드니에 양모 원료를 해외에 수출하는 유명한 유대계 회사 '블랙 앤 베어'에 취직을 했어요. 내가 기술이 있으니까 일본, 한국, 대만, 홍콩을 담당했어요. 우리 회계사가 그런 좋은 직장이 있는데 왜 그만뒀냐고 펄펄 뛸 정도로 그랬는데 8년을 근무를 했어요. 말단 직원으로 드갔는데 한국, 대만, 홍콩

더군다나 한국에는 큰 실적을 올리기 때문에 나올 때는 중역위원이었어요. 78년 7월 1일에 내가 독립을 해. 회사가 '선문 트레이딩'Sunmoon이라고 선은 낮에 있고 문은 밤이니까 24시간 열심히 뛰다니야 성공을 할 수 있지 않냐고 해서 그렇게 지었어요. 초기에는 대구 쪽 섬유 수입을 엄청나게 많이 했습니다. 대구에 '갑을' 같은 중소업체들 원단을 했어요. 호주가 봉제를 많이 했거든요. 요즘은 인건비 때문에 봉제를 안 하고 완제품을 사기 때문에 인자 원단은 거의 안 들어오고 있죠. 호주는 규모가 작으니까 종합상사로 여러 가지 다 했죠. 그때 한국 수출이 상당히 미약했거든요. 봉제한 세월만 40년, 그간에 공장도 하고 건설업자 자격증도 있어서 건설도 하고 여러 가지를 많이 했죠. 제가 한국 전두환 대통령 시절 수출 훈장도 받았죠. 내 역할은 언어 소통이 잘되도록 했지. 내같은 사람의 역할이 절실히 필요했어요. 그 다음엔 산업용 쪽으로 광산에 드가는 벨트라던지 공장에 드가는 벨트, 호스 같은 거도 했지요. 내 원래 기술자니까 제조업에 상당히 관심이 있어서 호스 공장도 크게 한 번 해봤다고. 대표적인 회사가 부산에 있는 '동일 고무벨트' 라꼬 그 회사는 3대째 내가 그 주인을 모시고 장사를 한다고. 김세연 국회의원이라고 부산서 유명하신 분 아닙니까. 지금도 나이로 보면 은퇴를 해야 되는데 주위 사람들이 자꾸 자리는 지키고 있으라고 그러는 거야.

지금 있는 빌딩 이름이 런던 쳄바에요. 100년 정도 된 집인데 시드니에서 문화재일 겁니다. 제일 예쁜 빌딩으로 소문이 나 있습니다. 유대 사람이 이게 경매에 나온다 카면 서로 덤벼서 살 겁니다. 지금도 사고 싶어 하는 사람들 많은데 우리 같으면 돈이 없으니까 빌려주고 집세 받는데 유대 사람들은 자기 자부심을 보여주기 위해서 살라 하죠.

결집력 뛰어나고 분위기 좋은 한인사회

교민 사회에 보면 내 이름이 늘 나오죠? 한인 사회는 저같이 인볼브^{관여}된 사람이 적다고 봅니다. 초기 한인회 시작부터 임원으로 오래 근무를 했고 시드니 한인회장을 할 때 한인회관도 구입을 했죠. 그때는 한인회관 모금 운동을 전개하기 위해서 한국에서 연예인 뽀빠이 이상용 씨 초청도 했어요. 실비 하나도 안 받고 무료 공연도 해 줬어요. 한호 상공인연합회는 호주 사람이 하니까 제가 부회장도 했고 한인상공회연합회 회장도 했죠. 민주평통 회장도 하고, 대통령 훈장도 한 번 더 받았죠. 호주는 연방제도니까 대표기관이 필요할거 같아서 우리가 2017년에 호주 한인총연합회를 구성했습니다. 제가 초대회장이 됐지요. 어느 나라든지 호주뿐만 아니라 우리 동포들이 있으면 어디서든 결집을 해야 하니까. 우리 해외 동포가 750만이고 호주에 18만 명 정도 되지만 호주처럼 결집이 잘 되고 분위기가 좋은 데는 드물다고 봅니다. 호주 한인 사회는 우리 선배, 후배들이 잘 다져놨기 때문에 모국에서 볼 때는

호주 한인 사회를 늘 모범케이스로 자랑을 할 정도죠.

나는 늘 워킹홀리데이 해야 된다 캐요. 한국이 늘 청년실업이라고 하는데 실제 일손이 없잖아. 식당에 일하던지 한 3년 비벼보면 자기가 살 수 있는 길을 찾고, 머리가 돌아가면 딴 일을 찾을 수 있는 거야. 한국 사람들은 밖에 많이 좀 살아야 해. 사람이 리스크를 부담을 해야 되는 거야.

우리 집엔 한국 냄새가 없어

부인 이름은 강분수이고 청송 사람입니다. 63년쯤에 결혼했지요. 우리 애들 서이인데 좀 자랑스럽죠. 우리 애들이 머리가 좋은 것이 우리 마누라 닮아서 그런 거야. 우리집엔 한국 냄새가 없어. 결혼을 한국 사람들하고 못했어요. 그게 좀 아쉽다고. 그런데 해외에서 생활하다 보면 그거는 각오해야 되는 거 아닙니까.

큰 딸은 문은주고 영국 옥스퍼드 법대를 졸업했어요. 영화감독으로서 아주 세계적으로 명성을 날리고 있어요. 딸이 만든 영화가 'I Am Woman'인데 주인공이 1960년도 호주가수 헬런 루디 카는 유명한 가수예요. 신랑은 호주 사람인데 '게이샤의 추억'이라는 영화 촬영감독으로서 오스카상 수상을 했는 사람이여.

둘째 딸은 문선주고 패션계에서 알아줍니다. 미쏘니^{명품브랜드} 같은 이름 있는 회사들에서 수석 디자이너를 거의 다했다고. 프랑스 사람이랑 결혼했어요. 둘째 딸이 결혼을 좀 일찍 했어. 딸이 '한국 사람하고 결혼을 하는 걸 강력히 주장하는데 내한테 맞는 한국 남자를 한사람 찾아달라' 카는 거야. 할 말이 없더라고. 대학교 때 파리 가서 20년 이상 살다가 지금 미국에 살아요. 금 24K로 보석을 만드는 회사 골드뱅크에 크리에이티브 디렉터고 보드 멤버도 됐어요. 동양 사람이 보드 멤버가 된다 카는 거는 상당히 특이한 거예요.

아들은 문석민, 피타 문이고 동경에 있어요. 시드니 그래머 ^{명문 사립 중·고등}

^학교^ 수석 졸업자로 6년 장학생 했지요. 우리는 법대나 의대를 희망했는데 아들이 어느 시기 가면 의사나 법관들이 자기한테 치료받으러 올 거라는 거야. 요즘 심리학자들이 뜨고 있잖아요. 지금은 가사를 돌보고 있고 부인은 포르투갈 여잔데 알리앙스 보험회사 CEO예요.

서당골 촌놈, 10년 상장의 꿈

서정배 | 1967년 7월 30일, 대구시 북구 침산동 50번지
문민정 | 1969년 11월 10일, 대구시 북구 산격동

호주는 뜨거운 햇살 때문에 한국과 달리 차양 문화가 발달했다. 호주에서는 루핑시스템이라는 말로 차양을 대신하기도 한다. 시드니에서 루핑시스템 공장인 '오즈텍'을 운영하는 그는 1년에 컨테이너 100개의 양을 판매할 만큼 큰 회사를 운영하고 있다. 오즈텍의 차양은 뛰어난 품질을 인정받아 호주 전역뿐 아니라 뉴질랜드, 일본, 방콕 등 세계 곳곳에 진출해 있다. 호주에는 지금껏 한국인으로 상장한 회사가 없었다. 그는 오즈텍을 객관적으로 평가받기 위해 상장을 목표로 고군분투하고 있다.

대구에서 나고 자란 그는 대학을 졸업하고 '대우 영상기술연구소'에 입사하면서 전자제품 수출 업무를 맡았다. 수출부 '3대 쌈닭' 중 한 명으로 불렸던 그는 호기로운 성격만큼이나 일에 대한 도전의식이 크고 그만큼 업무 성과도 좋았다. 그의 가슴 속에는 사업가인 아버지처럼 본인의 회사를 갖겠다는 꿈이 있었다. 그는 3년 만에 다니던 회사를 그만두고 여행으로 온 호주에서 끝없는 지평선을 보며, '깃발만 꽂으면 여기가 다 내 구역'이란 생각을 갖게 되었다. 1996년 그는 마침내 임신한 아내와 함께 태평양을 건너왔다. '전광렬을 닮은 훈훈한 외모'와 자신이 직접 작성한 '10가지 결혼 조건'에 딱 들어맞는 신랑감이라며 그와의 결혼을 선택한 그의 아내는 현재 시드니에서 세 자녀를 돌보며 '호주 아따맘마'로 유튜버 생활을 즐기고 있다.

서당골에서 놀던 달성 토박이

저는 서정배입니다. 달성 토박이고 1967년 7월 30일에 우림제지 근처 도청교, 성북교를 지나서 있는 코오롱 하늘채 위치에서 태어났습니다. 주로 논 곳은 서당골입니다. 삼형제 중에 차남이에요. 어머니는 전점이이시고 1940년생, 현풍이 고향이세요. 인자하시고 고생 많이 하셨죠. 아버지는 1939년생 서이수입니다. 대구가 고향이시고 대구공고 섬유과, 청구대^{영남대학교} 나오셨죠. 대구공고 교편도 잡으셨고 강사도 하시고 방적, 제직 하셨습니다. 한국에서 최초로 섬유 쪽 기계회사에서 개발도 하시고 '삼화섬유'에 이사로 계시다가 현재는 리타이어^{은퇴} 하셨죠.

아버지가 나를 간섭한 적이 전혀 없는 것 같아요. '네가 판단해라' 했어요. 항상 선택권을 주신 거 같아요. 꿈, 욕심을 갈구하게끔 항상 그런 영향을 줬어요. 나의 선택이 연결되면 나의 인생이잖아요. 그리고 간띠만 있으면 뭐든지 할 수 있다는 걸 알려줬죠.

'당구 400' 치던 고등학교 시절

제가 산격초등학교 14회 졸업생인데 초등학교 때 굉장히 씩씩했어요. 육상을 좀 했죠. 농땡이도 쳤고요. 초등학교 5학년 때부터였나? 술을 좀 많이 좋아했죠. 크리스마스이브에 파티해야 하잖아요. 그때 쌈바 25라 캐가지고 25도짜리 술이 있었는데 슈퍼 들어가서가 한 병 쌔벼가지고^{훔쳐서} 나와가 친구네 집에 가서 친구들하고 먹고 그랬죠. 중학교 때도 막걸리 거의 일주일에 한두 번 마신 거 같아요. 담배는 중학교 1학년 때부터 폈고 우리집이 별채같이 내방이 있으니까 애들이 엄청 많이 놀러 왔죠.

남자들끼리 기 싸움도 많이 했어요. 경신중학교를 들어가자마자 남자들끼리 '의자 들고 한번 던져뿌라' 그랬죠. 옛날에 선도부가 힘이 굉장히 좋앉잖아요. 선도부 하면서 애들 잡아가 바리깡 들고 머리 그냥 밀어버리고 학교 들어오는 입구에서 애들 엎드려 세워놓고 야구 빠따 치고 날아다니고 그랬지요.

내가 굉장히 똑똑한 줄 알았거든. 학교 다닐 때 투원반 선수였는데 운동 쭉 했으면 특기자로 갔을 건데 공부한다 해서 인문계 쳐서 83년에 정동고등학교 들어갔죠. 그때만 해도 우리가 2부라고 이야기하지. 정동고가 반야월 벌판에 있었어요. 집에서 '이 등신 같은 놈아' 그랬어. 2~3학년에 소년원 갔다 온 선배들이 많았어요. 제가 정동고에 기여를 굉장히 많이 했어요. 무기정학 2번 맞았으니까 강당 짓는데 직접 곡괭이도 들고 삽질도 많이 했습니다. 술, 담배하고 그때 당구 400을 쳤어요. 시험을 못 치고 정학 맞고 이럴 때니까 내신이 15등급까지였는데 제 내신이 10등급이었어요. 대학시험에 265점을 맞았어요. 학교에선 거진 톱이었지. 나는 내신이 10등급까지 있는 줄 알고 중앙대 기계공학과랑 한양대 기계공학과 가려고 했어요. 근데 10등급에 무기정학까지 있으니까 출석까지 하면 15등급이라 재수해서 영남대에 기계공학과를 가게 됐죠.

대우전자 3대 쌈닭

대학교 3학년 말에 '대우 영상기술연구소' 들어가서 수출부에서 유럽을 담당했어요. 우리 아버지가 늦게 사업을 했는데 그거 보면서 대우 들어갈 때 '딱 3년만 하고 나와야지, 내 절대 월급쟁이는 안 한다. 내 미래는 내 일을 해야 되겠다'는 생각을 항상 가지고 살았어요. 야전 사령부 쪽은 수출부입니다. 대우가 수출을 중심으로 하는 큰 기업이기 때문에 수출부가 트렌드를 반영한 그룹 기획에 영향을 많이 미쳐요. 수출부 가면 전부 연고대, 서울대 이렇게 있어요. 지방은 몇 명 없어요. 나는 쌈닭이었어요. '수출부 3대 쌈닭' 카면 그중에 한 명이에요. 왜냐하면 디자인, 연구실, 공장 전체를 컨트롤해야 되는데 파워가 없으면 내 물량 잡아넣지를 못해요. 내가 그 시절에 한 3,000만 불 물량을 했거든요. 내 짝지하고 비행기 타고 대구 내려가서 근무하다가 열 받아서 구미공장 가서 멱살 잡고 뒹굴고 싸운 적도 많아요.

한번은 내가 텔레비전 만들 때 바이어가 어떤 칩을 써달라고 하는데 그 칩이 들어가면 안 되는데 얘네들이 잘못 안거야. 생산도 안했는데 '너 때문에 돈 8만 불 날아갔어. 돈 내' 해서 회사가 실사하러 왔었어요. 내가 엉뚱한 제품 내놓고 그랬어요. 수출부는 각자 어카운트^{계좌}가 하나씩 있는데 8만 불을 내 개인 계좌로 받았으면 참 좋았을 건데. 우리가 바이어한테 샘플 보내주고 할 때 돈 받아야 하잖아요. 근데 옛날에 샘플 보내주면 돈 받기가 어려웠거든요. 그런 걸 갖다가 각자 계좌에서 주는 거야. 보통 사람들 가지고 있어 봐야 2,000불, 3,000불 이카는데 내가 마음에 들면 공장에 연락해가 '텔레비전 부장님도 보내주고 과장님도 보내줘' 이런 식으로요. 내 후임한테 전달해주고 호주 왔는데 '테레비 그거 샘플 좀 보내라' 해서 구좌에서 샘플 받은 적도 있어요. 그래가 대우가 망한 거 같아.

입사할 때 인사팀에서 신원조회를 합니다. 내가 옛날에 싸워서 법적 전과도 있고 인사과장이 내보고 '진짜 열심히 해라' 해서 취업이 됐죠. 내가 굉장히 어그레시브^{공격적}하고 호전적이니까 폴란드 공장 이사가 내 부사수한테 막 욕을 하는 거야. 내가 듣고 있다가 '그래 이 새끼야! 내 더러워서 안 한다' 카고 96년 6월까지 근무하고 딱 사표 쓰고 호주로 왔죠.

엄마 옷 입고 맞선 보러 나온 부인

장인, 장모님하고 우리 집 어른들하고 친구예요. 대구에 코오롱 하늘채 아파트에 마주 보고 살고 호주에 항상 같이 놀러 오십니다. 어릴 때 같이 놀러 가면 부인 한 번씩 봤지만, 그때는 부인을 소 닭 보듯이 했죠. '자네 아들하고, 우리 딸하고 선 함 봐라' 되가 1995년에 부인하고 선을 봤죠. 고 때는 부

인이 날씬했어요. 선보는데 손도 시커머이 퉁퉁 부어가 '어디서 청소하다 왔나?' 부인이 엄마 옷 입고 왔는지 나중에 물으니까 엄마 옷 입고 왔대. 우리 와이프가 굉장히 검소합니다. 돈이 없어가 10불 옷만 사 입는 게 아니고 근본적으로 절약이 몸에 배어있어요. 마음씨도 좋고 해가 24살에 만나서 29살에 결혼했어요.

'깃발 꽂으면 다 내 땅'될 것 같았던 대양주

남들은 호주 와서 정말 힘들었다는데 저는 힘든 적이 없었어요. 너무 좋았어요. 젊어서 고생은 신이 준 축복이잖아요. 남이 다해 줘 봐. 내가 할 기회를 없애잖아요. 비자도 쉽게 받았어요. 관광 비자로 왔다가 사업비자 신청을 했는데 비자를 잘 안 줘요. 비자 신청하러 가서 이민국 카운터 넘어가다시피 했어요. 갑자기 이쁘게 생긴 여자 분이 자기 방에 오래서 갔더니 서류 다 해주디 '네 사업 비자도 줄게' 하면서 주더라고. '내 한국 들어가야 하는데?' 하니까 영주권 신청까지 자기가 해줬어요. 호주 올 때 공대 학점도 좋고 대기업 경력 있으니까 바로 됐죠. 너무 쉽게 받아 가자고 혜택을 참 많이 받았지 않나 싶어요.

1996년 6월에 호주 놀러 왔다가 여기 있어야 되겠다 해서 한국 완전히 정리하고 혼자 11월에 먼저 시드니로 왔죠. 그때 켄터키 프라이드치킨 인기를 끌고 그랬거든요. 한국에 타조고기를 수출하려고 했는데 혐오식품으로 걸려서 안 됐어요. 1997년에 소파랑 BMW에 들어가는 고급 가죽공장 '고씨'라고 가죽 총판을 받았어요. 유대인 회산데 퍼스에 있어요. 같이 사업하는 친구 부부랑 침대차를 몰고 4명이 7일 걸려서 퍼스까지 갔어요. 빅토리아에 있는 세계에서 제일 긴 직선도로가 160km가 넘어요. 차를 몰고 가면서 '여기 깃발 꽂으면 내 땅인데 빨리 가서 선점해야 되겠다. 뼈를 묻어야 되겠다' 했어요.

저는 양모 이불 만드는 공정도 한 번도 보지도 못했어요. 미국 간 친구가 투자를 해줘서 재봉 기계 하나 사서 이불을 만들었죠. 97년에 IMF가 터지고 수출하던 거 다 끊겼죠. 퍼스에서 커튼, 베드 스프레드^{침대커버}, 홈웨어를 소매로 팔았죠. 양모 이불, 섬유 같은 걸 터키나 유럽하고 중개무역도 하고 한국 것 받아서 수출도 했어요. 퍼스는 시드니하고 다르게 라이프 스타일이 좋아요. 한 집 하면 2만 불씩 했으니까요. 내가 벽을 그때 첨 뚫어봤어. 퍽 뚫으니까 벽이 막 부서지는 거야. 나중에 박스로 가리니까 안 보이는데 제가 퍼스에 있다가 시드니로 오고 난 다음에 사람들이 '서 사장이 가고 나니까 자꾸 막 커텐이 떨어진다' 이야기하더라고. 젊으니까 참 무모하게 막 했어.

2,500km 가서 딴, 첫 오다

99년에 시드니로 왔습니다. 호주가 양모를 갖다가 전 세계 한 60~70% 공급해요. 카펫도 만들고 대부분은 옷이죠. 옛날에는 그런 감촉을 갖다가 따뜻하고 통기성이 있고, 자연섬유 울 만한 게 없었거든. 울이 고급 쪽으로 많이 들어가죠. 호주가 가뭄도 있고 요즘에 인공섬유가 폴리에스터가 워낙 잘 나오잖아요. 전체적으로 양이 많이 줄고 있어요.

양모를 포대에 잡아넣으면 제일 비싸게 받은 포대가 180km 해가 200만 불 받았어, 20억이죠. 여기 기간산업이니까 항상 포대가 1년에 호주에 한 400만 개, 400 컨테이너가 들어옵니다. 쉽게 말하면 울 봉다리, 울 백을 만드는 거죠. 굉장히 커요. 180kg씩 넣어서 압축해가 넣어요. 또 3개를 모아가 1개 사이즈로 만들어가 컨테이너에 전부 다 넣고 애네들이 수출을 하죠. 우리 쌀 포대 보면 폴리로 돼가지고 다 쓰러지잖아요. 호주에서 양모를 수출하는데 폴리백으로 싸고, 그랩 테스트 캐가 쭉 째고, 코어 테스트 캐가 뚫고, 안에 있는 양모 샘플링해서 '몇 마이크론 된다' 카는 울 클라스를 봐요. 그것 때문에 폴리가 째지면서 오염이 되는 거예요. 방적을 하고 나면 염색사고가 나요.

바뀐 게 염색되고 강도가 좋은 나이론인데 '코드사'라고 우리 특수타이어에 들어가고 굉장히 질겨요. 바뀌는 시점에 호주 울 협회랑 같이 개발하면서 이 비즈니스를 하고 있습니다. 지금은 호주시장에 반 정도를 공급하고 있죠.

처음에 농부들한테 팔라고 다녔어요. 우리를 만나 주지를 않았어요. 그때 나는 왼발에 깁스하고 친구 브라이언 배럿Brian Barrett은 오른 다리에 깁스를 하고 있었어요. 내가 운전해서 2,500km 정도 가니까 만나 주더라고요. 2000년에 첫 오다를 한 컨테이너 받았어요. 기분 좋아가지고 양들 있는 곳에서 밤새도록 벌거벗고 술 먹었어요.

사업의 꽃은 '상장'

2005년부터 루핑시스템이라고 차양산업을 시작했죠. 회사에 브라이언 배럿하고 최용준 두 사람이 이사예요. 배럿은 굉장히 의리 있는 친구예요. 97년에 처남 친구로 우연찮게 알게 돼서 뜻이 맞아가 같이 시작했죠. 최용준은 저랑 대우 같이 다녔죠. 최용준 아버지가 김우중 회장하고 대우 설립자예요. 우리가 핵심이죠. 브랜드 이름은 '오즈텍'입니다. 차양을 만들어서 현지 업체에 유통하죠. 한국은 단순한 개폐형 차양만 생각하는데, 여기는 종류가 굉장합니다. 유럽 애들 차양의 역사가 5,000년이야. 얼마나 수준 차이가 나겠어요. 아웃도어 라이프 자체가 잘 돼 있고요. 한국 것 가져와다 팔다가 지금은 우리가 다 개발해서 여기에서 인정받고 주로 호주, 뉴질랜드로 수출하고 있어요. 한국 공장에서 생산한 건 한국 시장, 일본에서 생산한 건 일본 시

장으로 나가고 있죠. 일본, 방콕에도 총판을 줬죠. 1년에 100 컨테이너 정도 나가고 매출이 3,000만 불 조금 넘어요. 부활절에 이스터 쇼^{부활절 축제}를 하는데 우리가 최고 스폰서죠.

저는 도둑의 다섯 가지 도리를 좋아해요. 첫 번째 도둑이 훔칠 집에 돈이 있는지 없는지 알아야 되는데 비전인 거 같아요. 두 번째가 제일 먼저 들어가야 해요. 솔선수범 하는 간띠죠. 세 번째가 집에 드가서 사람을 해치지 않는다. 페어^{공정}하게 한다는 거죠. 네 번째는 자신이 도둑 중에 제일 마지막에 나와야 돼요. 다섯 번째가 훔친 걸 공정하게 나눠야 돼요. 인간 본성에 이기심이 있지만 이걸 염두에 두면 주위에 사람이 모이고 기회도 오죠.

제 사업 철칙은 솔선수범인데 그게 어려워요. 저는 깊이가 있고 실력이 있는 업체가 되고 싶어요. 유통을 해서 성공하는 사람들도 있고 우리는 제조도 작게 하지만 사업의 꽃은 상장이라고 생각해요. 남한테 평가받을 수 있는 거잖아요. 투명성이 기업의 생명 같아요. 세금 같은 부분에서 회사들이 시점을 놓치고, 나중에 큰 사고를 맞죠. 투명성이 없으면 내 손에 쥘 수 있는 거밖에 컨트롤 할 수 없잖아요. 내가 마음은 있는데 기술적인 부분이 좀 모자라서 노력해야 돼요. '우리 애들이 이쪽에 좀 더 전문성 있게 해줬으면 좋겠다' 그런 생각을 합니다. 열심히 해가 목표는 10년 안에 상장하는 거죠. 한국은 매출만 크면 상장하지만 호주는 상장이 쉽지 않아요. 회사가 가능성이 있어야 투자하니까요. 노하우가 있어야 되는데 남들하고 차이나게 만들면 언젠가 기회가 안 오겠습니까?

대양주 한인회장 6년, 대구·경북의 자부심

2005년 정도에 GS텔레콤 전화, 통신 리세일러를 하면서 교민들을 많이 만났죠. 그땐 단체 활동은 안 하고 미스코리아 후원하고, 한인회 행사할 때 1년에 한 번 1만 불 지원하고 가스사고로 화상 입은 손안나 씨 도네이션 기부도 했죠. 2003년도에 문동석 회장님이 추천해 주셔가 경상북도 해외자문 위원 활동도 하고 거진 막내였는데 지금도 막내죠. 대양주한인회는 2004년부터 2009년까지 회장을 6년 했어요. 2013년에 상공인 연합회 부회장도 했습니다. 대구·경북에 대한 자부심이 좀 있습니다. 경북에 복지관이 16개 정도 있어요. 복지관 애들은 고등학교 졸업하고 대학 안 가면 자립해야 되는데 한 600만 원 정도 받는 걸로 알고 있어요. 그 돈으로 자립이 안 되니까 호주 오면 잘하는 애들이 한 2년 있다가 한 5천만 원 정도 벌어 가요. 저희가 지금

5번 했네요. 매년이나 2년에 한 번, 10명씩 뽑아서 호주 데리고 와서 호주 대학을 보여주고 경험시켜주죠. 전철, 밴, 버스 타는 방법부터 어디 찾아가는 실질적인 방법도 알려주고요. '새로 시작할 거면 해외로 빨리 나가라' 그러죠. 호주에 50명 정도 왔었고 2명이 호주에 있었는데 한 친구는 우리 회사에 5년째 일하고 있어요.

세금 45%내도 불만 없는 사회

한국과 비교했을 때 호주는 굉장히 공정하고 누구한테나 기회가 오픈되어 있어서 참 메리트가 있죠. 정말 아무것도 없는 사람이 와서 시작하기는 너무 좋은 거 같아요. 한국 사회는 우리가 모르는 보이지 않는 벽이 있잖아요. 사회적 약자에 대한 시스템도 참 잘 돼 있습니다. 제일 대우 받는 거는 장애인, 그다음에 시니어^{노인}, 여성, 개 그다음에 남자인데 실제로 그런 거 같아요. 근데 그게 참 좋은 거예요. 그리고 돈, 돈 거리면서 살진 않아요. 돈이 하나의 수단이지 돈의 노예가 되가 사는 나라가 아니더라고. 나는 세금을 45% 정도까지 내요. 불만이 없어요. 사람들이 리스펙^{인정} 해 주니까요. 내가 떳떳하게 설 수 있는 나라죠. 내가 잘못돼도 사회제도 덕분에 우리 애들이 잘못되지는 않죠. 요즘 한국가면 내가 이방인 같아요. 애들도 다 여기 있으니까 한국 가서 살 일은 없을 거 같아요.

시시콜콜한 10가지 결혼 조건

저는 문민정입니다. 1969년 11월 10일, 대구 북구 산격동에서 태어났다고 하더라고요. 산격동에서 1~2년 살다가 반야월로 이사 와서 한 10년 넘게 살았어요. 아버지가 택시 사업하다가 정비소를 무허가 건물로 하시는 바람에 빚을 지고 반야월로 야반도주한 거죠. 중학교 1학년 때 아버지가 공장을 시작하셔서 아침 7시부터 밤 10시까지 공장 일을 성실히 하시면서 빚을 다 갚았죠. 6학년 때 대구 이현공단으로 나오게 됐습니다. 아버지가 직물공장에서 일하면서 공장장들끼리 계추가 있어요. 그 계를 굉장히 오래 하셨는데 여름, 가을에 가족들끼리 야유회를 가거든요. 저희가 결혼할 나이가 됐는데 서로 인연이 없으니까 아버지 친구 분이 선보라 그랬죠. 제 결혼 조건이 한 10가지 있는데 남편이 거기에 딱 맞아떨어져서 결혼했죠. 조건이 저하고 비슷한 학교 나오고 키는 한 175쯤 되고 너무 안 뚱뚱하고 부모님이 성격이 안 별나시고 시누이가 없고 장남 아닌 차남에 공대 나왔는데 무역회사에서 일하고 이런 거 있잖아요. 남편이 탤런트 전광렬 씨 같이 생겨서 '탤런트 좀 닮았네요' 했죠. 남편이 말도 시원시원하게 하고 성격도 좋은 거 같아서 결혼하기로 했죠.

호주와 잘 맞는 별난 성격

제가 대학교 4학년 때인가 해외여행 금지가 풀렸어요. 어머니 친구 분 자녀가 외국에 많이 있었거든요. 엄마가 '너도 가라' 해서 처음에는 캐나다 가려고 했는데 6개월 정도 기다려야 비자가 나온다는 거예요. 호주는 그때 관광청에서 관광 오라고 광고를 했었거든요. 신청하자마자 바로 학생비자가 나와서 어학원을 10개월 다녔어요. 호주 사람들은 아무한테나 말을 걸고 성격이 적극적인데 그런 게 저하고 맞는 거 같아요. 저희 부모님이 맨날 '외국에 가서 살아야 하는 성격이다' 그랬어요.

제가 호주 들어올 때 임신 8개월이었어요. 병원에서 애를 낳으려 하는데 아무도 애를 안 받아준다고 해서 의사한테 전화를 다 돌렸어요. 의사 한 분이 그때 휴가 갈 거 같은데 오려면 와라해서 첫아들을 낳았죠. 한 명만 낳으려고 했는데 제가 크리스천이라 생기면 낳는 주의예요. 둘째는 98년, 셋째가 2002년생이에요. 퍼스에 살 때는 한인들이 얼마 없으니까 만나기만 하면 자기 집에 초대해서 밥 먹자 그러고 너무나 가깝게 지냈어요. 한국과 호주를 비교해서 한국 사람들이 잘 사는데 우리한테 엄살 부린다 생각했는데 요즘은 호주 잘 왔다는 생각이 들어요.

인기 유튜버, '호주 아따맘마'

유튜브에서 '호주 아따맘마'로 활동하고 있고 작년에 시작했고 한 지는 1년 정도 됐고요. 우리 딸이 계속 밤에 안 자고 화장하는 유튜브를 보더라고요. 근데 재미가 없어요. '차라리 네가 하면 돈도 벌고 좋지 않겠냐?' 하니까 자기는 안 하겠대요. '내가 시범을 보여주겠다' 했어요. 제가 화장 엄청나게 빨리하거든요. 1분 만에 화장 다 하는 영상을 올렸는데, 내가 봐도 재밌더라고요. 저는 뭐 안 발라도 되는 피부라 화장품이 없어서, 딸 방에서 딸 화장품을 훔쳐 쓰고 있는데 딸이 들어와서 왜 내 걸 쓰냐면서 화를 내는 영상이 완전히 떴습니다. 제일 높은 조회수가 44만까지 올라왔어요. 매일 재미로 하나씩 올렸는데 구독자들이 빨리 수익 신청하라고 해서 처음에는 1,500불, 500불, 300불 벌었죠.

지구 남반구에서
아시아 역사를 가르치던 미국 장학생

이경재 | 1932년 2월 24일, 전남 영광군 대마면 성산리

1950년 한국전쟁을 겪으며 불안한 시대를 살았던 그는 어릴 적부터 머릿속엔 온통 한국을 떠날 생각뿐이었다. 전쟁통에 학교에 갈 수 없었던 그는 실종으로 제적처리가 되기도 했다. 겨우 휴학증을 받아 고등학교를 졸업한 후 그는 어머니의 바람대로 교사가 되기 위해 서울대학교 영어영문학과에 진학했다. 당시 일본 문학서적을 그대로 읽어 내려가던 교수들의 모습에 실망했지만 공부만은 게을리 하지 않았다. 대학 졸업 후 영어 교사가 되었지만 외국을 가겠다는 생각을 떨칠 수 없었다. 때마침 1964년 동서 문화연구원의 장학금을 받아 미국으로 석사 유학을 떠났다. 영어회화까지 능통해진 그는 유엔개발계획에서 근무하며 호주라는 나라에 관심을 갖게 되었고, 1969년 타임지를 통해 아시아에 대한 문호개방을 홍보하는 호주 정부의 광고를 보게 되었다. 그는 호주대사관에 편지 한 통을 보냈고, 며칠 뒤 대사관에서 가족 모두 호주로 떠나도 좋다는 답장이 왔다.

　　1970년대 아시아 학자들이 많지 않았던 당시 그는 아시아학 교사로 임명되어 호주 학생들에게 중국의 아편전쟁과 일본 개항과 같은 아시아 역사를 가르쳤다. 호주 교과서 속 한국의 역사는 호주가 한국전쟁에 참전했던 단 7일뿐이었다. 그는 호주 생활에 적응하기 위해 바쁜 나날을 보내는 와중에 한인회장을 맡기도 했다. 교민들은 영어가 능통했던 그에게 시드니한인회를 공식적인 단체로 만들어달라고 간절히 부탁해왔다. 그는 국제기구에서의 근무 경험을 살려 한인회를 사단법인으로 만드는 데 결정적인 역할을 했다. 이후 호주 한인 복지회에서 활동하며 교민들의 복지 수준을 향상시키는 데 이바지 했다.

일본 유학 대신 학도병

저는 효령대군파의 이경재입니다. 전라남도 영광군 대마면 성산리에서 1932년 2월 24일, 음력 정월 열나흘에 태어났습니다. 장남이고 남동생이 1명 있습니다. 대마면은 산중이라 장성, 고창의 접경이에요. 기독교의 한 축인 경교가 있는데, 이 때문에 인조 때 한양에서 피난을 나오다시피 했어요. 처음에는 고창에서 강진 있다가 영광 있다가 한 100년 지나니까 그것이 풀려서 영광에 정착했어요. 시골에서 학교 다니면 중학교에 가기 힘들어서 졸업할 무렵에 목포로 전학을 간 거지. 목포로 가서 목포북교국민학교 5, 6학년을 다니고 광주서중을 갔어요. 6학년 때 6·25가 나서 내가 여수까지 걸어서 여수에서 통영까지 배로 가고 통영에서 마산까지 걷고 마산을 거쳐서 부산 가는 마지막 기차를 8월 3일쯤에 탔어요. 기차에서 돈도 안 받고 탔는데 기차가 빽빽해. 매일 아침 일어나서 천왕만세나 부르고 나라가 이러니까 내가 밀선 타고 일본이나 가볼까 하고 말이야. 해방 직후는 책도 별로 없고 학교가 그러니까 일본 가서 공부하겠다고 일본대학 생각을 한단 말이야. 14살이니까 가고 싶은 게 일본 제일고, 동경제대^{도쿄대학} 같은 낭만적인 생각을 했다고. 세상 물정 모르는 거지.

안 잡히려고 창고에서도 자고, 배가 고프니까 길거리에 나오게 되더라고. 8월 13일에 부산 길거리에서 헌병한테 붙잡힌 거지. 학도병으로 평안북도 박천까지 갔어요. 나는 본부에 있으니까 어디 도망도 못 치고 가서 통역을 맡아서 했어요. 중학교 때 영어를 좀 잘했어요. 정부에서 당시 학도병으로 준 훈장도 있고 그렇습니다. 중공군한테 밀려서 평양에서 내가 마지막으로 나왔을 거예요. 가끔 평양 다리 위에 사람들 올라간 그림에 바로 그 밑에 내가 있었다고. 1·4 후퇴 때 천안, 오산 왔다 갔다 쫓겨 가서 충남 공주까지 쫓긴 일이 있어요.

목사나 교사나 '사'자는 똑같으니까 선생

52년도에 집으로 내려왔어요. 50년 6·25나고부터 내가 없어졌으니까 행방불명으로 학교에서 제명이 되었더라고. 어렸으니까 야망에 찼지. 전쟁을 겪고 나니까 신학교를 가야겠다 했어. 어머니가 깜짝 놀라면서 '목사나 교사나 사 자는 똑같으니까 선생을 해' 그랬어. 그런데 내가 가장 멸시한 게 선생이란 말이야. 학교 다닐 때 실력 없는 선생이 더러 있었거든. 6·25를 겪고 나니까 사람이 겸손해 지더라고. 휴학증을 내줘서 52년도에 고등학교 졸업장을 타서 서울사대 영문과를 갔지. 가 보니까 교수들이 문제야. 셰익스피어의 작품을 스보우찌^{일본 영문학자}, 하므릿뜨^{햄릿} 라던지 왜정시대 꺼 그대로 읽어대고 있는 거야. 미국에서 온 교환교수 하울이 있었는데 그 과목만 A고 말이지. 교수들도 나를 싫어했고, 학교에서 낙제하고 F 받고 다녔어. 피천득 씨가 우리 주임교수인데 '이경재는 D 아니면 C고 F인데, 어떻게 해서 A를 받냐? 이거 커닝한 거 아니냐?' 그랬다고.

다른 사람은 서울 시내 좋은 학교로 다 배정됐고 나만 교수들한테 미움을 받아서 서울에 있는 광주고등학교로 배정이 되더라고. 또 체신고등학교로 갔다가 홍국고등학교로 갔지. 3~4년 있다가 선배가 내가 교생실습 하는 걸 봤는데 저놈이 왜 이런 데 있냐고 깜짝 놀란 거야. 선배들이 교수들한테 이야기해서 내가 성동고등학교로 갔지. 성동고 있다가 경동중에 왔는데, 61년에 5·16이 나서 성동고 3학년 졸업반 영어 가르치라는 요청이 와서 63년에 다시 성동고를 갔어요. 학교 다니면서 학사편입을 해서 서울법대를 같이 다녔는데 군사혁명이 나서 졸업을 못 했어. 항상 한국을 떠나려고만 한 거예요. 나는 장남이지만 장가를 안 갈라고 그랬어요. 한국이 언제 또 전쟁이 날지 모르고 어린애 낳으면 힘드니까 30살이 넘어서 61년에 장가를 갔어. 아내는 같이 하숙하던 친구의 여동생이여. 35년생, 황정필이고 강원도 속초 출신이여. 내가 연건동에 하숙을 했었는데 하숙집에 자기 오빠 빨래 걷어 가고 그런 거야. 부인이 감정을 표출하지 않고 점잖았지. 결혼해준다고 하니까 덤덤하지. 이민이란 내 마음속에만 있었지. 와중에 결혼하고 도저히 못 하겠다 했어요. 창덕고에서 과외 수업해 달라고 내 사표를 1년 미뤘어요.

문교부 월급 6~7천원, UNDP 월급 9만 원

내가 63년 성동고에 있을 때 이스트웨스트 스칼러십^{미국 동서문화연구원 장학금}을 받아요. 미국 정부에서 오는 장학금 풀브라이트^{한미교육위원단 장학프로그램}하고 이스트웨스트 센터 2가지가 있었지. 풀브라이트는 숙박하고 비행기만 주는데 하와이에 있는 이스트웨스트 센터는 하와이 대학에 갔다가 반년은 워싱턴 D.C. 조지타운대학을 가는 건데 잡비까지 줘. 64년에 이스트웨스트 센터에 가서 M.A^{문학석사} 코스를 하고 65년 말에 왔죠. 정부 돈으로 외국 갔다 오니까 의무연한이 있어요.

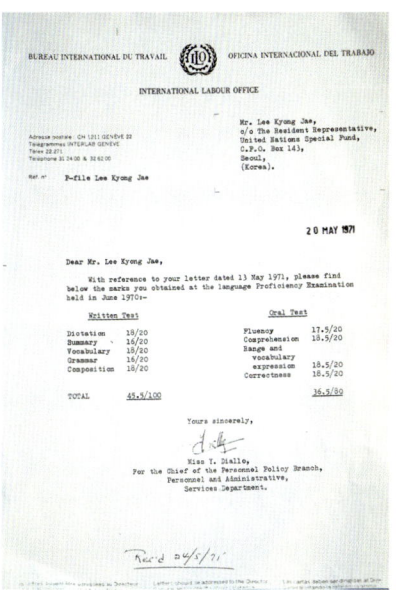
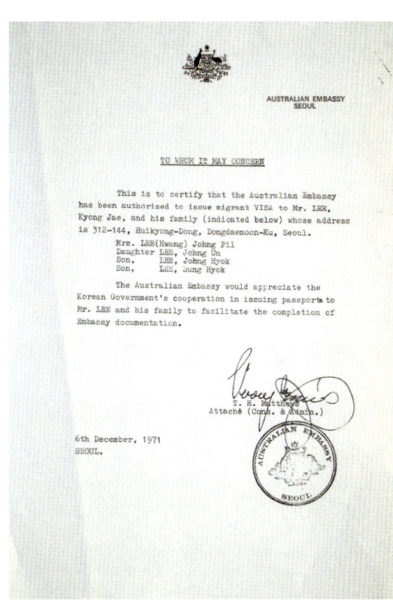
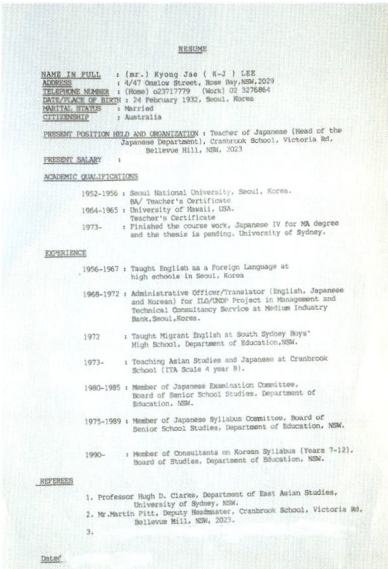
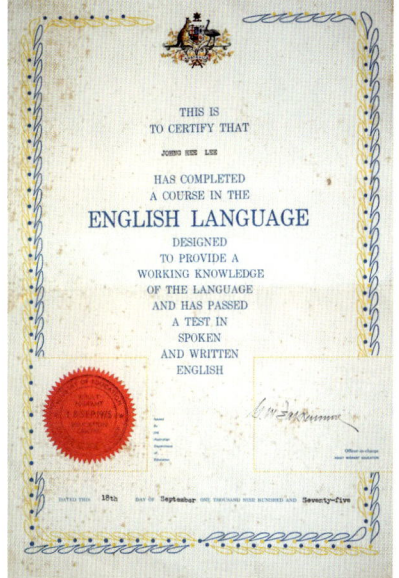

68년 1월부터 UNDP^{유엔개발계획}에서 미국대사관에 일할 사람을 찾는다는 거예요. ILO^{국제노동기구}에서 통역하니까 통역시험을 봤어요. 을지로 2가 기업은행 있는 곳이에요. 외국 직원들하고 말할 수 있고 ILO에 고용이 되지만 월급은 UNDP에서 받는 거야. 미국, 호주, 뉴질랜드, 독일, 스웨덴 다섯 사람 정도 있는데 매일 같이 통역하고 문서 정리해주고 아주 힘들죠. 저녁에 잠을 제대로 못 잤어. 창덕고 아침 수업이 끝나면 택시 타고 을지로 사무실 오고 그랬어요.

문교부에서 나오는 월급이 한 6~7,000원밖에 안 되는데 UNDP는 국제기구라서 월급이 9만 원 정도 됐어요. 굉장히 좋았어. 생전 처음으로 대구에 있는 섬유 화학공장, 제철공장에 갔어요. 투자 적격성 판단도 하고 내가 프로세스를 잘 모르니까 치프^{부장}가 공장 가서 보고 오라고 해. 한 달에 대구를 10번도 더 가고 부산, 강원도, 제주도, 청주, 전주도 갔지. 안 가본 공장이 없어. 아침 비행기 타고 가서 공장을 다 보고 저녁 비행기 타고 오는 거야. 거기서 72년 8월 20일까지 근무했지.

기어이 멀어진 나라, 한국

아버지가 여수사건 때 공산주의자들한테 돌아가셨어. 우리 아버지는 지주로서 소작인한테 제대로 줄 거 주고 그랬는데 이놈들이 아무 데다가 자기네 화를 분출시킨 거여. 나는 한국하고 코리안이 싫은 거야. 내가 하와이, 뉴욕 본토 워싱턴 D.C.도 반 년간 있었고 조지타운에도 있었고 하니까 이민을 온 거지. UNDP 있을 때 호주 친구가 사람이 괜찮아. 호주 좋다고 자꾸 자랑하고 그랬어. 나는 호주 역사도 모르고 오스트레일리아가 백호주의라는 것만 알아. 마침 69년도인가 타임스 잡지에 호주가 나왔는데 아시아에 문호를 개방한대요. 호주대사관에 장난삼아 편지를 쓰니까 와서 인터뷰 한번 해보자고 해요. 가족들도 인터뷰하고 71년 12월 6일에 연락이 와서 1년 안에 가라

는 거예요. 한국에 직장이 너무도 좋았단 말이여. 막상 또 가려니까 그렇더라고. 어물어물해서 72년 8월 24일 날에 여기 도착했어.

72년에 들어올 때 에이시안 스터디스^{아시아학}를 할 만한 선생이 별로 없대는 거야. 막상 또 오니까 자리가 없어. 시드니 엘리트고 수업료가 가장 비싼 크란부르크 스쿨이 있어요. 일단 영어 가르쳐라 해서 한 학기 동안 중학교 1, 2학년 영어 가르쳤지. 그 후에 에이시안 스터디스를 중국은 1840년 아편전쟁 때, 일본은 1853년 페리 매튜 제독의 일본 개항 때부터, 중국, 일본, 인도, 인도네시아 조끔 가르치고 한국은 문교부 교과지침서에 한국전쟁 일주일만 나왔지. 아시아와 호주와 관련된 근현대사가 주로 나왔지. 학교에서 73년부터 97년까지 25년간 근무했지.

마음 속에만 있던 이민

당시에 애들이 10살, 8살, 6살 때 왔지. 호주에서 1, 2년 있다가 미국에 가려 그랬어. 그런데 의외로 좋아. 백호주의라는데 그때 한국 사람이 없고 우리를 알아주고 품어 주고 당시만 해도 순수 앵글로 색슨 호주인들이 오히려 마음이 넓었어요. 나는 집에 와서 저녁 늦게까지 학교수업 준비하고 그랬어요. 영어가 애들 주 언어에요. 한국어를 가르칠 힘이 없었는데 지금 굉장히 후회돼. 62년생 제일 큰딸은 이정은, 영어 교사고 호주 사람이랑 결혼했지. 둘째는 64년생 아들 이정혁, 안과 전문의고 며느리도 호주 사람이고 셋째 아들은 66년생 이승혁이고 회계사 하는데 그것만 한국 며느리에요. 처음에 아들이 호주 여자를 데리고 떡하니 들어오니까 부인이 난장을 피우니까 애가 겁나서 호주에 있는 한국 여자 데리고 왔어.

'친목회'에서 정식 등록한 '한인회'로

엘리자베스 스트릿, 조지 스트릿에 가면 아세아 사람은 나 하나뿐이야. 내가 걸어가면 호주 사람들이 날 쳐다보는 거야. 아세아 사람 수가 적었어요. 1967년부터 이민 온 아세아 사람이 한 700명인데, 1971년도는 한 1,900명이야. 1981년에 월남 보트피플이 서류 없이 다윈을 거쳐서 온 사람들이 5만 6천 명이에요. 78년 사면 내렸을 때 월남에서 온 사람들이 제대로 영주권 받은 거예요. 내가 74, 75년에 시드니 한인회장 했는데 교민들 기껏해야 총영사까지 다해서 한 100명밖에 안 돼. 이전에는 친목회란 말이야. 법인화하는 게 힘드니까 교민들이 필요한 사람이 나라고 매달린 거야. 내가 교민들한테 '칸바라로 발령 받았습니다' 거짓말을 해서 교민들이 나를 놔 준 거예요. 내가 한인회 등록할 때 서류를 만들어서 정부에 등록했지. 정부 규정이 한인회는 비영리 사단법인 단체 커뮤니티여. 절대로 영주권이 없는 사람 비영주권자는 안 된다고 있거든. 월남 거쳐서 온 여기 교민이 5~600명인데 그 사람들 한테 미안했었다고.

순수하고도 원만한 수용의 힘

얼굴이 다르거나 피부가 다르거나 문화가 다른 사람 만났을 때는 처음에는 호기심이 좀 생겨요. 처음에는 다른 말이 들리면 웃기도 하고 나중에는 너희들이 뭐 별거 있느냐고 다른 문화나 다른 인종들 보면 처음에는 멸시로 가요. 그래도 우리가 최고지 하는 생각이 들어요. 멸시가 나중에는 적개심으로 변하는 거예요. 자기네 나라, 자기네 민족, 자기네 언어가 최고지. 우리가 얼굴의 피부 색깔은 바꿀 순 없지만 여기서 살려면 우리가 다른 문화도 수용해야 되지만 제일 첫째는 호주의 가치, 호주의 문화, 호주의 언어를 알고 따라가야 한다 그 말이에요. 호주의 문화는 앵글로 색슨이 그동안 기축한 호주의 역사고 언어예요.

'칼 하나, 가위 하나만 달랑 들고' 온 이민

김구홍 | 1955년 7월 15일, 경북 상주시 사벌면 용담리

고순관 | 1958년, 충남 아산시 온양동

경북 상주에서 평범한 농군의 아들로 태어난 그는 사벌 들판을 뛰어다니며 대장 노릇을 하며 자랐다. 1970년 그는 큰형이 있는 서울로 무작정 상경했다. 가진 것 하나 없이 남의 집 처마 아래에서 잠을 청하기도 했던 그는 배고픔에 못 이겨 들어간 식당에서 새로운 인생을 맞게 되었다. 바닥부터 시작한 그는 주방장이 되기까지 누구보다 치열하게 살았다. 그러던 중 지인의 소개로 1978년 처음 만난 지금의 아내와 1년 만에 살림을 합치게 되었다.

1980년대 초 한국에는 '사우디아라비아에서 1년만 일하면 집 한 채 산다'는 말이 풍문으로 돌았고, 1984년 그는 돈을 벌기 위해 사우디로 향했다. 한진그룹 소속 주방장으로 중화요리부터 한식, 일식을 넘나들며 산업 노동자들의 입을 즐겁게 했다. 사우디에 이어 리비아에서 남편이 근무하는 동안 아내는 한국에서 미용일을 하며 두 딸을 키웠다. 한국에 돌아온 남편은 호주가 살기 좋다는 리비아 동료의 추천으로 1987년 가족들과 함께 호주 이민을 결심했다.

'담장이 없는 신기한 나라'인 호주에 도착한 부부는 바로 생활전선에 뛰어들었다. 남편은 낮에 공부하고 저녁에는 청소와 식당일을 했다. 아내는 한국에서 일하던 미용 경험을 살려 아파트 거실에 '양이네 미용실'을 열었다. 그녀의 꼼꼼한 손재주에 동포들은 양이네로 몰려들었다. 엄마를 닮아 손이 야무진 첫째 딸은 그녀의 옆에서 잔심부름을 했다.

부부는 동양인이 많이 사는 시드니의 이스트 우드에서 한인으로는 처음으로 식당 '회빈'을 열었다. 300가지가 넘는 메뉴와 코스 요리로 동네에서는 꽤 크고 유명한 식당이었다. 그는 식자재를 사러 다닐 때부터 장사가 잘되는 세차장을 눈여겨봤고 사장을 3번이나 찾아간 끝에 원하던 세차장을 인수했다. 이때부터 그와 뗄 수 없는 세차장과의 인연이 시작된 된 것이다. 그는 일반 차량 손님을 포함해 자동차 회사를 고객으로 유치하는 뛰어난 사업 수단을 발휘했다. 일주일에 한 번은 꼭 찾아올 만큼 '손 세차의 맛'을 알아버린 호주 단골손님도 꽤 많아졌다. 스마트폰이 없던 그 시절 '눈뜨면 하늘부터 쳐다봤다'는 부부는 지금의 세차 일에 늘 감사하고 있었다.

껄렁껄렁했던 사벌 골목대장

저는 김구홍, 1955년 7월 15일에 당시로는 경북 상주군 사벌면 용담리에서 태어났습니다. 본가는 금영이죠. 객지 나올 때까지는 사벌에 있었죠. 아버지는 김진백, 1921년생으로 농군이었죠. 결혼하고 일본에 징용돼서 3년 정도 있다가 1945년 해방 때 한국으로 나왔어요. 어머니는 1925년생이신데, 제가 중학교 3학년쯤에 돌아가셨어요. 그 뒤로 시골서 계속 농사짓고 산 거지. 우에 누나는 어릴 때 죽은 거 같아. 형은 1949년 소띠, 우리 누이가 1952년, 내가 55년, 동생이 57년생인데 동생도 어릴 때 죽었어. 고 밑이 60년, 막내 여동생이 1963년. 7남매였지요.

사벌서부국민학교를 1km 정도 걸어 다녔지. 나중엔 두릉국민학교로 바뀌었어요. 어릴 때부터 남한테 지는 걸 별로 안 좋아해서 학생회장도 하고 늘 대장 노릇을 많이 했던 거 같애. 어릴 때는 키가 좀 컸어요. 키 순서대로 앉으면 50명 중에 항상 뒤에 앉았지. 근데 사춘기 때 안 컸지. 상주에 남산중학교 다녔어요. 남산 밑에 있다고 해서 남산중학교인데 한 20리 가까이 되니까 자전거 타고 학교 다녔지. 겨울에 너무 추워서 도로 집으로 온 기억도 있고 중간에서 애들 붙들어 놓고 도시락 뺏어 먹고 개구쟁이 짓을 좀 했지요. 학교 다닐 때 좀 껄렁껄렁했어.

을지로 국도극장에서 처음 만난 그녀

70년쯤에 형이 서울에 있어서 서울에 처음 갔어요. 형 집에서 지내다가 종로에서 지냈어요. 배고프고 밥 먹을 데 잘 데 없어서 식당에 들어간 거고, 남의 처마 밑에서 자고 그랬어요. 집사람이 미용사야. 일부러 소개팅 한 것도 아니고, 미용계통에서 일하는 친구가 커피 한잔하자 해서 나갔더니 집사람이 같이 있었어. 78년에 을지로 국도극장에서 처음 만나게 됐지. 당시는

휴대폰이 있어 뭐가 있어. 일하는데 전화 오면 만나고, 나 일하는 데로 놀러 오기도 가기도 하고 그랬지. 그렇게 저렇게 만나다가 79년도에 합치자 해서 합친 거지.

리비아 동기 삼 김(金)과 함께 온 호주

74년부터는 주방장을 8년 정도 했지. 내가 호주로 오려고 마음먹었으면 1978년도 아내 만나기 전에 왔을 거야. 식당 주방장으로 일했을 때, 대사관 직원들이 많이 왔어요. '미스터 김, 너 호주 갈래?' 해서 '아이, 호주가 어디여?' 그랬더니만 '오세아니아라고 있어. 생각 있으면 언제든지 보내 줄게' 했어. 나는 '남의 나라 안 간다' 했지. 영어도 안 되고 전혀 모르잖아. 외국 나가는 게 겁나잖아요.

사우디 바람이 불기 시작해서 갔다 오면 1년 만에도 집을 한 채 산다고 그랬으니까 1984년에 '사우디 가자' 했지. 한진그룹 소속에 한일개발로 나는 요리사 주방장으로 티오를 받아서 나가서 중화요리, 한식, 일식 다 했지. 중동 생활이 재밌었어요. 가면 요리사들이 파워가 좋아. 기능공들이 식당 사람들 무시 못 했어. 현장에 기능공이 한 2,000명 됐거든. 잘 먹어야 하니까 색다른 거 먹고 싶으면 우리한테 와서 좀 비벼야지. 1년 있다가 1985년에 들어왔어요. 3개월 만에 리비아로 또 나가서 리비아에서 1년 6개월 있다가 1987년에 한국 들어왔지. 리비아 있을 때 내 밑에 보조하던 사람이 나보다 나이가 많은데 보조가 '우리 호주 갑시다' 하는 거야. 어떻게 가냐니까 자기 처남이 세종 로터리 코너에 있는 금강 구둣방 빌딩 4층에 국제 유학원을 운영한대. 그 사람이 1988년도에 호주에 대 사면령이 난다고 떠들었거든. 그 사람이 독점으로 호주에 사람들을 많이 보냈어.

나는 학생 비자로 해서 비자 나오자마자 수속 밟았어. 리비아 동기 세 명이 다 김가들인데, 삼 김(金)이랑 같이 왔지. 당시에 한국이 여행 자율화가

없었잖아요. 아무나 여권 안 내줬으니까 외국 가는 게 굉장히 어려웠어. 이민문이 열려서 여권 준비하고 갔지. 홍콩에서 콴타스로 갈아타고 87년 4월 27일 내가 먼저 들어오고 집사람은 12월 25일 크리스마스에 도착했어.

비자가 죽은 사람

부인 들어올 무렵까지 일단 영어 연수를 해야 하니까 낮에는 학교에 다녔지. 생활비 때문에 저녁에 파트타임으로 오피스 청소도 하고 시드니 킹스 크로스에서 저녁 6시부터 새벽 4시까지 식당일 하면서 주방장으로 있었지. 당시에 거기가 유흥간데 호화찬란하고 막말로 호객하는 아가씨들이 다 벗다시피 했어요. 호주가 유일하게 거기만 허가를 내놓아서 경찰이 제재를 안 해.

호주 소식에 '1988년도에 부분적인 사면이 있을 것이다. 몇 년도 몇 월부터 몇 월까지 그 기간에 비자가 죽은 사람만 신청해라'고 했어요. 죽은 사람에 보니까 내가 딱 들어가 있는 거야. 내 비자가 살아있었는데 '비자를 죽여야 하나? 살려야 되나?' 고민이 많았죠. 어차피 여기다 뼈를 묻는다 생각하고 작정을 하고 시작했지. 호주 변호사 코난트가 접수를 받고 한국 사람이 통역해줬거든. 코난트한테 신청한 한국 사람이 250명 이상이 됐어요. 신청비는 1,000불 먼저 내고 비자가 나오면 나머지 1,000불을 주는 조건이었어요. 그때 아다리가 맞았지. 일식 요리사가 많이 모자라서 쉐라톤에 일식 요리사로 88년도 2월쯤 들어갔어. 쉐라톤 헤드 쉐프^{총주방장}한테 재직 증명서를 떼 달라 해서 A4용지에 타자 딱 쳐서 냈지. 그거 들어가고 영주권 엄청나게 빨리 나왔어요. 당시는 신체검사가 나오면 영주권이 나오는데 신체검사 결과 넣고 한 달도 안 돼서 영주권이 나왔어. 너무 기쁘고 좋으니까 주변에 친구들 불러서 저녁도 먹고 그랬어.

메뉴만 300가지

1990년도 9월쯤 이스트 우드에서 한국 사람으로는 최초로 식당을 열었지. 가게 이름이 '회빈'인데 당시에 한국에 '빈'이 들어가는 식당이 많았어. 메뉴가 한 300가지가 넘었고 중화요리 하면서 일식, 한식까지 다 했어. 중화요리는 면도 직접 빼고 코스하고 진수성찬 상 요리까지 다 했고 가게를 97년까지 했지. 그때만 해도 캠시나 리드컴, 벨모어 쪽이 빈민촌이니까 한국 사람이 많이 살았었지. 사람들은 이스트 우드라는 동네를 잘 몰라. 이스트 우드가 나중에 알고 봤더니 사람이 다 몰리게끔 되어 있어서 노스 전체를 카바할 수 있는 에리아^{장소}야. 식당으로서는 내가 처음 시작한 거고 우리 가게 들어갔을 때는 식품점이 2개, 정육점이 1개 있었어. 사람들이 식품점에 부식 사러 왔다가 우리 가게 와서 밥 먹고 가고 했지.

회빈을 팔고 파라마타 지역에서 97년부터 99년까지 국빈이라고 식당을 했어요. 거기서도 잘 됐어. 회빈보다 메뉴를 좀 줄였어요. 버큼힐에 교민이 많이 살지는 않았을 땐데 중국 사람이 하는 엄청나게 큰 식당이 있었어. 단독 건물에 주차장 건물이 한 70m 되고 의자 숫자는 한 400석 됐어요.

권리금 주고 다 뜯어내고 새로 수리를 해서 주말에는 부킹 안 하면 자리 없을 정도였고 직원이 26명 정도 됐어요. 첨에 잘됐죠. 2년 가까이 됐는데 버큼힐 옆에 카스힐 지역에 어마어마하게 큰 쇼핑센터가 들어서면서 그쪽으로 상권이 완전히 뺏겨버린 거야. 낮에는 텅텅 비고 저녁에만 좀 있고 계속 하다가 내 병 생기겠더라고. '이거 정리해야 되겠다'해서 팔라니까 전부 다 머리를 달랑^{거절} 흔드는 거야. 65만 불이 투자 됐는데 팔려고 했는데 안 팔렸지. 아는 후배가 식당을 했었는데 돈 벌면 나한테 좀 주라고 하고 가게를 1불도 안 받고 걔한테 키를 줬어.

'핸드 카워시'의 손맛

시드니에 핸드 카워시는 10개도 안 됐을 때인데 2001년도부터 세차장으로 뛰어들었지. 세차장을 어떻게 인수했느냐면 참 그게 재밌어요. 바비큐 식당을 하는데 도매로 고기 사러 갈 때마다 그 세차장을 맨날 지나가. 세차장에 차가 엄청 많이 들어오는 거야. '단순 노동이고 한번 해보면 좋겠다'해서 주인이 그리스 사람이고 이름이 존인데 찾아갔어요. 주인 좀 만나러 왔다니까 바빠서 만날 시간이 없다는 거야. 3번 찾아가서 만났어. 가게를 팔 생각 없냐니까 자기가 건물 주인인데 안 판대. 또 한 3~4번 찾아갔어요. 30만 불 달라는 거야. 가서 반강제로 떼를 써서 26만 5천 불에 합의했어. 세차장에 카페까지 겸하고 한국 애를 매니저로 앉히고 관리했는데 너무 잘 됐어요. 호주가 검소하니까 똥차들 많고 그랬는데, 개발이 시작되고 부동산 붐이 일어나면서 돈이 팍팍 돌아가는 거야. 사람들이 벤츠, BMW 좋은 차를 사고 핸드 카워시^{손세차}의 손맛을 알고부터는 자동기계 세차장을 안 가는 거야. 우리한테 차 딱 주고서는 커피 한잔하고 책 보면서 자기 시간을 즐기는 거지. 일주일에 한 번씩 오는 단골도 있어요. 세차장 위층에 원룸 게스트하우스가 10개 있었어요. 카펫도 안 깔고 아무것도 안 해 놓은 건데 나보고 사용을 해보래. 2000

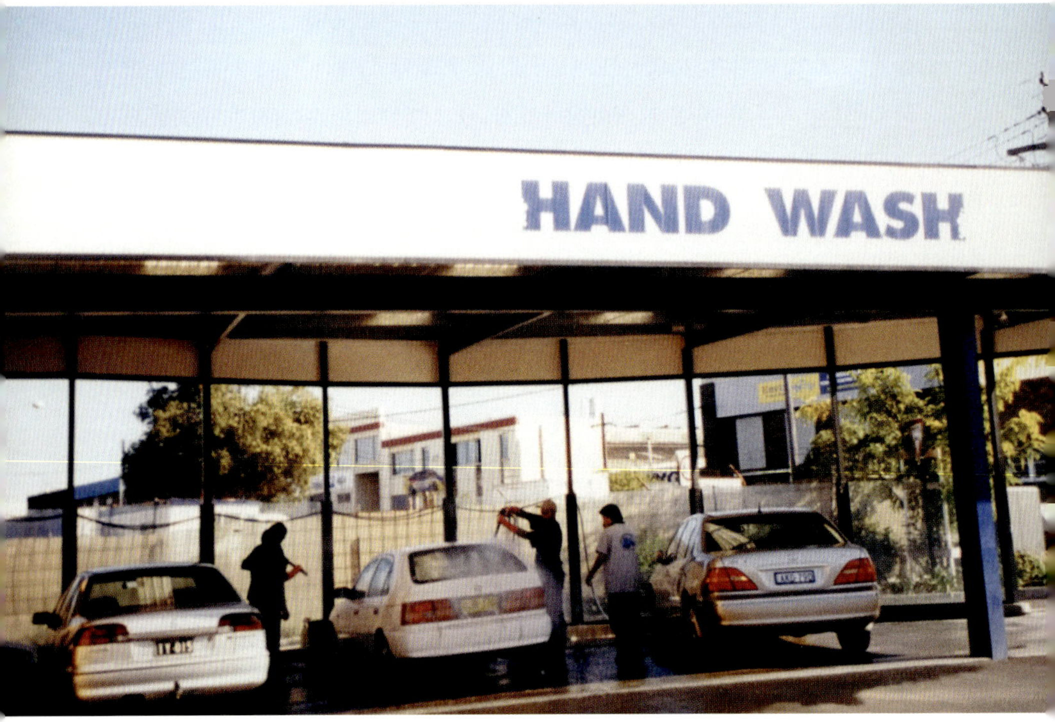
HAND WASH

"Sharing the Passion"
NEW CAR
Pre-Delivery
Centre
TACO
BELL

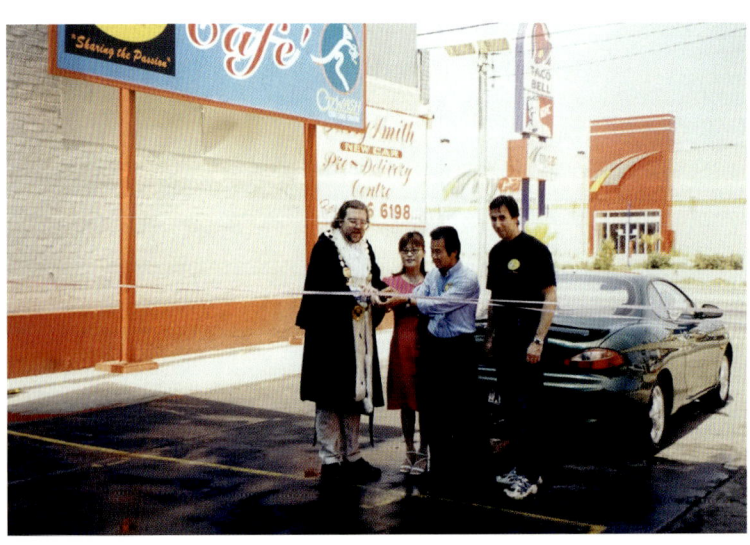

년 올림픽이니까 시드니에 방이 모자라니까 돈 들어서 카펫, 침대 다 해서 손님을 받았지. 수리비 빼고도 돈을 좀 벌었어.

한국 사람이 와서 세차장 사고 싶다고 나한테 팔라고 그래. 6개월 정도 됐고 장사 잘 되는데 내가 왜 팔아. 내가 '얼마 줄 거요? 50만 불 달라' 했지. 내가 26만 5천에 샀으니까 거의 20만 불 벌었잖아요. 또 6개월 동안 해서 10만 불 벌고 60만 불 까먹은 데서 6개월 만에 반 정도는 찾은 거야.

페스트란 동네에 세차장인데 레바니스^{레바논} 사장인데 흥정해서 15만 불인가 준 거 같아. 건물주가 호주 할아버지인데 렌트비를 400불밖에 안 받았어요. 일반 유닛 렌트비밖에 안 되는 거야. 시내 브로드웨이 쇼핑센터 세차장이랑 2개를 같이 했었어요. 2개 다 너무 잘 됐어. 렌트비 싼 거를 한국 사람이 저한테 와서 한 달을 쫓아다니면서 또 팔라고 한 거야. 35만 불을 받고 팔았네. 팔고서는 파라마타 로드에 세차장 할 만한 땅을 렌트해서 꾸몄어요. 판 35만 불이 여기로 다 들어간 거야. 렌트비가 거의 4,000불 가까이 되는데 장사가 너무 안되는 거야. 브로드웨이 쇼핑센터 것은 잘 됐는데 할 수 없이 두 개를 합쳐서 60만 불인가 받고 팔았어요.

물 금지령으로 대박난 '파이브 스타 핸드 카워시'

지금은 파이브 스타 카워시인데 여기도 커요. 그 전 사람이 여기 동업을 했었어. 레바니스 4~5명이 동업을 하니까 장사도 안 되고 시끄러운거야. 25만 불 인가 주고 싸게 인수를 했지. 운 때가 맞았던 게 2003년도부터 2005년까지 호주가 너무 가물어서 물 금지령을 내린 거야. 집에선 절대 세차하면 안 된다. 잔디에 물도 주면 안 된다. 그러니까 사람들이 우리 가게로 떼거지로 몰리는 거야. 주말 하루에 자동차 300대를 닦았어요. 2003년도부터 2011년도까지 진짜 잘했죠. 세차장은 그야말로 100%, 200% 하늘에서 컨트롤하잖아요. 이게 참 힘들어. 아침에 눈 뜨고 밖에 나와서 하늘 봐야 시작이 되는 거야. 아침에 비가 부슬부슬 온다, 꾸물꾸물하다 그러면 일하는 애들은 다 일당이니까 나오면 무조건 다 돈 줘야 되잖아. 아침에 비가 살짝 와서 애들 다 스탠바이 시켰다고. 갑자기 아침 9~10시 되니까 날씨가 좋은 거야. 차가 밀려 들어와요. 그럼 일할 사람이 없으니까 환장해요. 그럼 나도 부인도 뛰어들어서 해야 돼요. 옛날에는 날씨 체크한다고 웨다 센터^{기상청}에 전화를 하든가 신문을 보든가 해야 되는데 지금은 스마트폰으로 날씨 체크가 시간별로 되잖아. 이 직업은 하늘 쳐다보고 하는 거라.

  2004년도에 시드니 시티에서 도요다, 렉서스 딜러가 호주에서 제일 컸고 일본 도요타 그룹에서 직영으로 운영을 했어요. 거기에서 시작해서 딜러가 지금도 다섯 군데는 하는데 나중에 열 군데로 늘어났었지. 한국에는 딜러가 작은데 여기는 딜러가 무지하게 커요. 시드니 벤츠 같으면 전체 직원이 300명이 넘어요. 저는 렌트비, 시설비가 안 드니까 투자를 안 해요. 회사에서 다 실어다 와. 나는 인원만 투입만 시키고 관리만 해주면 돼요. 하루에 서비스 받으러 오는 차가 한 150대가 되고 서비스 차원에서 세차를 다 해서 줘요. 비가 오는 날도 닦아서 내보내는 거야. 이 일은 날씨 영향 안 받아요. 바로 비 맞아도 상관없어 이 일단 무조건 서비스 들어온 차들은 다 닦아야 되니까요. 서비스 들어오는 차하고 팔린 새 차를 광내서 만들어서 나가야 돼요. 독일이나 한국에 새 차 들어오면 차에 완전히 비닐 씌워놓고 하는 풀 디테일링 하니까 한 대당 150불 200불씩 받아요. 우리 직원들이 다 해서 대당 얼마씩 차지하고 그래요. 지금 직원이 35명 정도 돼요. 일반 세차장이랑 다르게 우리는 Monday to Friday ^{월요일에서 금요일} 5일밖에 안 해요. 딜러 컨트랙^{계약} 따기가 어려워서 그렇지 따면 괜찮은 일이예요.

친절한 신뢰의 나라

처음에 '호주는 담장이 없구나. 참 신기한 나라네?' 했어요. 한번은 공중전화에서 전화하고 지갑을 거기다 놓고 나온 거야. 2시간 정도 있다가 내 지갑이 없어진 걸 알고 쫓아갔더니 그대로 있는데 참 정직한 나라구나 했죠. 1990년도에 골드코스트에 우리 가족들끼리 여행을 갔어. 부인이 키를 트렁크에 넣고 잠가 버렸어요. 열 방법이 없잖아. 호주 사람이 혹시 옷걸이 같은 철사 있냐고 해서 줬지. 옷걸이를 쫙 펴서 1시간을 하는 데도 안 열리는 거야. 그 사람이 로드 서비스^{차량보험} 들었냐고 해서 안 들었다니까 차에 타라고 해서 로드 서비스 들고 사람들을 데려왔는데 1분도 안 걸려서 트렁크가 열리는 거야. 그 사람이 '좋은 여행 돼. 잘 가' 라고 하는데 정말 고맙드라. 호주 사람들은 참 친절하지.

호주가 남을 도와주고 인격을 존중해주고 믿어주고 신용의 나라라고 하는데 지금은 30년 전하고 너무 차이가 많죠. 30년 전에 왔을 때는 시드니 인구가 350만 이었는데 지금 600만이 넘으니까요. 지방에는 일자리가 없으니까 사람이 많은 데가 장사가 잘될 거 아니에요. 다 시드니로 모이니까 살벌해지고 타이트 해지고 사건 사고도 많이 나고 그러겠지.

대구·경북향우회를 비롯한 다양한 교민활동

대구·경북향우회 회장 임기는 2년씩이고 김순식 씨가 초대회장을 하다가 몸이 안 좋아서 중간에 내려놓으면서 1대를 내가 마무리하고 3대까지 회장을 했죠. 대구·경북향우회가 충청 다음으로 크게 활성화가 됐었죠. 충청도는 내가 호주 오기 한참 전부터 결성돼서 연중 큰 행사를 많이 했어요. 제가 재호주 대한체육회 임원도 하고 매주 화요일마다 볼링협회 대회도 하고 골프회장을 맡았죠. 내가 회장하기 전에 민영진이란 분이 1대 회장을 하면서 정식으로 대한골프협회 호주지회를 만들었어요. 제가 2~3대 회장을 하면서 위상도 많이 올려놓고 했죠. 2007년 광주 전국체전에 내가 단장으로 나가면서 선수랑 임원 합쳐서 한 200명을 인솔해 갔어요. 그때 16개 나라가 모였는데 항상 미국, 일본이 많은 인원을 데려오는데 우리가 더 많은 인원으로 나갔고 또 호주가 종합 우승을 해서 호주 위상이 더 높아졌지.

교민회 단체장도 한 10년 가까이 하고 민주평통 분과를 맡고 재호주 한국광복회에 장학재단에 부이사장을 맡고 있어요. 광복회가 굉장히 유대도 좋고 활발하게 활동하는 곳은 호주하고 미국에 LA, 뉴욕밖에 없다고 그러더라고. 자라나는 2세들, 청소년들을 위해서 민족캠프를 3박 4일 동안 하고 장학생도 선발해서 만주까지 견학을 보내고 참 뜻있는 일을 많이 해요.

무허가 아파트 미용실, 양이네

저는 온양온천이 있는 충남 온양에서 1958년에 태어난 고순관입니다. 국민학교 졸업하고는 서울에 있었어요. 저는 첫 만남인데도 친근감 있게 대하는 편이에요. 남편을 만나서 처음에 오빠라고 안 했는데 남편이 여동생이 없다고 '오빠라고 캐라' 하더라고요. 나중에 보니까 남편은 여동생이 있었어요. 전 놀러 다니는 걸 좋아해서 만나면 저녁 먹고 놀러 다니고 그러다가 결혼을 했죠. 저는 강남 양재역 앞에서 미용실을 하고 일이 바빴는데 남편이 외국에 간다니까 난감했어요. 남편이 외국에 한번 나가기 시작하니까 자꾸 나가더라고요. 다신 안 간다 그러고 한 달 정도 있다 또 외국 가고 그랬죠. 남편이 외국에서 들어왔을 때는 제가 명지대 입구에서 미용실을 했었는데 84년에 둘째가 거기서 태어났어요. 남편이 사우디 갔다가 둘째 백일 때 한국 와서 한 달 정도 있다가 캐나다 갈까 하다가 호주 갈 준비를 했죠. 작은 딸내미는

아빠 얼굴도 못 봐서 우리 시누 남편보고 아빠라고 했어요. 아빠를 보고 '아빠 아니야 아찌야. 아빠 뚱뚱해' 이랬죠. 세 돌 지나고 호주에 왔는데 딸들이 이제 다 컸지만 남편은 지금도 그 얘기를 하면 숨어요. 처음에 올 때 너무 아름답고 좋잖아요. 저 같은 경우는 여기 오면 일을 안 할 줄 알았어요. 저녁마다 춤추고 놀고 살 줄 알았어요. 살아보니까 영어 한마디도 못하고 많이 배우지도 못한 사람이 많이 힘들었죠. 아빠는 요리사고 저는 미용하고 둘 다 기술직이었죠. 그때 미용실이 딱 2개밖에 없었어요. 와서 성당에 신부 화장 거의 다 제가 했었어요. 호주에 아파트를 얻어서 거기서 미용실을 했어요. 큰딸이 좀 야무져서 옆에서 도와주고 한 4년 했죠. 큰딸 이름이 양이인데 '양이네'라고 써붙여 놓고 하다가 나중에 단골이 생겨서 붙인 거 뜯어내고 했죠. 말하자면 위법인 거죠. 저뿐만 아니라 그때 그렇게 많이 했어요. 미용계통에 있는 사람이 자기 손님이 나한테 오니까 저를 신고해서 이민성이랑 경찰에서도 찾아왔었어요. 걸리지는 않았어요. 어떤 사람이 미용을 3개월, 6개월 속성으로 배워서 손님 머리를 희한하게 자른 거예요. 그 손님이 우리 집 와서 다시 자르고 그런 적도 있었어요.

멍멍띠 친구들의 아지트 '수 카페'

우리집 양반이 회사가 여러 개 있고 단체장 같은 것도 많이 할 때라서 얼굴 보기 힘들고 바빴었죠. 비즈니스 때문에 집도 회사 근처로 오게 된 거예요. 카워시 하면서 옆에 카페도 같이하니까 제가 커피를 배워서 연구를 하고 계속 운영했죠. 카페 직원들을 다 제가 가르치고 그랬어요. 제 이름 순관이니까 '수 카페'라고 했어요. 저희 멍멍 띠 친구들이 같이 돌아다니고 술 마시는 걸 좋아하는데 돌아다니면 운전도 해야 하는데 집 정원에 카페 공간이 있으니까 우리집 마당에 모이다 수 카페가 됐어요. 오면 커피서부터 티까지 다 되니까요. 친구들이 '수 카페 가자, 가서 뭐 해 먹자' 해요. 저는 음식 하는 것도 좋아하고 남들보다 손이 빨라요. 처음에는 사람들이 일주일에 3~4번 왔었어요. 제가 이익 보자고 하는 건 하나도 없죠. 요즘은 별로 안 하는데 하면 술은 갖고 와라 그러죠. 이민 온 가족은 직계는 저희 네 식구 빼고는 없어요. 주위 사람들이 다 형제, 자매 같고 사람을 좋아해서 수 카페가 열렸습니다. 일반인들도 많이 오는 만남의 장소죠.

'한국 전철표도 못 사는' 호주 촌사람

저희는 딸이 둘이에요. 사람들이 물어보면 딸 하나 공주 하나라고 그래요. 큰딸이 81년생 공주고, 아빠랑 잘 맞고 지금 변호사예요. 홍콩 남자랑 결혼해서 아들 하나, 딸 하나 있어요. 지금은 애들 기르느라고 잠깐 브레이크 하고 있어요. 둘째가 84년생 글로리아고 간호사인데 저랑 성격이 잘 맞아요. 남자친구가 결혼하자고 사정을 해도 안 하겠다네요. 지금 결혼할 나이가 지났죠. 골드미스들도 많더라고요.

저는 호주가 참 좋아요. 화초를 좋아하는데 제주나 가야 볼 수 있는 야자수들이 여기에 많아서 '천국 같애' 이랬어요. 결혼생활 중에 여기서 더 오래 살았고 호주가 제 2의 고향이잖아요. 한국에서는 떨어져 살았고 장사하고 힘들고 자리 잡기까지의 시간이 있었지만 호주 오길 참 잘한 거 같아요. 애들도 이쁘게 잘 자라줬고 큰애, 작은애가 많이 도와줬어요. 저는 많이 못 배웠지만 애들은 넓은 세상에서 큰 것을 보고 살았으면 좋겠다는 생각이구요. 과외 한번 제대로 못 시켰는데도 법대 가고 하니까 한없이 고맙죠. 적은 아이는 대학을 안 가고 한국말도 서툴렀는데 이제는 잘하고 있어요. 한국에 최고 오래 있어 본 게 한 달인데 못 있겠어요. 한국에 가면 전철표도 못 사고 제가 바보 같은 느낌이 들어요. 호주 촌사람이 된 거죠. 복잡한 게 싫어서 한국에 가도 상주 아니면 온양에 가 있어요. 어떤 사람들은 한국으로 돌아가고 싶다고 향수병 있다고 하는데 저는 인생 마지막까지 여기서 살 거예요.

20대 방황을 반까이 하는, '더 좋은 삶'을 향한 다짐

노현상 | 1971년 4월 11일, 광주시 양림동
(현. 광주광역시 남구 양림동)

1980년 5월 18일 총성이 가득했던 광주, 당시 초등학생이었던 그에게도 잊을 수 없는 사건이 있었다. 조선대학교 교수였던 그의 아버지는 민주화 교수라는 이유로 안기부에 끌려가고 열흘이 지나서야 돌아가신 줄만 알았던 아버지와 연락이 닿았다. 그는 고등학교를 졸업하면서 무작정 한국을 떠나고 싶었고 군대를 전역하자마자 호주로 목적 없는 도피성 유학을 갔다. 아무 계획도 없이 온 그는 사람들과 어울리기를 좋아했고, 공부에 쉽게 흥미를 붙이기 어려웠다. 시간이 흐를수록 무엇을 해야 할지, 무엇을 먹고 살지 흐린 안개 속을 걷는 기분이었다. 그렇게 5년이 흘렀다.

　　1998년 후배와 불꽃놀이를 보기 위해 1,000km넘게 달려간 시드니에서 지금의 아내를 만났다. 그는 첫눈에 반했고 멜번과 시드니를 오가며 서로의 사랑을 확인하였다. 그는 '아내'라는 호주에 남을 이유가 생겼고 직업을 구하기로 했다. 반바지에 슬리퍼 차림으로 난생 처음 면접도 보았다. '관광 가이드'라는 첫 일자리를 가지면서 '시드니 안정환'이라는 별명도 얻기도 했다.

　　현재 세계무역한인협회 시드니 지회의 최연소 회장인 동시에 8개 도시 전역에 진출한 부동산전문기업인 'Better Life Property Group'의 대표로서 일하고 있는 그는 호주뿐 아니라 한국 대기업과의 거래까지 성사시키며 승승장구하고 있다.

광주 민주화운동의 기억

저는 노현상이고 71년 광주 양림동에서 태어났습니다. 호적에는 72년도로 되어있고요. 광주는 제 고향이고 광주를 사랑합니다. 사립초등학교 추첨에서 떨어져서 어머니가 아쉬웠는지 재추첨해서 79년도에 살레시오 사립초등학교를 들어갔습니다. 무진중학교를 나오고 서강고등학교를 졸업했습니다.

제가 초등학교 3학년 땐가 1980년 광주 항쟁이 일어났었죠. 아버님이 조선대학교 체육대학교 교수님이셨는데 민주 교수로 안기부에 끌려가시고 한 10일 동안 못 나오셔서 가족들과 연락이 끊어졌죠. 어머님도 아버님이 돌아가신 줄 알았고 그때가 제일 기억납니다. 조선대학교 옆에 지산동에 살았습니다. 제가 발이 너무 아파서 고모랑 도청 근처까지 가게 됐는데 그때 광주 항쟁을 목격했습니다. 학교를 열흘 정도 쉬고 갔는데 급우 책상에 꽃다발이 놓여 있었어요. 5·18 광주 사태 때문에 죽은 것 같아요. 되게 마음이 안 좋았죠. 아버지는 4년 동안 복직을 못하다가 제가 중1 때 민주 교수 복직으로 복직하시고 정년퇴임하셨어요.

안개 속 같았던 유학 생활 5년

아버님이 나쁜 일 안 하면은 당시 월급으로 저를 유학 보내기가 쉽지 않죠. 5년은 도와줄 테니 호주에 한번 가보라고 하셨어요. 저는 대학교를 한국에서 다니기 싫어서 93년도 7월에 전역하고 바로 호주 왔습니다. 미련도 안 갖고 왔습니다. 다른 분들은 일반적으로 꿈이 있어서 목표가 있어서 유학 오는 게 대부분이에요. 저는 그게 아니었어요. 첫 번째는 한국에서 좀 떠나고 싶은 마음이 강했고 두 번째는 떠나기 위해서는 공부를 밖에서 해야 하는데 어떤 과목을 선택할까 하는 완전 반대가 된 거죠. 조종사가 근사해 보여서 조건부 입학으로 호주 유학을 왔습니다. 1년은 영어 코스를 하고 비행기 교

육 시간을 채우면 대학편입이 돼요. 1년 될 즈음에 학교를 취소했어요. 호주 유학 시절에 방황했어요. 처음에 시드니로 들어와서 멜번까지 갔습니다. 목표가 없으니까 사람이 붕 뜹니다. 한때는 공부도 잘 안 하고 매 골프만 치고 그랬었죠. 멜번에 한국 사람이 제법 있었고 제가 노는 걸 아주 좋아해요. 한국 사람이 제일 없는 데 가서 공부 좀 하자고 옮겼던 곳이 타스마니아예요. 제일 작은 도시인 론세스턴에 있는 대학교 기숙사를 신청했는데 공항에 가니까 한국 사람이 픽업 서비스를 나와 있는 거예요. 한국 사람이 온다니까 학교에서 친절하게 한국 사람을 보낸 거예요. 한국말 안 하고 싶어서 갔는데 미치죠. 한국인 50명도 안 되는 그곳에서 사람들이랑 가족같이 지냅니다. 도저히 공부가 안됩니다. 거기서도 1년 포기했어요. 근 5년을 방황했습니다. 방황하면서 아버님께 제일 죄송했죠. 유학 생활이 5년 정도 되는데 '내가 밥벌이할 수 있을까?' 그때는 답이 안 나왔어요. 유학시절이 안개에 싸여있는 곳 같았는데 그것만큼 고약한 게 없었어요. 경제적으로 독립해야 하는 시점에서 그 마음은 말할 수도 없었습니다. 창피해서 집에도 못 가죠. 사람들 만날 때는 전혀 티 안 내고 당당했지만 되게 힘들었거든요.

밥상 위의 계란찜

98년도 연말에 후배가 시드니 불꽃놀이 놀러 가잡니다. 차를 타고 1,000km를 달렸어요. 조건은 제가 운전 안 하는 거였어요. 시드니 스트라스필드에 다사랑이라는 카페가 있어요. 거기서 아내를 만났죠. 후배 전 여자 친구의 선배가 제 아내예요. 저희가 며칠 있다가 멜번을 간다고 하니까 아내가 '먼 길 가는데 집에 와서 밥 먹고 가요' 하더라고요. 전혀 사심 없이 밥 먹으러 갔죠. 밥상에 계란찜이랑 부모님이 해주신 음식이 있는 거예요. 먹으면서 '이거 어디서 시켰어요?' 하니까 본인이 했다는 거예요. 다시 멜번 1,000km를 가는데 계속 아내가 생각나는 거예요. 근데 제가 대시해서 거절당하면 저도 자존심 상하잖아요. 멜번 내려가서 우리 오빠 동생으로 잘 지내자고 시작을 한 거예요. 연애 걸었죠. 장거리 연애하다 99년도 12월 19일 제가 시드니에 도착했습니다.

시드니 '가이드계의 안정환'

98년도에 친한 선배가 호주에 드림팀 촬영을 왔는데 저보고 '너 여기서 방황하지 말고 한국에 와서 사업 배워라' 해서 한국에 나가려고 했어요. 아내가 시드니대학교에 다니는 중이었어요. 연애하고 한국 바로 나가는 게 아까우니까 3개월 정도는 아내하고 연애하다가 제가 먼저 한국 나가고, 아내는 공부 마치고 나오면 되겠다고 했어요. 97년도에 저희 어머님이 호주에 관광 오셨을 때 조인해서 같이 탐방을 해 봤어요. 안내해주신 분이 호주 역사 이야기도 해주시고 재밌더라고요. 현지에 살면서 한국 사람들도 만나고 외롭지도 않고 재밌는 일인 것 같다 했죠. 3개월 동안 그냥 놀 수는 없어서 교민잡지를 딱 펼쳤더니 여행사 직원모집이 있었어요. 다음 날 1999년 12월 20일 반바지에 샌들 신고 면접 보러 갔습니다. 면접을 처음 봤으니 어쩔 수 없죠. 제 손으로 돈을 처음 벌기 시작한 계기였죠.

여행사는 12월이 제일 바쁜 시기에요. 호주 역사도 공부해야 하는데 다음날 투입이 됐어요. 여행객 중 한 분이 먼저 한국에 돌아가야 하는 상황이라 그날 반나절 정도 시드니 구경시켜드리고 공항 모셔다 주는 게 제 미션이었죠. 그분 개인적인 이야기도 들어주고 했죠. 그분이 한국에 가서 여행사 홈페이지에 저를 칭찬하는 장문의 글을 썼던 모양이에요. 그때 제 머리가 길고 그랬거든요. '가이드 계의 안정환'으로 불리면서 실력은 아니고 너무 운이 좋게도 돈을 좀 벌었던 거 같아요. 그러니까 갑자기 한국 와서 사업을 배우라는 선배님의 제안은 사라진 거예요. 일이 벌이보다 사람이 되게 좋았어요. 아쉬운 게 있다면 사람들과 어울리고 집에 돌아올 때 정말 적적했어요. 연애는 했지만 가족이 있는 게 아니니까 향수병이 더 깊어지는 거 같은 느낌도 들고요.

저는 오페라하우스를 봐도 오페라하우스가 좋은지 몰랐어요. 근데 제가 돈을 벌기 시작하니까 오페라하우스가 아름답고 호주도 아름답고 사랑스러워 보이더라고요. 제 손으로 처음 돈을 모아서 다음 해 남동생 결혼할 때 축의금을 줬어요. 부모님 용돈도 드리고요. 제가 경제관념이 많이 없었어요. 캐시로 팁을 많이 받았는데 돈을 어떻게 모아야 할지 몰라서 침대에 속옷 두는 곳에 돈을 잔뜩 넣어 놓고 썼어요. 돈이 쌓이더라고요. 어머니가 그 돈을 불려주겠다고 하셔서 어머니께 송금했죠. 당시에는 역 송금이 불법이 아니었거든요. 제가 결혼할 때쯤 되니까 어머니가 겟돈이라고 주셔서 그걸로 집을 샀어요. 여기 정착하기로 마음을 먹었던 계기입니다.

방황이 약이다

버닝스 웨어하우스^{공구백화점}가 있거든요. 연세가 많으신 분들이 재밌게 일을 하시지만 저는 젊었을 때 고생은 할 수 있는데 저 나이 돼서 일하고 싶은 마음이 없었어요. 미래를 어떻게 준비할까 하다가 외국 부동산 세미나에 갔는데 호주는 임대사업이 호주 정책 사업이라고 하더라고요. 부동산이 노

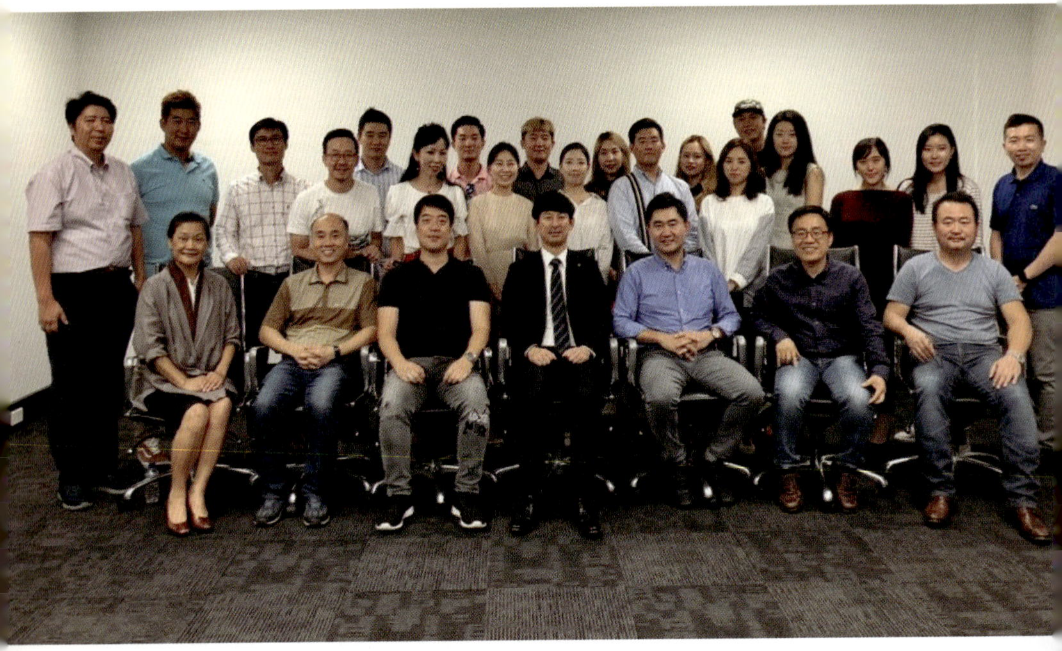

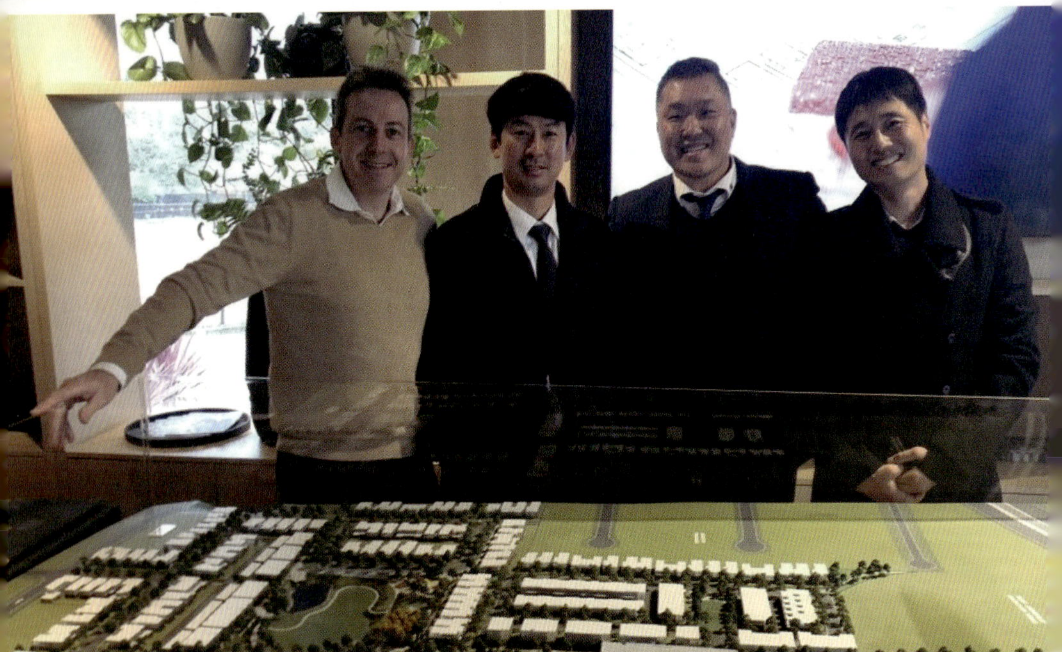

후의 내 니즈를 해소하고 충족시킬 수 있을 거 같다 해서 시작했어요. 여윳돈을 가지고서 2003년부터 부동산을 투자했어요. 저는 2006년에 그랜드 오픈이라는 간판을 걸고 회사명 'Better Life Property Group'으로 회사를 등록하고 법인을 세워놓고 시작했어요. 부모님께 돈 안 받고 했습니다. 사무실 얻을 돈이 없어서 찾아가는 서비스로 집에서 시작했어요. 회사를 만들 때부터 부동산으로 고객님들께 더 나은 삶을 드린다는 비전을 세워놓고 시작했어요. 회사 명함에 그룹이 들어가니까 직원들이 처음에 이 작은 회사가 무슨 그룹이냐고 속으로 웃었대요. 남한테 명함 내밀기 창피하다는 거죠. 저는 로컬만 담당하는 부동산을 하고 싶지는 않았거든요. 호주 전체를 다 아우르는 부동산 기업이 되자 해서 현재 시드니, 브리즈번, 멜번, 애들레이드, 퍼스, 골드코스트, 케언스, 캔버라 8개 도시에 다 진출했습니다. 대기업들이 유보금을 통해서 해외 부동산에 투자를 하고 있어서 저희가 한국 대기업을 상대로 일을 진행했고 계약 성사를 한 곳도 있습니다.

회사를 운영하면서 정신적으로 힘들 때는 아침에 눈 안 떴으면 좋겠다는 적도 많았죠. 경제적으로도 어려웠고 대표만 힘든 상황도 있어요. 해마다 다른 형태의 고비들이 있었는데 방황했던 것이 약이었던 거 같습니다. 회사가 14년 되어 가는데 단 한 번도 제가 직원들한테 줘야 할 돈을 미뤄본 적이 없어요. 직원한테 나가야 할 돈이 첫 번째예요. 회사가 딱 10년 됐을 때 친구들한테서 축하 메시지를 받았는데 그때 침대에서 울었던 것 같아요. 저 호주에서 대기업 한번 해보려고요. 한번 해야 될 거 같고 나와 줘야 할 거 같다고 생각해요. 사회생활 하면서만큼은 공부하면서 방황했던 거 반까이^{만회} 하려고 최선을 다한 거 같습니다. 사람들이 호주 왜 왔냐고 물어보면 자신 있게 도피 왔다고 합니다. 그게 사실이고요. 표현할 수 없는 뭔가가 있는데 역마살이라고 할게요. 나가라 해서 나온 거 같습니다. 제가 요즘 MBA 공부합니다. 유학시절에 공부 안 했던 거 이제 하는 거죠.

한국인들은 DNA가 달라요

　호주에 26년 살아보니까 호주인들은 한국인 유전자하고도 비교도 안 됩니다. 서양 사람들이 항상 매뉴얼화 합니다. 매뉴얼대로는 잘해요. 반면에 우리 한국분들은 그런 거 필요 없어요. 딱 던져 놓으면 잘해요. 매뉴얼보다는 내 경험이라든지 내 실력대로 가버리는데 그러다 보니까 항상 새로운 거죠. 매뉴얼만 갖고서 한다면 빨리 성장할 수도 있는데 좀 아쉬운 부분이기는 합니다.

　저는 대한민국 사람으로 태어난 자부심이 너무 강해요. 큰아들이 '한국 사람들은 못 하는 게 뭐야?'라고 해요. 저는 아들한테 항상 리더십을 강조합니다. 그리고 사람을 공부하라고 그러거든요. 저는 그게 제 파워였던 거 같아요. 2003년도에 아내랑 결혼하고 영주권을 받았어요. 우리 집 가는 길목에서 아내랑 항상 하는 말이 '여기가 최고다'입니다. 미국은 돈 없으면 죽어야 하는 나라지만 호주는 그렇지 않습니다. 공립학교, 공립병원 다 무료고 사회보장이 잘 되어 있고 참 안전한 곳입니다. 제가 영주권 받고 자리 잡고 살면서 제 남동생 부부도 영주권을 받았습니다. 호주는 자식들 영주권이 과반수 이상이면 부모 초청이 가능해요. 저희 아버님은 호주랑 한국 왔다 갔다 하세요. 저희 아버님이 '인생에서 제일 잘 결정한 게 너 호주 보낸 거'라고 하세요.

Sale, Sale, OKTA!

저는 옥타 시드니지회의 8대 회장을 맡고 있습니다. 회장단 임기는 2년입니다. 저는 차세대 무역스쿨 출신이고 현재 최연소 회장입니다. 위원장 2번 맡고 부회장까지 하면서 회장까지 온 겁니다. 옥타를 모르는 사람, 신념이 없는 사람을 회장으로 세우는 것은 그 협회의 가장 큰 문제점 중 하나거든요. 저는 제도가 이끌어가는 협회가 됐으면 한다고 말씀드립니다. 회장이 바뀐다고 그 협회가 바뀔 순 없죠. 보통 단체장 하면 돈 많아야지 단체장 한다고 하는데 사랑하는 옥타를 저는 그렇게 만들고 싶지 않아요.

옥타는 1981년도 창립 당시 무역인들 101명이 모였답니다. 딱 한 가지 '우리 조국 발전에 이바지하자'가 옥타의 태생입니다. 실제로는 옥타가 상공인 연합회의 무역 분과가 맞을 거라 생각을 합니다. 전체 상공인 연합회에 무역도 일부거든요. 무역인 협회로 시작을 했지만 사업의 효율성을 극대화하도록 백업하는 법률, 회계, 관세, 로지스트 무역인이라 생각합니다. 총 73개국 144개 지회가 있고 현재 차세대 2만 명을 포함해 총 2만 7천여 명의 회원으로 구성돼 있습니다. 호주와 뉴질랜드를 대양주라고 합니다. 총 8개 지회가 있는데 뉴질랜드에 2개 북섬 오클랜드, 남섬 크라이스트 처치가 있고 호주는 6개 시드니, 멜번, 브리즈번, 애들레이드, 퍼스, 막내 타스마니아 지회가 있습니다. 시드니 지회는 5개의 위원회인 대외협력위원, 교육위원, 사업분과

위원, 차세대위원, 친교 위원과 사무국과 2개 센터 글로벌 마케터센터, 테크노파크 센터가 있습니다.

옥타 시드니지회는 한국본부 소속입니다. 144개 지회 중에 저희가 우수 지회로 뽑혔습니다. 시드니 회원은 134명 정도이고 회비로 기준으로 하여 회원과 준회원 수는 반반 정도입니다. 정회원은 의무와 권리가 분명히 있습니다. 준회원에게는 옥타 행사에 참여해서 회원이 될 수 있는 동기부여를 주려고 합니다. 회장으로서 옥타의 정체성을 확고히 하고 회원의 권익을 보호하는 게 제 역할입니다. 그 권익 중의 하나가 수익사업을 통해서 자기발전과 사업의 발전 그리고 회원 사이의 발전이라고 봅니다.

옥타는 기회의 장이에요

차세대 무역스쿨은 전 세계적으로 1년에 한 번씩 합니다. 차세대를 배양하고 역량 있는 우리 회원들 발굴하고 키워나가는 프로그램입니다. 학생이나 학교를 갓 졸업한 친구, 직장생활 하는 친구가 나중에 창업을 할 수 있는 기회의 장이에요. 직장생활하다 창업하신 분들이 꽤 있습니다.

작년에는 비즈니스 포럼을 했습니다. 2~3개 회원사가 참여해서 회사를 소개하고 홍보하고 마지막 부분은 투자요청도 해서 저희가 회원사를 깊이 있게 알게 된 계기입니다. 자체적으로는 교육 분과에서 상법, 회계, 마케팅, 무역실무 6개월 코스를 만들어서 온라인과 오프라인으로 교육합니다. 저희가 온라인에 파일을 올리면 사업하시는 분들이 직접 다운로드 받아서 공부합니다. 장소섭외를 해서 4번에 1번 정도는 오프라인 교육도 하고요. 경영인들이 꼭 갖추어야 할 것들이며 수출 증대에서도 단단한 파운데이션^{밑거름}이 되는 겁니다.

저희가 수익사업으로 처음 시작한 게 무역사절단입니다. 한국의 테크노파크가 하는 찾아가는 수출사업의 비슷한 형태입니다. 해외시장 개척 프로그램으로 현지에서 사업하시는 분들이 글로벌 마케터가 돼서 한국에 열악한 중소기업들이 해외 지사화 하는데 서포트^{도움} 하는 역할입니다. 정부 지원을 받은 중소기업들이 현지 구매자들하고 미팅하고 수출 성약 서비스를 저희가 해주는 거죠. 정부에서 저희한테 일부를 맡겼는데 이 일을 서서히 옥타에 이양할 계획인 거 같고요. 그리고 바이어가 미팅하는 날 통역하는 분들이 계세요. 옥타 회원 대상으로 공모합니다. 기업 물건을 이해하면서 통역하다가 보면 자기가 사업자가 되는 기회가 있습니다.

저희가 7월에는 코원과 교민 신문인 한호일보와 창업 비즈니스 세미나를 준비하고 있습니다. 저희가 옥타 협회이긴 하지만 교민 소속이기도 하기 때문에 교민단체를 위해 이바지해야 하는 건 당연합니다. 이곳 잡 인포메이션^{구직 정보}이 열악합니다. 내년 초에는 교민들을 대상으로 공무원 담당자들을 모시고 잡 콘서트를 할 예정이며 참가자에 제한은 없습니다.

성수기와 비수기 사이, 시드니 십잡[10job]

윤영일 | 1971년 1월 5일, 경북 경주시 황남동

초등학교 시절부터 줄곧 반장 명찰을 달았던 그는 누구보다 활발하고 책임감 강한 소년이었다. 대학교에서도 학과와 동아리 임원을 맡으며 '말 잘하는 건 타고났던' 그는 학과 행사진행을 시작으로 어느새 전문 사회자가 되어있었다. 대학교를 졸업할 때까지 엠티만 60번 넘게 다니며 진행을 했고 사람들이 모이는 곳이라면 그의 손엔 항상 마이크가 있었다. 1996년 대학생 취업 도전기를 그린 KBS '도전 회전목마' 방송 출연을 계기로 이랜드에 첫 입사했다. 어려서부터 그의 마음에는 늘 해외에서 일하고 싶다는 꿈이 있었다. 입사한지 3년이 채 되기도 전에 IMF가 터졌고 해외 지사의 꿈은 그에게서 멀어져 갔다.

해외 진출의 꿈을 버리지 못했던 그는 결혼 후 서른 살에 아내와 함께 워킹홀리데이 비자를 받아 호주로 떠났다. 시드니 한국의 날 자원봉사를 시작으로 광복절, 삼일절과 같은 국가기념일 행사, 경로잔치, 향우회 등 행사와 모임에 꾸준히 참여하며 교민사회에서 이름을 먼저 알렸다. 시드니 커뮤니티에서 행사가 있으면 모두 자연스레 윤 총무부터 찾게 되었다. 그는 시드니에서 부동산을 비롯해 융자, 보험, 교육 컨설팅, 상품 위탁 제조·유통, 여행업 등 10여 개의 직업을 가지고 있다. 자신을 십잡[10job]이라고 소개한 그는 누구보다 치열하게 살지만 아내와 두 딸과 함께 하는 시간을 가장 소중하게 생각한다. 그는 1.5~2세대들이 한국인이라는 자부심을 가지고 살기를 바라며 우리 문화와 모국어 배양을 위해 다양한 방면으로 힘쓰고 있다.

경주 출신 귀한 막내 아들

저는 경주 황남동에서 태어난 윤영일입니다. 김유신 장군도 거기서 태어났어요. 4살 이후론 대구에서 쭉 자랐죠. 어머니, 아버지가 부부 교사셨어요. 대구가 직할시로 바뀌면서 아버지는 경상북도에서, 어머니는 대구 안에서만 이동하게 됐죠. 아버지는 1938년에 태어나셨고 윤완규입니다. 의성이 고향이시고 사격선수였어요. 사격부가 있는 중학교를 주로 다니셨고 제가 9살 때 돌아가셨어요. 어머니는 1940년에 태어나셨고 안동 권씨이시고 권영구입니다. 안동 용상동 출신이에요. 안동사범학교 졸업하고 교장 선생님으로 정년퇴직 하셨어요. 그때는 고등학교 졸업하고 선생님 하는 게 최고라 해서 그쪽을 선택했던 거 같아요. 공부를 잘 하셨나 봐요. 어머니 쪽은 선생님들이 많아요. 큰누나 결혼식 할 때 하객의 절반 정도가 교육계 분들이죠. 우리 친구들이 그때 밥그릇 헤아리러 왔다가 학교 다닐 때 사고 쳤는지 옛날 학교 때 선생님 오시니까 다 도망가더라고요. 큰누나는 65년생, 윤신혜입니다. 경북대 미대 출신이고 서울 살아요. 둘째 누나가 윤혜영 67년생, 영남대 미대 나와서 부산 살아요. 제가 막내아들이죠. 저보고 귀한 아들 하는데 자라온 생애를 봤을 때 별로 귀함은 안 받은 거 같아요.

계급장 달고 올라 간 중, 고등학교

대구에 종로초등학교 77회 졸업생입니다. 대구역 뒤 칠성동에 집이 있었죠. 지금은 재개발된 거 같아요. 그때 아파트에 딱 서면 경부선 왔다 갔다 하는 게 보였어요. 저는 어릴 때 욕심도 많았고 키는 작지만 달리기나 순발력 있는 운동도 좀 잘했고요. 반장부터 전교 회장까지 계급장 달고 중학교, 고등학교에 올라갔지요. 경복중학교 가서 경신고 가면서 집이 범어동으로 이사 갔어요. 사춘기에 반항이 있었죠. 초등학교 때는 아버지가 안 계신 거에 대한

의식이 없었는데 중학교 가서는 제가 약하고 세상의 루저 같은 모습이 되게 싫고 불만이 조금 생겼어요. 싸움도 하면서 성적이 떨어지고 많이 뚜드려 패고 맞기도 많이 맞았어요. 맨날 코 부풀어있고 그랬어요. 그때 맞지만 않았으면 외모가 좀 더 잘생겼을 텐데. 저는 지는 걸 되게 싫어했어요. 웬만하면 싸워서 내가 진 적이 잘 없는데 덩치 큰 애하고 싸워서 진 적이 한 번 있어요. 난 한 대를 꼭 때려야 되겠어서 주먹을 콱 쥐고 '어디를 때리면 한 번에 보낼까? 눈을 때릴까, 코를 때릴까?' 노려봐서 있는 힘으로 한대 파악 때렸어요. 그리고 난 한 열 대 맞았죠. 어머니가 학교에 불려 오기도 하고 그랬죠.

엠티만 60번 간 대학교 시절

나는 공부를 그렇게 잘하고 싶지 않았어요. 공부해도 안 올라가더라고요. 90학번으로 영남대 건축공학과에 후기로 들어갔어요. 중간에 그만두고 갑자기 투철한 직업정신을 갖고 장군이 되어야겠다고 생각하고 육사를 지원한 적이 있어요. 재수할 때 징병검사를 하니까 신체 급수 1급인데 사유가 부사망 독자로 6개월 방위가 나온 거예요.

91년에 영남대 자연과학대 화학과를 들어갔어요. 과 대표부터 학회장, 기숙사 감사부장 하고 또 매나 타이틀 달았죠. 화학과에서 대학 생활을 재밌게 했어요. 봄·가을 과 엠티부터 임원이니까 선발대로 또 가고 총학생회 리더 트레이닝, 신입생 환영회 진행, 여름·겨울 교회 수련회, 대학 합창단, 발명 서클 엠티 다 합쳐서 한 60번 간 거 같아요. 레크리에이션 쪽을 좋아해서 가면 늘 진행이에요. 친구가 자기 과 페스티벌 사회를 봐달라고 해서 칠성동 USA 나이트클럽에서 난생처음 레크리에이션 사회를 봤어요. 다른 학과에서도 해달라고 해서 축제철만 되면 바빴어요. 내가 남산동에 있는 나이트클럽에서도 행사 진행하고 효성대 약대 행사는 단체 할인 해줘서 내가 다 했어요. 춤추러 나이트 간 적 없는데 대구 시내 나이트클럽은 다 알아요. 토, 일도 사회 보고 어떨 때는 두 탕도 뛰었어요. 건당 10~15만 원 받고 많으면 20만 원도 받았어요. 친구들 결혼식 사회도 거의 제가 다 봤어요. 007 가방을 사고 286 컴퓨터 나왔을 때 워드프로세서로 계약서를 만들고 미팅 때 이벤트 회사인 거처럼 007 가방에서 계약서를 꺼내서 고객한테 '약관입니다. 사인 하시죠' 해서 계약하고 진행했어요.

'KBS 도전 회전목마'로 입사한 첫 직장

어릴 때 해외를 가고 싶었거든요. 초등학교 때 보면 반에 한 명씩 미국 뉴욕에 있는 삼촌 집에, 고모 집에 갔다 왔대. 나도 외국 가고 싶은데 우리 일가친척, 사돈의 팔촌 다 찾아봐도 외국 사는 사람이 1명도 없는 거야. 제가 93년도에 첫 해외여행이 일본이었는데 그 이후로 한 해도 안 빠지고 해외를 한두 나라씩은 계속 나갔던 거 같아요.

대학교 4학년 때 방송을 타고 이랜드에 취직했거든요. 이랜드가 신생기업이고 가고 싶은 회사 5위 안에 들어가는 회사였어요. KBS에 도전 회전목마 방송이 있었어요. 지방대생이 열심히 고군분투해서 대기업에 취직하는 과정을 그린 거예요. 출연자를 모집한다길래 '체험, 삶의 현장' 이런 건 줄 알았는데 작가님이 취직하는 거다 그러시더라고요. 출연료 준다길래 오케이 했죠. 96년에 이랜드 해외사업으로 입사했는데 회사에서 3개월 동안 먹여 주고 재워 주고 놀아 주고 돈도 주고 처음에는 좋더라고요. 아동복 쪽으로 배치를 받았는데, 보통 2년 있다가 주임 달면 해외를 보내는데 내가 주임 달 때 98년에 IMF가 터진 거예요. 이랜드 해외 사업부는 다 철수하고 돈 적게 주려고 하니까 제 비전이 사라졌어요.

전국 최고의 중매쟁이

　　98년에 결혼정보회사 선우를 들어갔어요. 그때만 해도 결혼정보회사가 생소한 시기고 결혼상담소라는 이름이 결혼정보회사로 바뀌는 시기였어요. 선우가 대구 MBC 옆에 킹덤 오피스텔에 있었는데 내가 들어갔을 때 직원이 16명이고 퇴사할 때 직원이 200명이었어요. 선우에서는 제가 대구 지사장을 했어요. 대구에 오니까 마음은 편하더라고요. 원래 레크리에이션 하고 그랬으니까 적성에 맞고 재밌고 결혼도 많이 시켰어요. 젊은 청년 남녀들 데리고 사랑의 작대기 같은 거 직접 진행도 했어요. 중매쟁이는 보통 마담뚜를 떠올리는데 총각 중매쟁이는 참신하잖아요. '생방송 임성훈입니다'에도 출연하고 상근 나가면 제가 '어머니, 어머니' 하니까 회원들 어머니들이 저를 좋아했어요. 사랑과 전쟁 보면서 재혼팀 상담해 주고 결혼도 시키고 2001년 정도까지 했어요.

　　선우도 맨날 스트레스예요. '중매는 잘하면 술 석 잔, 못하면 뺨 석 대'라고 하잖아요. 10번 만나서 한 번 잘 되잖아요. 이제 그만해야 되겠다 생각하고 어머니한테 '호주 가겠습니다' 했죠. IMF 때 멀쩡한 직장 때려치운다니까 어머니가 '이 인간이 제정신이 아니네' 했어요. 처가도 불안하지. 처가에 유학해서 석사하고 오겠다, 외국에서 석사 하면 자기 경쟁력이랑 입지가 높아진다니까 뭔가 설득력이 있잖아요. 장인어른 예상치 못한 질문이 '그래, 어느 대학 가는데?' 해서 제가 '현지에서 알아보는 게 더 빠릅니다' 했지. 내가 뻥튀기는 잘했어.

'워킹홀리데이'로 와서 '457'로 정착한 나라

호주는 2001년 9월 초에 워킹홀리데이로 왔죠. 만 30살이니까 워홀 온 애들보다 나이도 제일 많아요. 부부가 워킹홀리데이 와서 교민 행사, 자원봉사를 나오고 하니까 우리가 굉장히 특이한 케이스인가 봐요. 어른들이 예쁘게 봐줬어요. 첫 행사로 한국의 날 자원봉사 갔었고 향우회, 민주평통, 광복회, 순국선열의 날, 광복절, 삼일절 만세대회, 독도 행사, 경로잔치, 하천 청소 다 나갔어요. 내가 시간당 39불짜리 잡을 했어요. 차일드 케어센터^{보육원}에 쓰레기통 치워주고 열쇠까지 들고 다니는 거였어요. 와이프는 교민 언론사에 그래픽 디자이너로 취직을 했어요.

첨에 금전적으로 사기 비슷한 걸 당해서 풀타임으로 일 2개를 뛰었어요. 아침에 나와서 집에서 저녁 먹고 또 새벽까지 일한 거야. 1~2시 돼서 끝났어요. 워킹홀리데이 때 일주일에 1,600불 벌었던 거 같아요. 7주를 그렇게 했는데 7kg이 빠졌어요. 단순 노무직인데 벌리더라고. 그 금액만큼 리커버^{회복} 됐으니까 일 고만 하는 거야. 마이너스는 못 참겠거든. 손해를 절대 안 봐요.

비자가 얼마 안 남으니까 걱정이 되는 거예요. 호주에 정착한 결정적인 계기가 2002년도 6월에 미스코리아 사회를 본 거예요. 제가 한국에서 사회 많이 보기는 했으니까 사회 전문가라고 뻥쳤죠. 어른들이 저보고 한국에서 데려온 연예인이나 할 정도로 행사가 잘 끝났어요. 미스코리아 행사에 웬만한 교민회 기업들이 다 후원하거든요. '의전 모피'라고 모피회사 사장님이 '미스터 윤, 우리 회사에서 일할래?' 하더라고요. 회사에서 457비자^{임시비자}를 내줘서 살길을 찾았지. 마케팅 매니저 하면서 한국에서 관광객이 오면 모피

설명도 해주고 거의 일을 총괄하니까 내가 빠지면 전혀 운영이 안 되는 형태였어요. 우리 사업 1,000만 불이면 100억 이상을 내가 책임졌어요. 5년 동안 하루 쉬었어요. 회사 입사할 때는 주에 600불 받다가 다음에 800불 받고 텍스 떼면 주급은 1,000불이 좀 넘었을 거예요. 환율이 1,000원 가까이 갔는데 제가 워킹홀리데이로 왔으니까 많이 받는다고 생각했어요.

옛날에 호주 와서 무스탕 안 사가면 바보거든요. 손님들이 무스탕을 서로 사갈라고 싸웠어요. 모피를 면세로 팔았어요. 한국에 모피가 200만 원 할 때 호주는 30만 원 하면 샀으니까 옷에 단추 없고 옷이 덜 됐다는데 손님들이 '내가 한국 가서 단추 달게' 그랬어요. 저는 8년 정도 다니다 제가 나오면서 2010년쯤 실제로 회사가 문 닫았어요.

**3개는 성수기, 3개는 휴직,
나머지는 그냥 돌아가는 십잡**[10job] **의 세계**

2009년부터 주변에 보니까 부동산이 돈도 많이 벌고 괜찮다 해서 그때 부동산에 입문했어요. 융자도 하고요. 호주는 집 살 때 융자를 다 얻거든요. 돈 있는 사람일수록 융자를 더 많이 줘요. 내가 신용이 많으니까 은행에다 90~95%로 빌려요. 호주 인건비가 비싸니까 은행에 주택담보대출 담당 영업직원을 두면은 월급이 10만 불 이상 나가야 하거든요. 저는 호주 메이저 은행에 모기지 인트러듀서[융자담당]로 등록되어 있어요. 부동산에 융자 담당자, 영업직원이다 보니까 은행에선 기본 급여가 전혀 없고 건수 있을 때만 저한테 퍼센티지를 떼 주면 되거든요. 지난주에도 융자를 3건 했어요. 갑자기 화재나 식중독이 나면 큰일 나니까 사업하시는 분들이 책임보험을 의무적으로 들어야 돼요. 모든 비즈니스가 보험이 없는 업종이 없거든요. 보험이 무지 큰데 한국 사람이 보험을 전문으로 하는 사람이 그렇게 없으니까 어마어마한 시장인 거야. 마당발을 기본으로 해서 보험업계에 들어갔어요.

교민 행사, 한국의 날 행사, 기업체가 여기 오면 제가 사회하고 가이딩은 기본이죠. 또 건강식품 수출 등 물건 도매, OEM해서 면세점에 물건을 납품해요. 대한민국에 본격적으로 나가서 팔라고 프로폴리스 만들고 있어요. 무역하고는 전혀 상관없는 사람인데 무역협회 임원 맡고 하니까 부담스러워요. 주워 듣고 하는 짬밥이 생겨서 나도 한번 해볼까? 해서 무역도 해요. 내가 한국 제품 갖고 와서 호주에 풀고, 호주 꺼 수출도 하게 되었죠. 제가 작년에 20만 불 정도 실적이 있어서 대한민국 최우수 마케터예요. 5~6년 동안 중소기업의 시장조사와 바이어 발굴 역할을 대행해주는 역할을 하고 정부로부터 활동비를 받아요. 컨설팅도 하고 인턴 교육사업도 해요. 한국 청년이 취업 안 되니까 대전대 화장품학과 애들, 봉화 애들 여기 와서 인턴 교육 하고 회계사, 제빵 회사 취직도 시켜요. 건당으로 애들 교육 단기연수도 했었어요. 한국 보훈처, 교육부 견적도 많이 와서 차량 섭외부터 호텔, 식사 일정 다 짜 주고 한 달에 하나씩은 해요. 얼마 전에 아르헨티나 '할리 데이비슨' 오토바이 교민동호회가 2주 동안 멜번에서 시드니까지 해안 따라서 도는 거 내가 따라갔어요. 오토바이 뒤에 트렁크 싣고 다닐 수 없으니까 22인승 버스가 따라다녔어요. 여행 컨설팅도 합니다. 수자원, 관광청, 변호사 등 전시회나 호주 방문 일정도 물어보거든요. 낮에는 일하니까 밤에는 3시간짜리 나이트 투어도 나가고 제가 버스에서 내릴 때 박수 받고 내려요. '캥거루 새끼 많이 컸네. 코알라 오랜만이네?' 하면 멘트부터 손님들이 더 즐거워해요. 시드니 주간 가이드가 한 300명 되는데 제가 실제로 랭킹 1위입니다.

'ATC'는 오스트레일리아 트레이딩 컨설턴시라고 종합컨설팅회사 법인인데 제가 다방면 대기업으로 키우려고 하고 있어요. 부동산은 안 들어가 있고 제가 하는 십잡10job을 묶어서 키워 나가려고요. 저보고 정부 전시회, 중소기업 전시회, 부동산 하는 사람이 무슨 전시회를 하느냐고 하면 우리 오스트레일리아 트레이딩 컨설턴시 이야기하고 '통역, 차량부터 다 섭외하고 무역하고 중소기업 해외 전시회하고 도와주는 전문 전문회사입니다' 하죠. 교민사회에서 제가 움직이는 거 보면 별다른 영업을 안 해도 이미 시스템이 갖취져 있어요. 환율이 급등하면 망하는 직종이 나오고 반드시 잘되는 직종이 있어요. 10개 중에 한 3개가 성수기고, 나머지 3개는 완전히 휴직이고 나머지는 그냥 돌아가는데 교대되면서 바뀌어요. 내가 다 조절할 수 있으니까 남이 보면 굉장히 직업이 불안정해 보이는데 누구보다도 안정적이에요. 윤영일 씨에 관해서 이야기할 때 저 사람은 부동산도 하고 융자도 하고 사기꾼 같기도 하고 그러니까 '저 사람 십잡10job이다' 그래요. 텐잡보다 십잡이 어감이 좋잖아. 저도 제가 직업이 10개인지 어느 단체에 몇 개에 속해 있는지 몰라요. 신나고 재밌는 건 대한민국이 재밌지. 호주는 편안하면서 내가 하고 싶은 거 할 수 있고 일을 한다면 내가 일 했던 만큼 정확하게 수입이 생기는 나라예요. 진짜 정확해.

시드니에서 한국말은 내가 젤 잘하거든

저는 말 잘하는 거는 타고났어. 세계 한국인 웅변협회 한 지 10년 됐어요. 지금 세계본부 사무총장인데 나름대로 봉사라고 치면 시드니에서 한국말은 내가 젤 잘하거든. 교민 애들 한국말로 웅변 지도합니다. 우리 애들도 크면서 교육적인 차원에서 한국 사람은 한국말 할 줄 알아야 하거든요. 한국말 못하면 한국인 정체성이 급격히 떨어집니다. 일본이 창씨개명으로 우리 언어 죽여 버렸잖아요. 한국말을 잘하는 애일수록 한국에 대한 의식이 굉장히 투철해요. 우리 애들 교육하면서 영어 중요한 게 아니에요. 우리 집은 저 빼고 시민권자거든요.

난 애들이 한국을 많이 알았으면 좋겠어요. 아빠가 웅변협회, 대구·경북향우회 있고 뿌리찾기를 하는데 애들은 호주 학교에서 호주 교육을 받았잖아요. 호주에 대한 프라이드가 높아요. 여기는 주입식 교육이 아니고 체험하는 교육이니까 애들 다 웅변대회 내보내고 재외동포재단 모국방문 보내요. 한국을 알아야 되거든. 한국에 대한 프라이드보다는 애들이 호주에 대한 프

라이드가 높아요. 2월 14일이 밸런타인데이라는 것만 기억하지, 안중근 의사가 사형선고 받은 거 몰라요. 내가 애들 데리고 한국 가면 전쟁기념관, 독립기념관 데리고 갈 거예요. 아빠로서 애들이 한국인으로서의 프라이드를 많이 가지고 살았으면 좋겠어요.

예전에 워킹홀리데이 때는 내가 500불 받아야 열심히 일하는 입장인데 나도 이제 나이가 든 거 같아요. 독도장학회, 광복장학회에 500불 낼 수 있지. 누가 필요하다고 하면 취지가 좋은데 후원해 줘야지 해요. 대구·경북향우회도 잘 모르고 갔어요. 10년째 막내예요. 한국은 내 마음 속의 나라잖아요. 한국 뉴스 보면 참 뿌듯하고 좋은 뉴스도 있고 안타까운 뉴스도 많아요. 누가 정권을 잡던지 늘 전 한국 편이에요. 내 나라니까 한국이 잘됐으면 좋겠어요.

꿈, 도전, 열정의 기회 '워킹홀리데이'

좋아하는 단어가 꿈, 도전, 열정입니다. 3개가 다 있어야 돼요. 꿈이 없으면 못 나가요. 꿈으로 끝나면 안 돼. 반드시 도전해야 돼요. 도전하면 실패하잖아. 실패율을 줄이기 위해서는 진짜 열정이 있어야 돼. 저도 워킹홀리데이로 왔잖아요. 컨설팅 업무도 많이 하니까 호주에 워킹홀리데이로 온 애들 보면 얼굴은 전혀 본 적 없지만 후배들, 동생들 같애. 얘네들이 좀 잘됐으면 좋겠어. '우리 애 워킹홀리데이 보낼까요?' 저는 '무조건 보내세요' 입니다. 좌절하고 실망하고 가는 애들 많아요. 나중에 한국 어디 가서 살든지 호주에서 1년 살았던 경험이 도움이 돼요. 저는 애들한테 도전과 기회를 주고 싶어요. 지난번 영남대에서도 후배들 워킹홀리데이 한 번 오라고 하고, 봉화도 한 번 다녀왔어요. 산골짜기에 있는 애들이 버섯 따는 거 외에 꿈이 없어요. 누군가가 비전을 제시해 주지 않으면 못 깨쳐요. 전 그런 거 하고 싶어요. 불러주시면 강사비 안 줘도 돼요. 내가 가서 해요.

'연매출 100억'에서 '우버 드라이버'까지, 파란만장 30년

이기선 | 1958년 6월 6일, 서울특별시 마포구 대흥동 788번지

서울이 고향인 그는 학창시절 배구에 흥미가 있었지만 공부도 곧잘 했기에 부모님은 선수생활을 반대했다. 그는 서울대학교 사범대 77학번으로 '박사학위를 따는 게 유행인 시대'를 살고 있었으며 그 또한 장애인 특수교육 학위를 받기 위해 호주 유학길에 올랐다. 그와 배구와의 인연은 이국의 낯선 땅 호주에서도 계속 되었다. 그는 체육관에서 배구경기를 구경하던 중 우연히 배구 코치까지 맡게 된 것을 계기로 호주 청소년 배구 국가대표팀 감독까지 되었다. 또한 배구로 탤런트 비자를 받아 영주권을 얻었다. 아내는 호주에 정착하길 바랐고 그는 호주에서 의과대학을 다니기로 결심했다. 공부라면 자신 있던 그였지만 32살의 나이에 하루 8시간 수업을 따라가는 것은 그에게 너무나 힘겨웠고 결국 학교는 쉬기로 했다.

그는 공부보다 사업을 시작하기로 마음먹었고 이후 면세점과 보석공장, 언론사, 금융회사, 난민심사, 건강식품, 화장품 등 수십 개의 '사장님, 회장님' 자리를 거쳤다. 시드니에서 면세점을 운영할 당시 그는 '교포 중에 가장 부자'라는 말을 들을 정도였지만 정부의 세금조사를 받게 되면서 사업은 그만 중심을 잃게 되었다. 그가 거쳐 온 다양한 직업만큼이나 녹록치 않은 이민의 삶을 경험했던 그는 얼마 전까지 호주 시드니한인회 부회장직을 수행했다. 어느 누구보다 호주에 남다른 애정을 가지고 있는 그는 요즘 가끔 우버택시를 운영하며 부인과 함께 골프로 여가를 보내고 있다. 힘들어 하는 자신의 곁을 지켜준 아내와 두 딸들은 그가 살아가는 이유이자 원동력이다.

등록금 필요 없는 시드니대학 박사과정

저는 전주 이씨이고 이기선입니다. 58년 개띠고 현충일이 생일이에요. 효령대군의 18대라고 알고 있습니다. 부모님은 국악을 하던 음악인이셨어요. 아버지는 1918년생이시고 김덕수 사물놀이에 제자로 있으시면서 꽹과리를 치셨던 거 같아요. 형님도 대금을 전공했구요. 아버지가 연주하시다가 간암으로 일주일 만에 돌아가셨어요. 우리 형제들은 이름 가운데 '기'자가 들어가 있어요. 5남매 중에 넷째예요. 누님 두 분, 형님 한 분 있고 여동생 한 명인데 동생은 호주에서 살고 있어요.

저는 홍익국민학교라는 사립학교를 나왔어요. 배구가 명문인 인창중학교, 여의도고등학교를 나왔습니다. 서울대학교 사범대 77학번이고 대학원도 서울대 교육대학원을 졸업했습니다. 81년 군대는 ROTC 19기로 전방 15사단

에서 소대장을 1년 했고, 86년 육군사관학교 있을 때 대학원을 마쳤습니다. 육군사관학교에서 대위를 달고 있었는데 직책은 전임강사였어요. 그때 외국에서 박사학위 받아오는 게 유행이었는데 학위를 받으려고 미국으로 장학금 신청을 했는데 잘 안 나왔어요. 장애자 특수교육을 박사과정을 하고 싶었던 사람이라 몰랐는데 뉴질랜드 오타고대학이 유명하다고 했어요. 남극이랑 가장 가까운 대학이라고 소문난 대학이에요. 근데 오타고대학에 영어과정이 없어서 시드니에서 영어를 배워서 가려고 했는데 시드니대학에서 박사과정을 받아준다는 거예요. 그때 호주 유학생은 등록금이 없었어요. 87년 4월에 호주를 와서 7월부터 박사과정을 시작했죠.

첫 순정, 사투리 대구 여자

　내가 군대 생활을 7년 해서 매일 저녁에 미친 듯이 놀고, 돈이 없으니까 포장마차에 홍합탕 한 접시 시켜 놓고 국물 계속 달라 그랬죠. 담배도 까치로 팔았어요. 학생증은 딴 데 놓고 왔고 맡길 게 없으니까 급하면 가방 맡겨 놓고 외상으로 먹고 가방에 책 하나밖에 없는데 사장님이 다 알면서 자식 같으니까 받아주시는 거지. 시계는 못 찾을 확률이 많아. 서울대학교 앞에 신림동, 봉천동에 가보면 할머니들이 시계를 궤짝으로 갖고 있어. 내 시계도 거기 몇 개 있을 거야.
　77년도에 대학교 1학년 들어가자마자 대구 여자한테 꽂혀 가지고 내 기억으로 계명대학교 학생이에요. 내가 수업 없는 토요일마다 6개월은 대구를 갔어요. 우리 때는 순정파들이 많았죠. 그때 핸드폰이 없으니까 그 여자 집 전화번호를 알아서 몇 번 통화를 했다가 내가 한 번 가도 되냐니까 오라해서 그때부터 발동이 걸려서 갔는데 좋아했던 거 같아요. 형을 협박하든 누나를 협박하든 엄마를 꼬시든 아무한테나 돈 미리 받아서 갔어요. 여자 얼굴은 기억이 안 나는데 사투리 때문에 그랬던 거 같애. 대학 동창들이 나보고 미친놈이라 그랬고 그 여자 부모님한테 혼난 기억이 나요. 나보고 '대학교 1학년이 무슨 여자를 쫓아 다니냐? 싹수가 노랗다'고 했어요.

8년을 쫓아다닌 아내

　부인 고향은 서울이고 부모님은 충청도 출신이에요. 저랑 동갑이고 6월 26일생이에요. 입학 기념으로 놀러 갔는데 기차에서 어떤 여자들이 있길래 꼬셨는데 그 사람들은 졸업여행으로 온 사람이더라고요. '우리가 누님들을 보호를 해드릴 테니 누님들은 우리 밥을 해주시오' 해서 인연이 됐어요. 제 처형이 거기 껴 있었는데 제 친구한테 우리 처형이 자기 동생을 소개시켜준

다고 했던 모양이에요. 다들 술 먹고 자고 있는데 처형이 배가 아파가지고 뒹굴뒹굴 구르더라고. 나는 술 안 먹은 죄로 거기서 붙잡혀 있다가 그게 인연이 되어서 처형이 자기 여동생을 소개시켜줬어요. 우리 집사람은 피아노 하는 사람인데 매력이 있어서 8년을 쫓아 다녔어요.

배구로 따낸 영주권

배구로 영주권을 받았다고 하는 거를 사람들이 믿지를 않죠. 초등학교 때 제가 배구를 굉장히 잘해서 선수로 성공을 하리라 했는데 부모님이 반대를 했어요. 제가 다닌 인창중학교가 그 당시에는 배구로 상당히 명문이거든요. 선생님이 가정방문 오셨다가 우리 집에 트로피를 보고 붙들려가지고 배구를 좀 했어요. 고등학교 올라갈 때도 제가 센타 출신이니까 배구를 계속 하라고 했는데 제가 공부를 잘해서 부모님께서 운동하는 걸 싫어했어요. 서울대학에 들어가서는 배구를 취미로 한 적이 있었어요.

박사과정 하면서 장애인협회 사무실에서 아르바이트 하는데 옆이 배구협회 사무실이었어요. 올림픽 스타디움에서 걔네들이랑 이야기하다가 배구를 좀 가르쳐 달라고 해서 당시에 밥값이 100불인데 2시간 가르치고 100불 준다고 해서 '이게 웬 횡재냐!' 했어요. 박사과정 공부보다 배구 공부를 더 많이 한 거 같아요. 21세 미만 팀인 '맨리 와룽가'를 맡았다가 스테이트 팀을 맡게 되었는데 우승도 하고 자꾸 이겨요. 졸지에 유명한 '언더 투웬티' 청소년 감독이 됐어요. 89년에 홍콩에 인터내셔널^{국제} 배구 시합을 가는데 나는 원웨이 비자라 어렵다고 하니까 영주권 주면 하겠냐 해요. 저는 여기서 살 생각이 전혀 없었어요. 그때 유학생이 등록금을 내야 된다는 움직임이 있었어요. 선배들이 호주 박사학위 받으려면 7년이 걸린대요. 미국으로 다시 건너갈까 하던 차에 영주권을 받고 공부를 하기로 했죠. 당시에 외교관, 학생은 영주권을 신청을 못하게 되었어요. '너네 나라로 가라' 해서 한국으로 왔죠. 한국에서

영주권 어플라이^{신청}를 했어요.

배구 선수들이 자기 감독이 한국에 있으니까 한국에 전지훈련을 왔어요. 서울대 친구들이 배구하던 후배 서너 명 있는데 국가 대표급 애들이에요. 배구 협회에 전문적으로 하는 사람들을 소개시켜 줘서 많은 도움을 받았어요. 근데 선수 한 명이 시골 애인데 호주 시민권자가 아닌 거예요. 한국 가서 비자를 다시 받아야 된다 그래서 시골 친구를 데리고 광화문 대사관에 가서 '나는 얘들 감독이다' 그랬더니 네가 이기선이냐고 알고 있더라고요. 제가 영주권 신청해놨던 거 보고 '무슨 서울대 출신이 호주에서 배구감독을 하냐?'고 거짓말이다 해서 비자를 홀딩^{보류}해 놨었대요. 제가 호주 시골 돌아다니면서 배구를 가르쳐 줬는데 그게 신문에 났었어요. 시골 친구가 그 사진을 갖고 다니더라고. 그 다음날 탤런트 비자를 받았죠. 90년에 들어오니까 공부하기 싫어지더라고요.

007 가방 들고 다닌 의대 1년

집사람은 호주가 좋다고 그냥 살자고 했어요. 제가 박사과정 공부해 봐야 여기서 살기가 그러니까 91년도에 의과대학을 들어갔어요. 살면서 죽을 뻔 했던 게 몇 번 있는데 의대 1년 다닌 그때가 가장 힘들었던 시기인 거 같아요. 호주 애들이 공부를 얼마나 많이 하는지 그때 제가 알았습니다. 박사과정 때는 교수하고 일대일이 많고 옷도 좋은 옷 입고 유행했던 007 가방을 들고 다녔죠. 들어만 가면 졸업할 줄 알았어요. 제 나이 32살에 다들 등에 메는 가방 들고 왔길래 집사람한테 싸구려 가방 하나 사달라고 해가지고 그걸로 바꾸고 진짜 학생처럼 다녔어요. 월요일부터 금요일 아침까지 단 1분도 숨을 쉴 수 있는 틈이 없다고 느꼈어요. 학교 가면 집 생각나고, 집 가면 학교 생각나요. 시험을 잘 보는데 학교를 쫓아가기가 어렵더라고요. 대학생은 수업을 2시간 하는데 강의실을 옮겨가는데 10분밖에 안 주니까 헐레벌떡 찾아

다녀요. 하루에 7~8시간 수업 있어요. 방학 때만 되면 잠이 안 와요. 그리고 1~5학년 개념이 없어요. 해부학1이 끝나면 2, 그게 끝나면 3, 또 해부학이 끝나야지 생리학 이런 식으로 넘어가는데 그 과목 패스를 못하면 다음 과목은 아예 신청을 못해요. 2학년 간신히 올라갔는데 휴학해버렸어요. 저는 제 시간에 졸업한 애들 아주 존경해요.

연간 매출 100억 넘는 면세점

90년도 방학 때 마다 여행사 가이드를 했어요. 일본말을 할 줄 모르는데, 일본회사에 한국 사람들이 좀 들어온다고 소개받고 했는데 재밌고 좋더라고요. 면세점에 데려 가면은 커미션을 받는다는 걸 그때 알았어요. 커미션이 일당보다 더 많더라고요. 일당 100불 줬는데, 먹여 주고 좋은 옷 입고 다니고 참 좋더라고요. 한국 부자들만 오던 시기라 버스에 물건을 사면 사람이 한 차 가고, 물건이 한 차 갈 정도로 물건들을 많이 샀어요.

91년쯤 장인어른한테 '면세점을 하나 차리면 좋을 것 같다'고 했더니 장인어른이 좋은 생각이라고 저한테 돈을 좀 빌려주셨어요. 그때만 해도 가이드가 좋은 직업이라고 해서 시드니 시내에 1,000㎡ 크기의 어마어마한 면세점을 차렸었습니다. 한국 사람 전문 면세점이 생기니까 사람들이 너무 좋아한 거예요. 아주 폭발적으로 인기가 있었죠. 1년에 한 2~3만 명씩 들어오던 그런 시절이죠. 연간 매출액이 100억이 넘었죠. 내가 사업가로 성공을 하겠구나. 장인어른 빚을 이자까지 쳐서 다 갚고, 호주 교포 중에 최고 부자라는 소문이 났던 시절이 있습니다.

커미션^{수수료} 비즈니스라는 게 한도 끝도 없고 나가는 게 많더라고요. 제가 여행업에 신물이 났던 이유는 우리 마진을 조금 줄이고 손님을 데리고 오는 분들한테 주는 구조면 괜찮은데, 자꾸 커미션을 많이 달라고 하고 경쟁을 붙이니까 어느 순간부터 저희가 손님한테 바가지를 씌우는 상황이 됐어요.

연간 1,000만 불 팔았을 때는 2~300만 불이 남았는데, 연간 7,000만 불 매출이 오르는데 40~50만 불 적자를 봅니다.

일곱 명의 사장

로열 젤리 같은 건강식품도 했는데 꿀을 직접 생산하자 해서 그때부터 공장을 몇 개 만들기 시작했습니다. 또 슬림 스킨이라고 새끼 양으로 옷 만들고 우리 회사 이름으로 면세점에 납품했죠. 환전 사업이 제일 재밌었어요. 당시만 해도 관광객들이 돈을 갖고 오는 액수가 한정되어 있었는데 수표는 많이 갖고 왔어요. 수표를 받기 시작해서 매출이 커지고 미국 돈, 일본 돈, 한국 돈까지 환전 받다가 환전사업 회사를 만들고 했어요. 홍콩에서도 바꾸고 니꼬호텔 부회장이 일을 같이하자고 해서 일본인 친구하고 보석공장을 대대적으로 차리기 시작했죠. 제가 중앙 오스트레일리아 광산에서 나오는 오팔 보석을 가공 했거든요. 한쪽 공장에서 보석 가공하고 일본 관광객 오면 보여주고 제가 투자를 많이 했었죠. 일본 사람은 리무진을 타고 2~3명씩 와서 보석을 많이 사 갔어요. 6~7년 정도 열심히 했던 거 같아요. 40살이 안됐을 때니까 '이거 참 돈 벌기 쉽구나' 했어요. 현금 장사가 많으니까 3일이면 150만 불정도 들어오니까 발로 꾹꾹 눌러도 이만한 금고에 돈이 다 안 들어가요. 금고에 안 들어가니까 침대에 펼쳐 놓고 드러눕고 그랬어요. 돈 냄새가 좋더만요. 미국 돈 100불짜리 쪼그맣잖아요. 제가 벤츠를 타고 다녔는데 돈을 자루에다 실어가지고 자루를 넣으면 차가 푹 주저앉아. 무스탕 공장, 오팔 공장, 환전소 사장님 해서 일곱 분의 사장님을 모시고 있었는데 제 꿈은 '주식시장에 상장을 하고 전문 경영인이 되면 좋겠다' 했어요. IMF도 오고 제가 세금에 문제가 있었어요. 면세점은 캐시 커미션^{현금 수수료}이니까 2,500만 불 회계 정리를 해야 되는데 그냥 넘어가다 보니까 사단이 난 거죠. 제가 붙들려 가는 바람에 한방에 다 날아갔죠. 면세점 계약기간이 있으니까 중간에 빠지지도 못하고 1년 반 정도 있다가 도저히 안 되겠다 해서 파산 면하느라고 집 팔고 98년에 파산 선고해 버렸죠. 죽고 싶었죠. 어머님하고 우리 애들을 다 한국으로 보내고 제가 계산을 해보니까 한 30년 형을 살게 되더라고요.

저는 불을 싫어해요. 사람이라는 게 하버브리지에 올라서 보니까 물이 되게 차가워서 겁이 나더라고요. 제가 갖고 있는 콤플렉스가 틀니예요. 임플란트도 못할 정도로 스트레스 때문에 생니가 9개 빠졌어요. 도저히 어찌해야 할지 잘 모를 때 아침에 차에 시동을 걸고 기절을 했던 거 같아요. 차 소리가 부릉부릉 나는데 제가 안 가니까 집사람이 나와보니까 패인트^{기절} 한 걸 본 거 같아요. 그때가 제일 힘들었던 거 같아요. 사람이 놓기가 어렵더라고요. 제가 갖고 있던 돈 장부가 있었는데 여행사는 커미션이니까 선금 달라 하면 주고 돈 빌려가고 그런 돈이 150만 불정도 우리 돈으로 몇십억이에요. 내가 받을 돈이 더 많아. 화가 나서 6개월 정도 잠을 못 자겠더라고요. 잠을 자다가 깨면 생각이 꼬리를 물고 '저 놈을 때려죽여야 되는데' 그랬어요. 어느 날 집사람이 밖에 파이어 플레이스^{불때는 곳}에서 그 장부를 태워 버리더라고요. 그걸 포기하니까 잠을 잘 잤어요. 장부를 버리니까 돈 떨어질 만하면 슬금슬금 돈을 갖다 주는 놈이 있어요.

냉동실 뭉칫돈으로 산 골프채

한국에 잠깐 갈 일이 있었는데 크레딧 카드^{신용카드}도 스톱이 됐어요. 마누라가 냉동고에서 고기 덩어리를 꺼내는데 그게 돈이더라고. 우리집에서 여행사 사장들하고 밤새 카드를 치는데 우리 마누라가 판돈에 몇 프로를 내놓으라고 그렇지 않으면 다들 집에 가라고. 뜯은 돈을 은행에 안 갖다놓고 묶어서 한 2~3만 불을 냉장고에 넣어 놨더라고. 그때 비행기 값이 한 6~700불 하던 때인데 매일 번 돈 10%를 부인 갖다 줬으면 부자가 됐을 텐데, 하여간 그렇게 힘들었어요. 둘째가 사립학교를 들어갔는데 학교도 빼냈어요. 마누라가 참 고마운 게 애초부터 한 푼도 없이 다행히 빚은 없지 않냐, 그니까 그냥 다시 왔다라고 생각하자고 했어요. 마누라는 골프채가 뭐가 비싼 건지 모르는데, 대신 골프채 하나 사 달라고 하더라고요. 근데 골프 가방은 제일 비싼 걸로 잡더라고. 마누라가 어차피 이 돈도 자기가 볼 땐 다 날아갈 거 같은데 그 전에 이거라도 쓰는 게 낫겠다 했어요. 마누라가 아직까지도 그 가방을 갖고 있어요. 골프료는 싸니까 저를 괜히 위로해주느라 그때부터 아침마다 조기 골프를 쳤어요. 둘째가 초등학교 막 들어갔을 땐데 한 4~5년간 일을 못했습니다. 기둥 다 빼먹을 때까지 놀았어요. 일을 할 수가 없었어요. 어느 날 갑자기 망하니까 시드니 바닥이 워낙 좁으니까 차라리 날 잘 몰랐던 거 같으면 아무 일이라도 할 수 있었을 텐데, 어디 일하러 가도 '회장님 웬일이세요?' 하니까 일을 못하겠는 거예요. 또 가이드를 제가 몇 개월 했었는데 선배들이 '네가 뭐 가이드를 하고 앉아있냐?' 해서 제가 좀 힘들었어요. 빚 다 갚고 일을 하고 싶었는데 일을 못했어요. '호주 동아' 신문사에 사장으로 한 1년 있었고 잡지 '코리아타운'에서 편집국장 좀 해달라고 해서 2년 정도 있었어요. 이스트 우드에는 한국 사람이 많은데 '위자드 금융'이라고 지점을 개업해서 지점장을 한 2년 했죠. 소일거리를 한 거죠. 사람들 반은 내 뒤통수에 대고 '저 새끼 쌤통이다, 잘난 체 하더니 잘됐'' 이러고 또 반은 '돈을 많이 숨겨 놓은 게 있으니까 아직도 부자일 거다' 이런 말을 들었죠.

난민변호 8년

2004년부터 캔버라에 있는 호주 국립대학에서 법을 공부해서 2년간 석사과정을 했습니다. 조용히 변호사 생활을 하고 살려고 했었는데 나이가 있으니까 자리를 안 주더라고요. 2007년 졸업하던 해에 난민들이 많이 쏟아져 들어오기 시작하면서 난민 일을 하게 됐어요. 난민들이 들어오면 디텐션 센타^{수용소}에 가둬 놓잖아요. 난민 지위가 확보되면 영주권을 주고 난민들이 살게 됩니다. 그 사람들이 영어도 못하고 법률을 모르니까 호주 정부에서 대리인들을 1명씩 붙이는 거예요. 애드버케잇이 변호사인데 국선 일을 하는 거예요. 우리말론 변호사인데 변호사는 아니구요. 난민을 인터뷰할 때 100페이지 정도 되는 레포트를 파일링^{서류작업} 하는 조수예요.

국제 변호하는 사람들이 각 주에서 퍼스로 모입니다. 전세 비행기를 타고 크리스마스 아일랜드로 넘어가요. 난민이 들어온 환경부터 인터뷰를 하죠. 그럼 난민 자격이 있다, 없다 호주정부에 영주권 신청해주는 일을 하는 거예요. 어시스턴트는 600불을 준대요. 한번 갈 때 20일 간대. 그럼 1만 2천 불인데. '무조건 간다' 그랬죠. 퍼스에 내렸는데 10명이 와야 되는데 9명밖에 안 온 거예요. 난 라이센스가 없다니까 지네들이 가르쳐줄 테니까 나보고 하라는 거예요. 가르쳐준다는 사람이 비행기 타더니 쿨쿨 잠만 자고 안 가르쳐 주는 거야. 내용만 다르고 폼들이 다 똑같더라고. 로이어^{변호사}들만 쓰는 언어가 있어요. 굉장히 어려워요. 나는 1,000페이지를 써도 내 실력이 그거밖에 안 되니까 영어가 쉬울 수밖에 없어요. 내가 하는 영어는 100페이지라도 금

방 읽을 수가 있으니까 이민성 직원들이 나를 너무 좋아하는 거야. 아일랜드 다윈, 케언즈, 멜번 수용소마다 가서 전문가가 됐죠. 8년 정도 한 거 같아요. 한 4년 전부터 호주 정부에서 어싸일럼 씨커^{난민}를 붙잡아 놓지 않고 파푸아 뉴기니로 보내는 정책이 생기는 바람에 할 일이 없어졌어요. 지금 유엔에서 파견을 나와서 하고 있는 거죠. 졸지에 실업자가 된 거죠.

끝끝내 사 주지 못한 랩탑

사업 망하기 전까지만 해도 제가 잘난 줄 알았어요. 제가 빠른 나이에 교수도 되고 당시에는 육사 교관으로 간다는 것이 선택된 사람만 가고 또 육사 교수가 끝나고 나면 대학으로 가는 건 아주 쉬웠던 일이고 우리 동기들이 부러워했던 거였죠. 사업 망하고 나서 '사람 사는 게 별 거 아닌데, 참 감사하다' 싶었죠. 만일에 내가 계속 돈을 벌었다면 우리 애들 버려놨을 거예요. 우리 애들한테 너무 감사해요. 사업 망하고 애들이 힘들 텐데 공부를 굉장히 잘했어요. 큰애가 대학 들어갔을 때 랩탑^{노트북}을 못 사 줬어요. 가장 슬펐을 때가 그때예요. 지금은 둘 다 변호사 생활을 하고 고 연봉도 많이 받고 사회적으로 대접을 받고 사는 거를 보니까 좋죠. 우리집에 예전 금고가 그대로 있는데 너무 크니까 누가 사가지도 않아요. 금고에 돈 외에 보석 광산을 하던 돌멩이가 많아요. 돌멩이를 왜 안 풀어 놓냐면 풀어봐야 똥값이에요. 보석은 애들 시집 갈 때 한 덩어리씩 주려고 해요.

비자 죽이세요

　월남전 끝나고 들어오신 분들을 진정한 1세대라고 부르고요. 월남전이 망하고 나서 유일하게 난민들을 받았는데 한국 사람들은 난민이 아니잖아요. 한국분들이 호주 와보니까 좋거든요. 당시에 불법 체류 분들을 정부가 잡지 않았던 게 여기 사람도 모자라고 허드렛일 하는 사람이 없는데 또 세금은 제대로 내고 알면서도 모른 척하고 놔뒀죠. 월남에 계셨던 분들은 기술자분들이 아니고 대부분 식당이나 청소, 허드렛일들을 많이 하셨어요. 월남 2세대들은 아픔이 있어요. 월남에 가서 한 10년 이상을 불법 체류로 가족들을 못 만나던 상황이었으니까 부인을 초청했지만 와서 보니까 월남 부인이 있고, 동생이 있고 그런 거예요. 법적으론 자식하고 형제 관계지만 실제로 여기 와서 보니까 뭐라고 할 수 없는 거야.

　'아싸라비아'라고 70년대에 사우디아라비아나 중동 붐이 일어나서 가셨던 분들 용접, 배관, 트럭 운전을 하셨어요. 사면령으로 영주권을 받아서 정착한 소문을 들은 분들이죠. 기술자들이 트레이드 비자로 비행기 갈아타는데 들어와서 살게 된 분들이에요. 1세대분들의 가족, 형제, 자매 부모는 초청이 가능했으니까, 사돈의 팔촌까지 들어와 있어요. 호주에 가면 '사면령이 내린다' 해서 별의별 사람들이 다 들어와 있었어요. 옆에 와가지고 '한국 사람이세요?', '네', '그러면 비자 죽이세요' 비자가 죽어야지만 사면령이 나와서 영주권을 받는다는 거예요. '이 사람이 돌았나?' 했어요. 한국 브로커들 사이에 영주권 준다고 소문이 많이 났었던 거 같아요. 실제로 87년도 2~3년 전후로 사면령이 2~3번 있었던 거 같아요. 투자 이민이나 기술 이민 온 분들이 영어를 곧잘 하는데 여기서 30년 되신 분들이 영어를 못 해요. 제가 유학 왔을 때 그분들이 돈을 많이 벌고, 집들을 좀 사고 그럴 땐데 '내가 10만 불만 벌면 한국 가서 살겠다' 하고 그 사람들은 한국 떠난 지 오래 돼서 그때 한국이 가난한 줄 알아서 그래요.

교포 1.5세는 애들이 많이 힘들어 했죠. 지금 50대 초중반이죠. 아버지 얼굴도 모르는 애들이 고등학생이 돼서 아버지를 만났는데 영어도 못하고 학교를 들어갔는데 동양 사람이 많지가 않으니까, 학교에서 '동양 놈'이라고 키도 쪼그맣고 우습게보고 하니까 애들이 패거리로 다니는 거죠. 80년대 후반에서 90년대 초반 유학생들이 정착을 많이 했고 이민을 받아들이면서 기술 이민은 특히 컴퓨터 하시는 분, 치기공사, 간호사 이분들이 많이 들어오시고 그 다음에 투자 이민 분들이 많이 들어오셨죠. 2세대들은 우리 딸 같은 애들이고 호주 애들하고 경쟁하면서 정상적으로 자랐죠.

민주주의와 사회주의가 공존하는 곳

호주는 민주주의 국가 같지만 사회주의 국가고요. 목표는 잘 살아보자는 거예요. 노동당은 굉장히 개혁적이고 자유당은 굉장히 보수적인데 공통

점은 선거하기 전에 이번에 내가 되면 난 봉급 몇 프로 올린다고 이야기해요. 방송국도 야당 편, 여당 편 딱 정해져 있어요. 여당 장관이 있으면 야당 장관이 같이 있어요. 쉐도우 캐비닛이라고 해요. 우리나라처럼 대통령이 뽑히면 인수인계하잖아요. 여기는 의원내각제니까 뽑히고 나면 야당 숫자가 갑자기 많아지면 그날로 캐비닛이 바뀌어버려요. 인수인계라는 말이 없어요. 누가 정권을 잡게 되면 어떤 일이 벌어질까 라는 게 분명합니다. 잘 사는 사람도 없고 못 사는 사람도 없고, 많이 버는 사람은 세금을 많이 뜯어가고 적게 버는 사람은 지원을 해줘요. 차가 자기 선호도니까 차로 저 사람 부자라고 평가하는 나라가 아니에요. 주유소 안 세븐일레븐에 벤츠가 서 있으면 주인 차라고 생각하는데 일하는 사람이 벤츠타고 다니고 주인은 다른 차타고 다녀요.

65세부터 받는 평생연금

　　호주는 공권력이 굉장히 세요. 군인하고 소방관은 돈을 많이 받고 10년만 하면 평생 연금이 나와요. 공무원들이 일반 회사하고 봉급은 차이가 있는데 내 손에 쥐는 거는 별로 차이가 없는 거죠. 봉급을 많이 받을수록 돈을 많이 벌어야 되는데 딸이 '아빠 작년보다 봉급이 1.5배가 올랐는데 받는 거는 일주일에 100불밖에 없네?' 그래요. 많이 받는다는 게 은행에서 돈을 많이 빌려줘서 좋은 집, 좋은 차를 살 수가 있어. '차라리 나 같으면 그거 안 받고 요만큼만 쓰겠다, 차라리 정부에서 지원 받겠다' 이런 경우가 낫단 말도 하고요. 20년간 우리 어머니는 호주에 세금을 낸 적이 없어요. 죽을 때까지 정부에서 돈이 나와요. 한 달에 3~400불 정도 받아요. 본인이 목욕하고 싶다 그러면 목욕하는 사람, 통역하는 사람 데려다주고 쇼핑 해달라 하면 쇼핑하는 사람 데려다 줍니다. 죽을 때까지 돈 걱정 안하고 사시는 거예요. 아들이 너무 편해. 응급실에 와서 딱 모시고 갔는데 돈 한 푼도 안내. 아프면 자식들한테 폐 된다고 자식들한테 폐 안 주기 위해서 안 아파야 되는데 여기는 그럴 이유가 없어요. 우리 애들이 세금 많이 내는 게 그쪽으로 돌아가니까 불평을 안 하는 거야. 우리 딸들이 저한테 '곧 65세 되면 정부에서 돈 주니까 그때까지만 버텨' 맞는 얘기예요. 물론 좋은 거 아니지만 집 없으면 정부 주택을 주니까 우리 마누라 하고 둘이서 살면 돼요. 낮에도 저녁에도 우버^{택시} 하면 돼. 연금 나이가 65세에서 67세로 늘었어요. 나오는 돈은 마누라가 일주일에 저랑 마누라 골프 한 번 치고 다닐 만하대요.

1%를 만들기 위한 영재교육

호주는 엘리트들이 이끌어가는 나라예요. '1% 정책' 엘리트 정책입니다. 99%는 민주주의로 잘 먹고 잘 산다는 거죠. 1%를 만들려고 영재학교를 만들어요. 초등학교 4학년 때 시험 봐서 반을 OC^{영재반}를 운영해요. 초등학교 6년 끝나면 지역마다 있는 셀렉티브 스쿨에 가요. 영재학교, 영재교육이라 그래요. 1%를 만드는 거죠. 우리나라 사람들은 자녀가 거길 못 들어가면 잠을 못 자요. 예배당에서도 사람취급 못 받고 그러니까 학원이 생기죠. OC의 원래 목적은 운동 잘하는 아이, 공부 잘하는 아이, 미술 잘하는 아이를 영재로 만드는 건데 뽑는 기준이 영어시험, 수학시험을 보는 거예요. OC반의 절반은 동양 애요. 한국은 법대 아니면 의대야. 교포 2세들은 자식이 '의사다, 변호사다' 자랑거리가 아니에요. 한국말 잘 하느냐 못하느냐가 흉이죠.

다민족 25개 영어 악센트와 만나는 '신성이민법률'

이재규 | 1969년 6월 29일, 경북 포항시 북구 대신동 동해어망 사택 15호

늦은 공장 일을 마치고 돌아오는 아버지의 손에는 종종 센베이 과자가 들려있었고, 아버지는 잠든 막내의 머리맡에 조용히 두고 가시곤 했다. 붉은 맨드라미가 만발했던 공장 사택의 마당에서 평상을 깔고 가족들과 함께 저녁밥을 먹던 여름날을 그는 지금도 떠올려 보곤 한다. 공부밖에 몰랐던 그는 고등학교 시절 '목숨과도 바꿀 수 있는 친구' 박현철을 만났다. 조용하고 숫기 없던 자신과 달리 '잘 놀고 운동도 잘 하는 친구' 현철이는 그를 조금이나마 외향적인 성격으로 변화시켜 주었다. 감수성이 풍부했던 10대 시절 둘은 글을 쓰고 낭독을 하는 문영문학회 활동을 함께 했다.

대학졸업 후 그는 1995년도에 삼성에 입사하여 회사에서 아침, 점심, 저녁, 야식 네 끼를 먹어가며 집과 회사만 오가는 반복적인 일상을 살았다. 그러던 중 그의 인생에 커다란 전환기가 되는 교통사고를 당하게 되었다. 팔을 심하게 다쳤고 3번에 걸쳐 큰 수술을 받아야 했다. 이후 삼성의 영국 주재원으로 가게 되면서 자녀들에게 더 좋은 교육환경을 주기 위해 부인과 함께 호주 이민을 결심하게 되었다. 2005년 그저 '영국의 축소판'이라고 생각하며 부부는 한 번도 가보지도 않은 호주로 떠나왔다.

그는 현재 시드니의 '신성이민법률'에서 비자와 영주권 관련 업무를 하는 이민법무사로 활동하고 있다. 영남대학교 동문인 아내와 결혼한 그는 현재 두 딸의 아버지이기도 하다. 유튜버로 활동하는 첫째 딸은 대학에서 음악 믹싱을 공부하고 있으며 '부인을 닮아 똑부러지는' 둘째 딸은 시드니 명문 고등학교에 재학 중이다. 그는 두 딸이 어엿한 성인이 되면 언젠가 추억이 깃든 포항에 돌아올 날을 꿈꾸고 있다.

동해어망 사택 15호

저는 이재규라고 합니다. 1969년 6월 29일에 포항시 대신동 동해어망 사택 15호에서 태어났습니다. 동해어망이 지금은 선린병원이 있는 자리고 고등학교 때까지 포항에서 자랐습니다. '동해어망'이라고 그물 제작하는 회사 사택에서 살았어요. 십여 가구가 한 곳에 다닥다닥 붙어 있었어요. 항도국민학교를 다녔어요. 중학교 때까지 되게 소심하고 내성적이었어요. 아버지는 이수만이시고 일본 히로시마에서 태어나셨는데 4학년까지 사시다가 한국으로 오셨어요. 형제, 자매들도 다 일본에서 자라셨고 고모들은 일본에서 원폭 피해도 입으셨구요. 어머니는 배남순, 포항 흥해 분이시구요. 희생만 하셨던 것 같아요. 제 큰누님은 61년생, 형님은 62년생, 작은 누님은 65년생. 다음에 저 이렇게 있습니다. 구들목에서 한 이불 덮고 어릴 때 같이 어울려서 지냈던 시절이 있었죠. 아버지가 누런 봉투에 월급 받아 오시는 날엔 막내 주려고 사왔다 하시면서 제 머리맡에 센베이 과자를 두고 가시고 했어요.

목숨과도 바꿀 수 있는 현철이

　제가 200점 만점에 한 187점 받고 포항고등학교를 갔죠. 중학교 때만 해도 공부를 많이 했지만 고등학교 들어가서도 공부만 했었어요. 2학년 때 박현철이란 친구를 만나게 됐습니다. 이 친구는 키 크고 잘생기고 기타 잘 치고 운동 잘하고 여자애들한테 인기를 끌 요소는 다 갖춘 거예요. 여자 애들 만나고 어디 가서 사고 치고 저랑 완전히 성격이 반대였어요. 제가 내성적이었는데 조금 외향적으로 성격이 바뀌었죠. 학교에 지하서클인 글월 문, 그림자 영의 문영문학회가 있었어요. 고등학교 4~5개가 같이 하는 연합동아리였고 시 낭독회도 하고 문학 활동도 했어요. 경주 도투락월드 가서 노는데 현철이가 기타 치고 학교에서는 동아리 인정을 안 해 줬지만 나중에는 인정을 해 줬죠. 포항에 '시민제과'라고 있어요. 나는 싫다고 하는데 현철이가 억지로 미팅 데리고 가고 그랬어요. 고등학교 3학년 때 얘는 맨날 나가서 미팅하고 주선하고 늦게까지 놀러 다니고 그랬죠. 지금도 현철이는 제가 한국에 가면 자기 일을 다 미루고 공항에 마중나와요. 차 다 태워주고 식구들 원하는 곳 다 데려다 주고 그 정도로 각별한 친구예요.

요플레 숟가락을 건네 준 그녀

고등학교 2학년 때 제가 아프기 시작한 거예요. 제가 학교 시험을 못 쳤죠. 재수해서 아무 데나 가야겠다 해서 89학번으로 영대 금속공학과를 가게 됐어요. 몸이 약해서 뭔가 많이 심취해야겠다는 생각에 1학년 때는 운동에만 전념을 했어요. 18번 쿵푸도 배우고 산중무술, 기천문도 배우러 다녔어요. 이 학교가 내면적으로 내가 있을 자리가 아닌데 이런 생각도 들고 점점 주변 친구들하고 어울리고 좋아지고 영대 잔디밭에서 막걸리 마시고 했죠. 이제 취업을 해야 되겠다 해서 3학년 때 전자공학과로 전과를 했죠.

대학교 때, 선배가 포항에 놀러온 적 있었는데 집사람도 포항에 파견 근무를 나왔는지 그랬어요. 선배가 한번 만나볼래 해서 만나게 된 거예요. 아내도 영대고, 89학번 중문과 김미경입니다. 학보사 출신이고, 학생운동으로 유명하더라고요. 유니텔에서 대화를 주고 받았을 때는 '참 바늘로 찔러도 피 한 방울 안 나오겠다' 하는 느낌을 받았어요. 영대에 거울못이라는 연못이 있는데 거기서 처음 만났죠. 그때는 데이트도 커피숍 가고 그랬는데 왜 거기서 만났는지 모르겠어요. 부인이 요플레 두 개, 숟가락 두 개를 챙겨왔더라고요. 요플레 숟가락 한 개를 똑 떼어서 나한테 주는데 '이사람 이런 면도 있구나' 싶어서 좋았던 거 같아요. 저는 집사람이 아직까지도 고마운 게 제가 다치고 난 다음에 만났거든요. 제 팔이 불편한 것도 다 알고 그럼에도 불구하고 계속 교제를 했었어요. 그리고 1998년 3월 1일에 결혼했습니다.

두 번의 죽을 고비를 품은 이름, 재규

삼성그룹 공채 35기 22차로 95년도에 전략시스템사업부로 입사를 했습니다. 결혼 전에 신암동 살다가 나중에 대구은행 본점 맞은편에 살면서 아침에 5시 반에 일어나서 회사 버스타고 출근해서 밤 11시에 오고 그 시간을 계속 반복 했죠. 회사에서 야식까지 먹었으니까 밥을 네 끼 먹었죠.

입사하고 97년쯤 교통사고가 났어요. 생에서 큰 전환점이 돼버렸습니다. 근무하다 포항에 친구 만나러 갔어요. 박현철, 장길호라는 친구랑 포항에서 경주 가는 나라시 택시를 탔죠. 돈 주면 가는 총알택시인데 3명이면 편하게 타려고 1명이 앞에 앉잖아요. 제가 택시 앞에 타려고 문을 여는 순간 뭔가 모르게 문을 닫고 뒤로 가서 왼쪽부터 박현철, 저, 장길호가 앉았어요. 맞은편 차량이 드링킹 드라이버음주운전자죠. 저희 택시를 받아서 택시가 전복했던 거 같아요. 운전기사는 죽고 장길호는 머리를 부딪쳐서 병원에서 죽었어요. 박현철은 다리가 완전히 으스러졌는데 다행히 재활해서 골프도 치고 해요. 저는 튕겨져 나갔어요. 제가 앞에 앉았으면 이 자리에 없었을 거예요. 제가 한쪽 신경이 다 끊어졌어요. 병원에 2년 있었어요. 한국에서 수술을 두 번 정도 받았고 영국에서도 한 번 받았어요. 제가 있던 전략시스템사업부가 해경 전투체계 시스템 개발하는 일을 맡았거든요. 영국 BAE 시스템즈항공방위산업기업라고 있어요. 거기랑 공동 프로젝트 맡은 게 있어서 2000년도에 6개월 정도 영국에 파견 나갔었어요. 지금도 후유증으로 왼쪽 팔을 잘 못써요.

이름의 재를 '다시 재'를 써요. 이름에 다시 재 쓰는 사람 아무도 없대요. 죽을 고비를 딱 2번 맞이한대요. 이름 짓는 사람이 저보고 '네 아버지처럼 팔이 다칠 거다'라는 얘기를 했어요. 어릴 때 얘기를 듣고 시간이 흘렸죠. 아버지 왼쪽 팔도 파편 맞아서 파였거든요. 제가 호주에서도 한번 죽다가 살아났어요. 운전하다가 공회전이 일어나서 건너편을 차고 들어가서 만약에 차가 왔으면 죽었다고. 경찰이 저보고 '너 정말 럭키하다' 했어요. 제가 차도 피하고 전봇대도 피했어요. 맞은편이 건물이 아니라 가건물 철조망 쳐놓은 곳에 비가 와서 진흙이 졌잖아요. 거길 뚫고 들어갔던 거예요. 이 사건까지 있고 난 다음에 제가 이름을 지었던 거를 기억을 하니까 딱 2번 고비를 맞이했더라구요. 우연의 일치인지 아닌지 모르겠습니다.

뭐든지 할 수 있어, 플랜도 없이 떠난 이민

제가 휴직 기간이 1년 정도가 되었긴 했지만, 집사람이 옆에서 지켜보고 하니까 '아유 참 있을 곳이 못되구나' 했나 봐요. 이민 때문에 퇴사를 하게 됐죠. 우연찮게 삼성에서 우리 팀이 영국에 가게 되면서 회사에서 여러 가지 지원도 많이 해 주고 저한테는 되게 좋은 찬스였던 것 같아요. 일만 하고 돌아다보니까 애가 좀 자랐더라고요. 애들한테 좋은 교육환경을 주고 '해외생활을 하는 것도 괜찮겠다' 생각도 들었거든요. 영국에서 돌아와서 이민 박람회를 갔다가 '캐나다는 많이 춥겠다, 미국은 총질하니까 싫어, 호주랑 영국이랑 비슷하네, 똑같겠지? 한국보다는 낫겠지' 했어요. 호주 한 번도 방문 안 하고 2005년에 짐 싸들고 시드니로 바로 갔어요. 플랜도 없이 '될 거야. 뭐든지 할 수 있어. 내가 다친 것 때문에 적어도 차별 받지는 않을 거야'라는 확신을 가지고 왔습니다.

신성이민법률 이민 법무사

한국에서 했던 일이 방산 쪽인데 얘네는 신체검사도 하고 철저하거든요. 그쪽은 제가 생각을 못했었던 거죠. 들어와서 테입^{직업전문학교} 같은 데 다니면서 공부했죠. 당장 먹고 살아야 되니까 청소도 하고 롱텀으로는 안정적이지 못하겠다는 생각이 들어서 이민법을 공부를 했어요. ANU^{호주국립대학}에서 온라인 코스로 이민법 과정을 수료하고 마이그레이션 에이전트^{이민법무사}가 됐습니다. 2009년에 라이센스를 취득했어요. 저는 호주 비자, 영주권 상담을 해줘요. 워킹홀리데이 비자로 왔다가 살아보니 '호주가 괜찮네? 영주권을 받을 수 있을까요?' 하는 분들과 '호주에서 영주권을 받고 잘 살 수 있을까요?'라고 물어보는 한국에 계신 분들께 어드바이스를 해 드리죠.

첫딸은 이소애 소피아입니다. 소피아가 영어 이름이고 세례명이에요. 유튜브 활동을 해요. 또래들이 알아보기도 하고 유명하더라구요. 콘텐츠는 일상생활이에요. 대학에서는 음악 믹싱, 미디^{작곡} 쪽을 공부하고 있어요. 공부를 시켜봤는데 공부 쪽은 아니라는 걸 나중에 알게 됐습니다. 둘째는 이안 나예요. 둘째는 나름 공부 쪽으로 관심이 있는 것 같아요. 성향은 법대 쪽이 맞는 것 같아요. 프라이머리 스쿨 빅 O.C클라스에 들어갔어요. 졸업해서 22년 동안 1위만 지킨 고등학교인 제임스 루스^{시드니명문학교} 에 들어갔어요. 지금 8학년인데 알아서 밤 12시, 1시까지 공부해요. 12학년 매스 수준을 가르쳐요. 살아남으면 남는 거고 아니면 다른 데로 가야되고 완전 냉혹하기 짝이 없는 거죠.

엄마 품과 같은 곳, 포항 영일대

호주와 비교도 안 될 정도로 영국이 뛰어난데 호주는 영국의 축소판, 영국 따라쟁이 같아요. 교육시스템이나 셀렉티브 제도랑 정서는 비슷하지만 인프라 스트럭쳐^{사회기반시설} 는 많이 떨어지는 것 같아요.

호주는 기회의 도시이고 적어도 페어^{공정}합니다. 한국이 페어하지 않다는 얘기는 안하고 싶어요. 적어도 호주는 페어하다는 얘기는 꼭 하고 싶어요. 노력한 만큼은 보상을 받는 것 같아요. 교민 사회에서는 청소하기 때문에 '저 사람 뭐야?' 할 수 있지만 호주는 어떤 잡^{직업}을 갖고 일을 하더라도 비난 받을 이유 하나 없다는 것. 자긍심을 가지고 당당하게 일을 해도 좋은 나라라는 생각이에요.

이민 올 때 '이렇게 부조리한 사회에서 나는 못 살아. 우리 애들한테 더 좋은 교육 환경이 있는 나라로 갈 거야' 라는 생각밖에 안했던 거 같아요. 당시에는 부모님이 안중에 안 들어왔어요. 제가 자식을 키워 보니까 '내가 부모님을 왜 놔두고 왔지, 참 이기적이었다'는 생각이 들어요. 늦게 철이 들고 '막내라서 괜찮아' 라고 스스로 위안을 했던 것 같아요. 내 새끼한테 하는 건 좋은데 자기 부모님한테 그렇게 했냐고 스스로 그래서 되물어 보니까 잘못됐어요. 어머니가 80살이 넘어가시는데, 늙으신 모습을 보니까 이게 무슨 짓이냐는 생각이 들어요. 막내가 대학교 들어가고 어머니가 그때까지 살아 계신다면 집사람은 반대하더라도 저는 한국으로 돌아가고 싶어요.

고향은 늘 돌아가야 될 곳 마음 속에 항상 생각하던 엄마 품, 엄마 같은 곳이죠. 한국을 떠나와 있는 모든 교민들도 비슷한 생각을 갖고 있지 않을까요. 집사람한테도 농담 삼아 '만약에 내가 내일이라도 죽으면 남겨진 재산을 다 써서라도, 화장해서 내 고향 포항 북부해수욕장^{영일대해수욕장} 뿌려 달라고 했어요. 바다가 오염된다고 뿌릴 순 없겠지만 몰래라도 저는 그게 소원이에요. 물리적으로 돌아가든 영혼이 되어 돌아가든 그 정도로 돌아가고 싶어요. 여기선 절대 묻히고 싶지 않아요.

주류사회 진출을 위한 발판이 되다

호주 시드니한인회 회장 윤광홍 | 1947년, 황해북도 개성시

1960년대 후반 호주에는 백호주의가 버티고 있었다. 공관직원들과 콜롬보플랜 유학생, 기술자를 포함해 당시 교민은 100여명 남짓이었다. 서로가 서로의 가족이 되어주던 그때, 동포들의 정착을 위한 친목 및 정보교류의 목적으로 1968년 '호주한인회'가 태동했다. 1981년 8월 25일 호주한인회를 뉴사우스웨일즈 주정부에 정식으로 등록함으로써 공식 단체로서 발돋움하게 되었다. 1987년 '호주 시드니한인회'로 명칭을 변경하였으며 50년이 지난 지금 32대 한인회가 출범했다. 초기 시드니 총영사관에서 레드펀 사무소로, 크로이든 사무소, 캠시를 거쳐 현재의 크로이든 파크 한인회관으로 점차 옮겨왔다.

　시드니한인회는 1985년부터 매년 추석을 전후해 한국의 날 행사를 열고 있으며 한국의 주간을 마련하여 한국 전통문화와 예술 행사를 진행하고 있다. 이 행사들을 통해 세계 속의 한국을 알리고 다양한 민족들이 한국을 인식하는 계기로 작용하는 것은 물론, 다양한 이유로 호주에 머무르는 동포들이 함께 즐기는 한마당이기도 하다. 한인회는 한민족 정체성 유지와 자라나는 후손들의 정체성 함양과 강화를 위해 골몰하고 있다. 교민사회에만 머무르는 것을 넘어 다민족사회에서 호주연방정부와 주정부, 시청 등 관료들과의 네트워크를 확장하며 동포들의 권익 신장을 위해 노력하고 있다.

아무것도 기다리는 게 없어요

　저는 윤광홍입니다. 나이는 70살이 조금 넘었고, 호주 온 지 30년이 됐습니다. 이번에 시드니 한인회 32대 한인회장이 되었습니다. 해방되던 해에 이북 땅이 된 개성에서 태어났습니다. 어린 시절을 거기서 보냈고, 1950년 6월 24일까지 군인 아저씨들 보면 쫓아가서 인사도 하고 그랬죠. 6월 25일 되고는 부모님이 '군인 아저씨, 수고하십니다' 인사하지 말라고 했습니다. 하룻밤 사이에 인민군들이 거기를 점령하고 공산당 치하가 됐지요. 저희 가족은 숨어 있다가 1·4 후퇴 때 피난 왔습니다. 피난 오면서 어머니가 돌아가시고 3개월밖에 안 된 막내동생도 죽었어요.

피난 와서 경기도 화성에서 초등학교, 중학교까지 졸업하고 고등학교부터 서울 와서 공부했지요. 국비로 다니는 서울체신고등학교 다녔어요. 거기는 졸업하면 체신부^{정보통신부}공무원이 되는 거예요. 성균관대를 갔죠. 고급 공무원이 되어야겠다 해서 행정학과를 갔어요. 서울대 한번 가보자 해서 서울대학교 행정대학원을 갔지요. 석사 마치고 14회 행정고시를 합격했습니다. 관세청에 근무하면서 1986년 호주 캔버라에 파견 올 기회가 있었어요. 호주의 발전된 관세 제도를 한국에 3년 동안 소개했습니다. 딸이 둘인데, 애들이 1학년하고 3학년이었어요. 호주가 참 아름답고 애들 교육 환경도 좋아서 당시에 고참 서기관이었는데 사표 내고 왔습니다.

호주 와봐야 아무것도 기다리는 게 없어요. 완전히 새로운 환경에서 시작한 거죠. 호주의 큰 회사인 보딩 컴퍼니하고 한호 합동 관세사를 같이 운영했습니다. 호주에 종합 상사들이 많이 있었기 때문에 제가 호주 큰 조직의 운영, 재정적인 상황을 활용해서 종합상사 통관을 맡아서 했어요. 1990년에 이민 와서는 열심히 살아야 되니까 한인회 운영에 신경 쓸 여유가 없었는데 지금은 인생의 가장 황금기입니다. 한인회에 관심을 갖고자 해서 한인회에 나오게 됐습니다. 이전에는 이북 도민회 연합회장, 민주평화통일 자문위원 활동을 했죠.

반세기가 넘은 한인회

호주 시드니한인회는 1968년에 출범했습니다. 제가 한인회 32대인데, 회장 임기가 2년이니까 한인회 역사가 62년이 넘었다는 얘기죠. 출범 당시 목적은 동포들의 정보 공유와 친목 도모였습니다. 현재 시드니 제일 큰 단체가 한인회, 상공회, 월드 옥타가 있지요. 상공인 연합회는 거의 40년, 옥타는

20년 정도 됐습니다. 그 다음 민주평통, 체육회가 있지요. 시드니 교민단체는 학연, 지연 모임을 포함해서 100개 이내고, 눈에 띄는 단체들은 50개 정도 되지 않을까 생각합니다. 한인회관에서 컴퓨터 교실, 색소폰 교실, 문학 강좌 등이 열리고 있습니다. 교민들이 예전에는 캠시, 리드컴에 많이 살았지만 현재 스트라스필드에도 많이 거주하고 있습니다.

60년대 초하고 지금하고는 상황이 많이 달라요. 당시에 한인회에 대한 교민들의 기대와 의존도가 굉장히 컸는데, 지금은 모든 것이 다 갖춰졌고 원하는 정보를 제공하는데도 많고 그래서 한인회에 대한 의존도가 많이 줄어들었어요. 교민들이 한인회에 대해서 관심을 별로 안 갖게 되는 자연적인 현상이 됐어요. 옛날과 상황이 다르기 때문에 이번에 한인회장으로 나오면서 우리 한인회의 역할도 달라져야 되겠고 한인회의 존재와 필요성에 대해 많이 생각하고 있습니다.

한인회비 1년 20불

현재 시드니는 한인회관이 없습니다. 멜번, 퍼스 한인회는 건물이 있어요. 저희는 정부에 임대해서 쓰고 있습니다. 2023년에 기간이 끝나기 때문에 연장 작업을 해야 됩니다. 이 건물을 노리는 다른 나라들이 많습니다. 저희가 약 70만 불을 들여서 다 리노베이션(수리) 했어요. 우리가 계속 써야지 이사 가면 돈이 날아가는 거죠. 한인회관 20년 리스 재계약을 완성하는 것이 목표입니다. 한인회는 권력기관도 아니고 돈을 버는 기관도 아니기 때문에 재정적으로 굉장히 열악해요. 재정이 전혀 없어요. 한인회비가 1년에 20불이에요. 정관에 '운영은 한인회 회비와 기타 경비로 한다'로 돼 있는데 회비를 내는 사람들이 많질 않아요. 수입이 적다 보니까 한인회 운영이 굉장히 힘들어요. 담당 직원이 세 사람 정도 필요해요. 직원 월급을 한인회장들이 다 마련했어

요. 그렇다보니 한인회장 하고 나면 '20만 불 썼네, 30만 불 썼네' 이런 이야기가 나옵니다. 2016년 인구센서스에 의하면 뉴사우스웨일즈 동포가 애들도 포함하여 6만 2천명입니다. 예를 들어 아이 절반을 제외하고 3만 명 정도가 회원 회비를 낼 수가 있죠. 20불씩 3만 명이면 60만 불이 되는 거예요. 작은 돈이지만 여럿이 힘을 합치면 운영이 굉장히 활발해지겠죠.

우리문화를 소개하는 '한국의 날'

호주는 언어 교육에서도 정부에서 굉장히 투자를 하고 있고 각각 다른 나라의 그 문화를 무시하는 게 아니라 아주 존중하고 보급시켜요. 저희가 프로그램을 호주 정부에 제출하면 나라의 문화를 보급, 육성시키기 위해서 호주 정부에서 펀드를 제공해요. 우리는 다른 나라에 비하면 많은 지원을 못 받고 있습니다. 그런 것들에 신경을 쓰려고 합니다.

한국의 날에는 한국에 유명한 국악단, 무용단을 초청해서 호주 사람들에게 우리 문화도 알리고요. 매년 추석을 전후해서 한국의 날 행사를 합니다. 금년은 11월 2일인데 부모님들이 한인회 행사에 참여할 때 애들이 따라오면 어려서부터 한국 문화를 접할 수 있어서 좋을 것 같아요. 한국, 호주 전문가들을 불러서 청소년들이 세미나, 강연회에 참여할 수 있게 하고 골든벨 프로그램을 열어서 차세대 교육을 진행하고자 합니다. 한국 한인 1.5세대, 2세대 교포들 중에서는 주류사회로 진출한 사람들이 많이 없지만 의회와 캔버라에 주정부로 나간 사람이 있어요. 저희가 더 신경을 써서 차세대들이 연방정부로 나갈 수 있으면 좋겠습니다.

'서로 나누고 품앗이 하는' 향우회 활동

재호주 대구·경북향우회 회장 방승일 | 1958년, 서울특별시 용두동
(부친 | 1928년, 경북 영덕군 영해면)

2001년 12월 창립한 재호주 대구·경북향우회는 시드니에서 활발하게 움직이는 향우회 중 하나로 10대 회장 방승일 씨가 이끌고 있다. 정식으로 등록한 회원은 550여명으로 대구, 경북 출신이거나 대구, 경북과 인연이 있는 사람들이 모여 좋은 일과 슬픈 일을 서로 나누는 친목단체다. 2017년 포항에 일어난 지진으로 피해를 입은 지역민들에게 1,000달러의 성금을 모아 보내기도 했으며 1년 중 가장 큰 행사인 지난 송년회에는 100여명의 회원들이 참석해 서로의 안부를 나누기도 했다.

'서로 나누고 품앗이 하는' 향우회 활동

현재 대구·경북향우회 13대 회장을 맡고 있습니다. 1958년생이고 서울 용두동에서 태어났습니다. 저는 부유한 가정에서 태어났다고 생각해요. 제가 61살이지만 서울에 보림유치원 다녔어요. 사립초등학교인 금성초등학교에 다니고, 동국고와 동국대학교 전자공학과를 졸업했습니다. 기행사관으로 3년 9개월을 군대 생활하다가 기술 장교 중위로 제대했습니다. 제대 후에는 현대 페인트에서 영업이사를 하다가 나왔습니다. 어머니가 88년쯤 호주에 투자 이민을 오셔서 기반을 잡고 계셨어요. 98년에 IMF 터지고 회사가 법정관리에 들어갔어요. 제가 3형제 중에 장남이기도 해서 2003년 2월에 호주를 왔죠. 둘째 동생은 호주에 있고 막내는 서울에 있습니다. 저는 2003년부터 호주에서 페인트 일을 하다가 쉐어하우스를 샀어요. 호주는 페인트 일이 많아요. 한국에는 벽지 않습니까? 여기는 내부, 외부 전부 페인트예요. 페인트 오더를 따서 제가 직접 애들 데리고 일하고 있습니다.

우리 아버지가 경상북도 영덕군 영해에서 1928년 4월에 태어나셨어요. 아버지는 영해초등학교를 졸업하시고 어릴 때 서울로 올라오셨습니다. 미 해군으로 6·25참전을 하셨고, 나중에 워싱턴 주립대학교 정외과를 졸업하셨습니다. 한국 해군사관학교에 교관으로도 계셨고 지금은 대전 국립묘지에 계십니다. 아버지가 경북분이니까 대구, 경북 모임을 계속 나갔고 그 인연으로 대구·경북향우회장을 맡고 있습니다. 대구·경북향우회는 고향이 대구, 경북인 사람이 모여서 인사도 하고 어려운 일 있으면 서로 도와주고, 좋은 일 있으면 서로 나누고 품앗이 합니다. 회장은 2년이 임기이며 정식으로 등록한 회원들은 550명 정도 돼요. 회비는 한 번 내면 평생회원입니다. 저희가 2~3개월 정도 한 번씩 모여요. 경북자문위원, 임원들이 13~14명이고 한 달에 한 번 정도 만납니다. 현재 향우회 활동은 송년회를 제일 크게 하는데, 매년 100명 이상은 참석하고 작년 송년회는 130명 정도가 참석했고 화환이 30개 정도 들어왔어요. 6월에 총회가 있고 12월에 송년회를 갖습니다. 경상북도지사배 골프대회를 하고 대회에서 모인 돈은 장학금으로 사용하기도 합니다. 2017년 송년의 밤 행사 수익금 1,000달러 이상을 포항 지진 피해자를 돕는 성금으로 보내기도 했습니다. 작년에는 한국의 고등학교 2학년 보육원생 13~14명을 초청해서 저희 집에서 파티를 해줬고, 고3이 되면 다 보육원을 다 나오는데 호주 큰 땅에 오라고 한 게 기억에 남습니다. 시드니 내에도 호남향우회, 충청도향우회 등의 지역 모임들이 있습니다. 다른 향우회에 잔치가 있을 때는 이웃이니까 행사를 격려한다던지 서로 오가고 합니다. 또 2013년에 만든 재호 시드니향우회연합회가 있어서 지역 향우회들이 공동으로 효도 잔치를 마련한다던지 그렇게 활동하고 있습니다.

2장

빅토리아 여왕 시대의
구리구리 올드 스타일, 멜번

England
Split peas

China
Rock sugar

France
Vinegar

India
Mustard

China
Silks

China

China

India
Jaggery

China
Dried fish

Singapore
Rattan

Brazil
Rubber

Spain
Raisins

Pacific
Shells

Pacific
Coconuts

Singapore
Cassia bark

Singapore
Sago

Fiji
Sandalwood

Pacific
Whale bone

Australia

Australia
Kangaroo skins

Australia
Plant specimens

Australia
Wool

플린더스 스트리트 역 Flinders Street Station

'호주의 런던'이라고도 불리는 멜번은 해마다 '세계에서 제일 살기 좋은 도시 1위'로 꼽히고 있다. 골드러시를 계기로 광산 노동자로 오게 된 중국인들의 이민 붐은 이미 150년 전부터 시작되었다. 광산과 농장을 찾아 세계 각국에서 온 다양한 이민자들로 인해 급격히 성장한 멜번은 남반구 최초로 올림픽을 개최하기도 했다. 유럽풍의 건축물과 초고층 빌딩들이 묘하게 어우러진 도시 곳곳에서는 과거와 현재가 자연스럽게 만나고 있었다.

빅토리아 시대의 고전적인 건축미를 자랑하고 있는 플린더스 스트리트 역은 도시의 상징처럼 위엄 있고 당당해 보였으며, 역사 중앙의 벽시계는 마치 과거의 시간을 그대로 품고 있는 듯 거대해 보였다. 1899년 철도 노동자가 설계한 이 최초의 기차역은 멜번 교통의 중심이며 정식 등록된 호주 빅토리아주의 문화유산이기도 하다.

캠버웰 선데이 마켓 CAMBERWELL SUNDAY MARKET

멜번에서 가장 큰 40년 된 벼룩시장으로 일요일 오전에만 열린다. 참가자들도 참가비를 내고, 입장하는 손님에게도 도네이션 박스를 내민다. 물론 금액은 상관이 없다. 한국의 빈티지 시장과는 달리 나이 지긋한 할머니, 할아버지들의 오랜 애장품들이 많이 보였다. 뿌연 먼지가 쌓인 흑백사진들과 손수 뜨개질한 블랭킷, 꽃무늬 접시와 녹슨 담배 파이프까지 없는 것이 없다.

'예술가들의 화폭'으로도 불리는 호시어레인Hosier Lane의 골목은 젊은 작가들의 거침없는 예술 퍼포먼스를 맛볼 수 있는 곳이기도 하다.

독일의 better Living에서
호주의 better Life로

황용기 | 1948년 7월 22일, 전남 광산군 비아면 (현. 광주광역시 광산구 비아동)
김경혜 | 1954년 9월 22일, 부산광역시 동구 초량동

군대부터 다녀온 후 생계를 찾아나서는 것이 당연했던 그때, 그는 1969년 베트남 전쟁이 벌어지던 때 나트랑의 십자성 부대에 지원했다. 광주에 돌아온 그는 먹고 살 길이 막막했고 기술을 배우면 독일로 갈 수 있다는 이야기를 듣고, 자연스럽게 유학코스를 밟았다. 이후 운 좋게도 산업연수생으로 뽑혀, 1973년 독일 철강회사인 지멘스에 입사할 수 있었다. 그는 독일에 체류할 당시 나팔바지를 입고 피아트 자동차를 몰고 다닌 '시대의 멋쟁이'였다. 주말이면 놀러가자는 독일 여자들이 줄을 섰지만 그의 천생연분은 지인의 소개로 만나게 된 한국 여자였다.

아내는 독립운동가 김형기 선생의 직계 손녀로 한국에서 피아노를 전공했다. 성악에도 소질을 보여 해외 유학을 가고 싶었지만, 맏이였던 그녀는 동생들에게 배움의 기회를 넘겨주었다. 그녀의 마음 한 구석에는 외국에서 음악을 더 배우지 못했다는 미련이 남아있었다. 음악대학 교수였던 고모는 그녀에게 '호주에 가면 무료로 음악 공부를 더 할 수 있다'며, 호주에 있던 남편을 소개시켜주었다. 그녀는 남편이 있는 멜번으로 건너왔고 교민 합창단을 이끌며 20년 동안 음악으로 한국을 알리는 봉사하는 삶을 살고 있다.

'운동장에서 누가 싸우면 그게 나였지'

저는 황용기입니다. 1948년생이고 비아동에서 태어났어요. 부모님도 광주 비아 분들이시고 평범한 시골 농촌 분이었던 거 같아요. 어머님께서 일본에 사시면서 남편을 먼저 보내신 거 같아요. 히로시마 원폭 떨어지기 2개월 전에 한국에 나오셨다고 그랬거든요. 저랑 누나 세 분하고 성이 달라요. 누나 셋은 김 씨 성을 가졌죠. 한 분은 돌아가시고 두 분은 한국에 생존해 계시죠. 나하고 막내 누나하고 한 10년 정도 차이가 납니다. 어머니가 한국에 나오셔서 아들 욕심에 재혼을 했어요. 같은 형제간이 남자 둘 여자 둘 4남매죠. 내가 여기 있고 둘째, 넷째는 여동생인데 멜번에서 살고 있어요. 남동생은 한국에 있고요.

어린 시절은 5일장 서는 데서 살았죠. 어릴 적 십이지장이 걸린 적이 있었어요. 내 성장이 그렇게 더뎠어요. 학교 다닐 때도 작았었죠. 반에서 10번 안에 있었고 앞줄에 계속 앉았어요. 비아국민학교를 다녔는데 어머니가 운동장에서 누가 싸우고 있으면 그게 나였다고 그랬고 제가 청력이 안 좋았는데 공부를 잘 못했던 거 같아요. 학교에서는 하위권이었지만 성실 하나로 중, 고등학교 3년은 다 개근상을 탔어요.

프로페셔널을 향한 첫걸음, 독일 산업연수생

67년도에 고등학교를 졸업하고 평범하게 살려고 비아에서 양계를 시작하려고 1년간 100마리 정도를 키워본 적이 있어요. 사회 진출하려면 군대가 먼저니까 군대 갔다 와서 생각해 보자 해서 입대를 했죠. 1년은 내무반 생활하고 사령부에서 근무를 하다가 병으로 갔었잖아요. 전부 자대 복귀 해가지고 수송부 내무반에 들어갔는데 병장이 나를 너무나 아껴주는 거예요. 고참이 추운 겨울에도 제일 따뜻한 데 재워주고 다른 사람들 시켜서 '내 옆에

재워라' 하면서 나를 과잉보호했어요. 1년 뒤에 병장이 나가면서 그 밑에 있는 사람들이 나에게 거부 반응을 나타내거나 보복이 돌아 올까봐 걱정이 됐죠. 69년에 월남 자원이 나왔었어요. 월남을 가야겠다고 신청을 했었지. 안 하고 싶었는데 환경이 날 떠밀었던 거 같아요. 사촌 형이 백마로 가서 전사했는데 내가 월남 간다니까 어머니가 의아해했죠. 나트랑에 전쟁 않고 십자성 군수지원부대 간다고 하니까 허락을 했어요. 월남에서 1년간 운전병으로 있다가 70년 5월에 들어왔죠. 복무기간이 36개월은 넘어서 제대를 하게 됐어요.

 월남 갔다 와서 그때부터 만만치 않죠. 일자리가 없었던 때죠. 산업화가 되기 전이고 직장생활도 없이 한 1년 공백 기간을 가졌죠. 기술을 배워서 독일로 갈 수 있는 케이스가 있다 해서 참여를 했죠. 서울에 올라와서 그때부터 안진기계학원에서 1년 코스를 밟았어요. 그때 인하공대에 소속되어 있는 한독실업학교가 있어요. 지멘스 전기회사에서 학생들을 뽑으러 오면서 엑스트라로 우리 학원에 후보였던 사람들을 대상으로 해서 뽑게 되죠. 72년에 기계 쪽 선발을 해서 합격을 했어요. 그때 이민 간다는 게 직장이 주어지고 살 길을 찾는 거니까 어머니가 당연히 좋게 받아들이죠.

 73년 5월에 독일에 산업연수생으로 3년 계약으로 갔죠. '지멘스' 회사가 독일 뮐하임이란 곳에 있어요. 독일 뒤스부르크, 뒤셀도르프, 오버하우젠 산업지역 있는 쪽이죠. 큰 터빈 같은 거 생산하는 곳이에요. 조기교육을 받고 6대 철강회사 중 하나인 '마네스만'이라는 철강회사로 옮겨요. 뒤스부르크에서 본격적으로 근무하게 되죠. 독일에서 원래 3년인데 2년 더 연장해 가지고 5년을 있었거든. 한국에 돌아가야 되는데 들어가면은 내 자리가 없다는 걸 알지요. 내 직업을 갖다가 프로페셔널하게 고착시키려고 거기에 심혈을 기울였지. 78년까지 독일에서 공부하기로 결심했어요. 공업고등학교 졸업장을 따기 위한 과정을 밟아서 첫 번째 떨어지고 두 번째에 합격해서 독일 자격증을 따서 함본 테크니컬 컬러지라고 전문대학에 들어갑니다. 낮에는 일을 하고 밤에는 학교를 다녔는데 야간에 공부를 하려니까 한계에 많이 부딪혔어요. 아무래도 자신감이 안 서요. 2년 있다가 이민을 선택하게 됐죠.

독일합격증으로 통과한 이민 서류

　제가 독일에서는 운전면허증이 있으니까 피아트 자동차를 몰고 다녔어요. 미혼 간호원들이 주말 되면 놀러 가자고 줄을 섰어요. 내 결혼 상대가 엄청 많았어요. 광산 근로자들은 기혼자들이 많고 나는 기술자로 있으니까 내 컨디션이 아주 좋은 편이었죠. 많은 결혼대상이 있고 거기서 살아 보려고 이성교제도 가져보고 했는데 이뤄지질 않았어요. 결혼이라는 것은 천생연분, 하늘이 맺어준다는 것을 그때 알았죠.

　모든 상황이 힘드니까 독일 대사관을 가서 노크를 했어요. '당신 백호주의 나란데 유색인종을 받아 들이냐?' 그랬더니 이민이 가능하대요. 이민수속을 하면서 한국서류를 다 집어넣는데 안 된대요. 한국이란 나라는 국제사회에서 인정되는 서류가 아니래요. '아무리 좋은 서류도 대한민국이라는 서류는 아니다. 우리가 원하는 것은 독일 서티피케이션^{증서}이다' 리젝트를 당했죠. 우리나라 서류는 그때만 해도 하나도 인정이 안 됐을 때에요. 전문학교에 합격된 거랑 현재 학교 다닌 재학증을 접수했더니 이민을 통과시켜줬죠.

　쾰른에 있는 주 독일 호주 대사관에서 멜번을 선택하게 됐어요. 이민관이 나한테 당신은 합격이 됐으니까 어디로 갈라냐 도시 이름을 대라고 해서 시드니라고 했어요. 이민관이 왜 시드니냐고 해서 내가 '시드니는 아름다운 항구도 있고 많이 들어보고 유명한 도시 아니냐?' 그러니까 '멜번이 당신한테 좋을 거 같은데, 멜번은 어떠냐?'고 써제션^{제안}을 해주는데 문화가 그쪽으로 선택하도록 돼 있죠. 나는 거부반응이 없다, 멜번도 좋다고 해서 멜번으로 선택하게 됐죠. 그때 2년은 호주에서 의무적으로 근무를 해 줘야 된다면서 이민을 오는데 호주 정부에서 딱 1년 동안 독일 사람들만 비행기 표를 끊어줬어요. 저도 독일 사람 대우를 받았죠. 78년 3월 23일에 도착했습니다.

　78년부터 오일을 시추해서 빼내는 기계를 만들고 개발하는 엔지니어링 회사 '오일릭'에 가게 됐어요. 허리 지병이 있어서 13년 정도 일했을 때 워크 케어에서 재활훈련을 받는데 일에 지장이 있으니까 회사에서 저를 싫어

하게 되죠. 법에서 벗어나는 방법으로 나를 해고시킨 거죠. 노동조합에 연락을 해서 5년 정도 싸우다 고배를 마셨죠. 공인 중개사를 1년 정도 하고 청소 용역으로 턴을 해요. 한때 울워쓰^{호주대형마트} 마켓만한 크기의 매장 한 10개를 맡았어요. 은퇴쯤 몇 개만 남을 정도니까 그때는 내가 굳이 일을 안 해도 되겠다 했어요. 조금 벌면 지급되는 연금하고 별 차이가 없어요.

독일은 better Living, 호주는 better Life

젊었을 때와 다르게 평범한 사람 만나서 살면 괜찮겠다는 마음가짐이 었어요. 79년에 한국 성악가들이 호주 시찰을 오게 돼요. 한상배 씨라고 절친이었어요. 제가 차가 있으니까 같이 돌아다니기가 좋았죠. 국립오페라단 단장, 서울오페라단 단장, 예총회장, 이대 음대 학장도 그 때 호주에 있었어요. 내가 미혼이라니까 서로 중신을 서겠다고 해요. 이 사람 고모가 당시에 경희대 음대 학장에다 서울 오페라 단장이었어요. 자기 조카 중신을 서겠다고 해서 한국에서 만나겠다고 했는데 79년 11월 쯤 김포공항에 떨어지자 마자 이분 고모님이 진짜 나오셨어요. 그렇게 집사람을 만나서 80년 1월 6일에 결혼했어요.

처음 호주에 왔을 때 왜 독일에서 이쪽으로 왔냐고 많은 사람들이 질문을 했어요. 저는 '독일은 베터 리빙, 호주는 베터 라이프'라고 이야기해요. 독일도 보장이 잘 되어있는데 이민자로서는 어느 한계점이 있어요. 독일은 이민 국가가 아니기 때문에 한국 커뮤니티가 커나갈 수가 없고, 상사 직원이나 학교 공부하러 왔다가 머무르는 사람들이 많기 때문에 인구 증가가 되질 안해요. 독일에 남은 동료들이랑 내가 여기서 사는 마인드하고 차이가 생겨요. 그 사람들은 아직도 한국에 묻혀야 되는지 한국에 꼭 들어가야 되는지 자기 마지막 삶이 아직 정리가 안 되고 있어요. 호주로 이민해 온 사람들은 이

제 여기는 내 땅이다 하고 뿌리내리고 삶을 마감한다는 자세로 살고 있지요.

73년도에 한국을 떠나서 88년 올림픽 있을 때 애들 손잡고 처음 한국을 방문했죠. 내가 떠난 80년도 강남 쪽은 완전히 변해있더라고요. 내가 이방인 같고 굉장히 적응하기가 힘들었어요. 한번은 내가 다른 아파트 동에 와서 벨을 누른 거예요. '제가 실수했습니다' 했는데 사람들이 당장에 수위를 불러다가 '이 사람 조사해서 내보내라'고 하니까 내가 당황한 거죠. '이 사회가 조금 어둡구나' 했어요. 나한테는 적응하기가 힘든 상황이었는데 매년 방문하니까 이제는 한국이란 나라는 맛있는 거 먹고 휴가 정도를 보내는 곳으로 좋게 와 닿아요.

여기는 내 터전이죠. 애들도 여기에서 낳고 교육을 받으니까 한국의 정서하고 맞지 않아요. 아들한테도 '영국에서만 있지 말고 한국에서도 한번 근무해봐라' 그랬더니 '한국은 높은 사람이 퇴근해야지 자기도 퇴근하는 그런 것들이 이해가 안 된다'면서 문화적인 차이에 대해 얘기하더라고요.

올림픽을 계기로 발돋움한 명문도시, 멜번

초기에 정착했던 호주를 보면 리딩 해나가는^{이끄는} 엘리트층이 조금 보수적이라고 생각하고 싶어요. 시드니하고 멜번하고 비교할 때 범죄율 퍼센티지가 약간 차이가 나요. 시드니에서는 죄수들의 후예가 많이 살고, 멜번은 엘리트들이 많이 산다고 전해왔죠. 1950년도에 멜번에서 올림픽이 있었기 때문에 초기에 경제, 사회, 교육 분야에서 멜번이 호주를 리딩 하는 도시였고, 멜번대학교가 한때 세계 10대 대학교였죠.

97년쯤 한인회장하면서 사회봉사도 하고, 한글학교 총무이사도 하고 그랬죠. 멜번에는 보편적으로 한인회장 선거를 안 합니다. 회장이 파트너로 부회장을 정하면 부회장이 자동적으로 선출되는 시스템이에요. 멜번이 양반사회라고 하는 이유가 그런 것에도 전통이 있어요.

평통^{민주평화통일자문회의}을 하게 되니까 서로 모임에서 만나면서 시드니 한인회장 했던 문동석 회장도 알게 됐죠. 2000년대 초반에 문 회장이 경상북도 자문위원회에 같이 봉사를 하면 좋겠다고 해서 경상북도 해외자문위원으로 들어가게 되죠. 보편적으로 경북 자문위원회는 한 번 들어오면 나가는 사람이 없어요. 멜번, 시드니에 둘, 아들레이드 한 명, 퍼스에 한 명씩 있어요. 해외에서 살지 않고 신상에 문제가 생기지 않는다면 직위는 그대로 유지됩니다.

피아노와 노래에 소질 있었던 큰딸

저는 김경혜입니다. 1954년 9월 22일 부산에서 태어났어요. 부산 대청동에 있는 남일국민학교를 다니다 2학년 때 아버님 사업상 서울로 왔죠. 우리 아버지가 이태리 악기 사업을 하셨어요. 서울 홍릉이라는 제기동에서 산 것 같아요. 어릴 때 저는 소심하고 세심하고 부모님 말씀 잘 듣고 조금 얌전했죠. 내가 장녀인데 동생이 3명 있고 하니까 좀 엄하게 자랐어요. 서울 홍파국민학교를 나왔고 우리 집안에 음악 하는 분이 많으셨어요. 서울에 예원이라는 특수학교에 제가 1회 졸업생이에요. 그리고 이화예고^{서울예고}를 졸업했어요. 우리 다닐 때는 피아노 같은 예술은 기가 막히게 했어요. 저는 피아노를 전공하고 성악을 부전공 했어요.

그때만 해도 서울에서 음악을 하는 예고를 나왔어도 음악은 잘 하는데 서울대학교를 그렇게 많이는 못 들어갔어요. 그 학교를 갈려면 그 학교 교수한테 레슨을 받아야 됐어요. 나는 이화여대를 가고 싶었어요. 아버지가 제지공장을 하셨는데 공장에서 불이 났고 한 사람이 타서 죽어버렸어요. 아버지가 굉장히 힘들어지셨어요. 나는 큰딸이니까 장학금을 받는 곳에 가야겠다고 생각했어요. 고모가 경희대학교에서 음악을 하고 계셨고 단국대도 출강하러 가면서 저를 특기생으로 데려가셨어요. 성악 공부를 외국에서 하면 더 그런 게 있었는데 내가 큰딸이니까 욕심이 없었어요. 단국대에서 피아노를 해서 77년에 2회 졸업생으로 수석졸업을 하고 신춘음악회 데뷔무대를 각 대학에서 1명씩 뽑았는데 국립극장에서 하는 그 무대에 나갔어요. 제가 노래도 좀 하니까 대학교 때 성악 시험을 치면 교수들이 성악으로 전공을 바꾸라고 그랬어요.

전라도 남편, 경상도 아내

우리 고모가 워낙 여장부에 성격도 강하시고 서울 오페라단 하시면서 경희대 학장까지 하셨죠. 보통 성질이 아니라서 제자들도 고모 앞에서 찍소리 못하고 정치적이셔서 청와대도 왔다갔다 하셨어요. 큰 일을 처리하시고 대단한 여장부였죠. 그때 무서운 고모 밑에서 제가 피아노도 치니까 학생들 코르위붕겐^{합창연습} 해주고 많이 돕고 그랬어요.

한번은 고모가 호주 갔다 오시더니 호주가 천국이라는 거예요. '네가 실력만 있으면 학비 없어도 공부를 더 할 수 있다'고 하셨어요. 저는 호주를 잘 몰랐고 얼마나 좋은지 관심도 없었어요. 우리 동생들은 유학을 갔는데 나는 못가고 그랬으니까 '여기 가면 공부도 좀 할 수 있는 기회도 생기겠구나'라는 생각은 했어요. 신랑이 호주에서 왔는데 '경혜야, 너도 봐라' 그러는데 고모가 너무 무서워 가지고 거기다가 내가 안 간다 소리도 못 해요.

처음 남편을 만났을 때 쪼끔 촌스러웠어요. 목걸이 하고 머리도 되게 짧게 하고 좀 딱딱하게 왔어요. 남편이 독일에 있을 때는 보통 멋을 부리고 다니셨던 게 아닌 거예요. 머리 기르고 높은 구두 신고 가죽 잠바 입고 오토바이, 피아트 자동차를 타고 엄청 멋을 부렸더라고요. 오히려 그런 멋을 봤으면 내가 더 관심을 가졌겠죠. 호주에 와서 스타일이 풀린 거예요. 나는 경상도 말 아니면 서울말 했는데 남편은 전라도 말을 하니까 좀 그랬어요. 굉장히 운명이었지 않은가 싶어요. 만난 지 1년 만에 타워 호텔에서 결혼식을 하고 이민 수속이 1년 걸렸죠. 결혼했으니까 남편을 따라가야 되는데 제가 갈 수 있을지 모르니까 불안한 상태였거든요. 그때만 해도 결혼했으면 남편 밑에 가 있어야지 그렇잖아요. 81년 1월 26일 오스트레일리안 데이에 호주에 왔는데 여름이었어요. 고생하고 오니까 몇 년 동안 한국 생각이 안 나더라고.

결혼하고 내 딴에는 꾸미고 멋쟁이라고 생각을 했는데 한국 가면은 친척들이 우리보고 '호주 꺼지^{까지} 왔다. 이러고 다니면 사람취급 못 받는다. 옷 잘 입고 다녀라'고 했어요. 호주는 너무 사치가 없어요. 아무렇게나 입고 다녀도 옷으로 사람을 평가하지 않아요. 꾸밀 땐 꾸미지만 교회에 갈 때도 허름한 옷 입고 다녀요. 여기 살다 보니까 그런 격식이 없어져요. 우리나라가 겉치레에 과하게 소비하는 게 아닌가 싶어요.

처음에는 이 나라가 내가 상상하는 나라가 아닌 거예요. 내가 느끼기에 미쳤다 싶을 정도로 복지수준이 과했어요. 천국이라는 말이 거기에서 나온 거 같아요. 우리나라는 부자 몇 명 빼고는 다들 참 어려웠잖아요. 한국에서 중학교, 고등학교 때만 해도 외국 간다고 영어 학원도 다녔어요. 영어를 배우러 갔는데 여기 오니까 입도 뻥긋 못하는 거예요. 손으로 쓰면 내가 알아먹고 대답을 할 수가 있는데 말로 하면 뭔 소린지 못 알아듣는 거야. 못 들으니까 예스, 노도 못하는 거야. 우리나라 교육이 이렇게 엉터리구나. 한 마디도 못하니까 너무 절망을 했어요. 영어를 돈 주고 배워야 되는데 호주 국가에서 제가 적응하기 위해서 영어를 배운다고 애쓰니까 돈을 주는 거예요. 그 돈이 점심값도 되고 차비도 되고 오히려 남아요. 사람들 누구나 다 누릴 수 있는 '보편적인 삶, 인간다운 삶'이 잘 되어 있어서 한국에도 변화가 있어야 된다고 생각해요.

이민생활의 어려움 중에서도 우리집에 교민 분들이 모여서 재밌게 지냈어요. 멜번 사람들 점잖아요. 근데 우리집에서 와인 한잔 먹고 나면은 다 노래 부르고 우리집에 못 와서 헤맸죠. 가라오케가 없을 때 그랜드 피아노가 저기 있고 훨씬 이거보다 분위기가 좋았어요. 사람들이 옛날 노래부터 부르는데 박자 다 틀려도 무슨 키든지 시작만 하면 내가 다 맞춰 주는 거죠. 그걸 오브리라고 하나요. 내가 반주 쿵짝 쿵짝하고 사람들이 노래하면 다 맞춰서 해주죠. 최근에 가라오케 한번 했는데 재미있더라고요.

한국의 문화를 음악으로 전하는 예솔합창단

젊을 때는 한복 입고 우리나라 가곡을 불러달라는 요청이 많이 있었어요. 제가 피아노를 전공했는데 사람들이 성악가로 알고 있어요. 외국 사람들은 한국 가곡을 불러주면 한국에 이렇게 아름다운 가곡이 있느냐고 너무 놀래요. 목련화, 그리운 금강산처럼 의미 있는 가곡도 많잖아요. 야구, 축구, 배구대회 가서 애국가도 많이 불렀어요. 한 번은 북한이랑 우리나라 대사가 멜번에서 행사가 있어서 제가 가서 그리운 금강산을 불렀어요. 북한 대사가 이북에 한 번 초청할 테니까 노래 한번 불러달라고 그랬어요. 우리나라 음악을 가지고 내가 참 국위선양을 하는구나 싶고 굉장히 보람을 많이 느꼈어요.

1999년에 멜번 필 하모닉 합창단 조직을 해요. 다들 완전히 헌신이거든요. 내가 뭘 하고 싶어도 혼자서 되는 게 아니잖아요. 음악회 표도 팔려서 몇천 불이 나오면 한인회관 건립 기금으로 계속 줘요. 굉장히 보람있는 일이죠. 바이올리니스트인 음악인 선배들을 모시고 내가 총무, 부회장, 회장 이렇게 세월이 한 20년이 된 거예요. 외국에서 투철한 사명감을 가지고 해왔어요.

몇 년 전에 영사관이 생겼거든요. 멜번에 KBS도 오고 케이팝 한류 행사를 했어요. 호주 애들이 행사에 나오기 위해서 연습을 하잖아요. 영사관에서 애들한테 한국말이나 한국 노래를 가르쳐 줄 사람이 필요하다 해서 가르쳐 줬어요. 500불을 주는데 조그만 돈이든 큰돈이든 받으면 기부해요.

영사님이 코리안들이 노래를 잘한다고 소문났다고 이야기하시더라구요. 합창단 유지하는 게 남자들은 현실적으로 먹고 사는 게 힘들어 가지고 하고 싶어도 모이질 못하는 거예요. 여성 합창단이라도 존재하자 해서 예솔합

창단을 모집해서 연습했죠. 행사에 나가기로 되어있었는데 세월호 사태가 터진 거예요. 주최하는 쪽은 사람들 초청 해놨지 지금 노래를 부르게 생겼냐고 우리는 의견이 반반 나뉘는 거예요. 반이 빠져나가는 거예요. 안하기로 됐는데 영사님이 꼭 해야 된다고 해서 2주 남겨놓고 한 열다섯 분이 모였어요. 뜻있게 페스티벌도 하면서 우리가 그 사람들을 위해서 노래를 해준 게 내가 정말 기억에 남는 일이고 보람 있는 일이었어요. 저는 정치적이진 않지만 역사나 민족에 관심이 많아요. 제가 음악밖에 안 한 사람인데 우리 민족이 해외에 나와서 어떻게 살아야 되나, 교민사회 활동을 통해서 우리 한국의 좋은 걸 어떻게 알려야 하나, 이런 생각하고 살았어요.

한국말 가르친 거, 제일 잘한 일

연년생으로 82년생 아들 지온이랑 83년생 딸 진이를 낳았어. 첫애는 한글학교를 열심히 보냈어요. 한국 교민 집에 가보면 엄마, 아버지가 영어도 잘 못하는데 서로 영어로 얘기하는 거예요. 저는 어린 맘에 너무 싫더라고요. 우리 애들은 한국말을 꼭 가르쳐야지 했어요. 우리 애들이 한글도 좀 쓰고 하는데 내가 한국말을 가르친 일이 가장 잘한 일이라고 생각해요.

내가 당연하게 음악을 하니까 애들 하나는 바이올린 하나는 첼로를 시켰어요. 사립학교를 들어 가려면 한 사람이 돈을 벌면 힘들기도 하고 몇 만불씩 다 집어넣어야 돼요. 딸은 첼로하고 아들은 중, 고등학교 6년 바이올린 장학생이었어요. 아들은 워낙 바이올린을 잘해서 음악을 전공하고 싶어 했어요. 컴퍼티션^{대회} 나가면 1등 하고 그랬는데 제가 음악의 길이 너무 힘들다는 것을 알기 때문에 고3 때 공부시켰어요. 다행히 점수가 잘 나왔어요. 둘 다 멜번대학교를 갔어요. 아들은 회계를 전공해서 영국에서 잘 풀렸어요. 딸도 오빠하고 똑같이 가더라구요.

독립선언서 읽은 할아버지

우리 김형기 할아버지께서 3·1 독립운동을 하셨거든요. 제가 할아버지 직계 손녀돼요. 당시 경성의전 경성의학전문학교로 서울의대의 전신 4학년이고 학생대표였어요. 학생 주동자로 활동하면서 서대문 형무소에서 학생으로는 가장 큰 1년 6개월 형을 사셨어요. 33인이 '탑골공원에서 모이자' 하곤, 피 흘리는 거를 피하기 위해서 말없이 옮겼었어요. 어느 민족이든 투쟁할 때 학생들이 더 의기투합이 되잖아요. 우리 할아버지는 학생 대표셨고 경성의전 학생들 200여 명이 따라갔는데 33인은 안 계시고 학생들만 남은 거예요. 그 자리에서 독립선언서를 누가 읽어야 하는데, 경성의전 대표들이 읽었다 해서 다른 한 분은 공산당으로 가셨고 우리 할아버지는 형무소 사셨어요. 해방에 풀려 나와서 학교를 늦게 졸업하시고 부산에서 동산병원을 운영하시면서 상해 임시정부에 독립자금을 많이 대셨대요. 미 군정에서도 고문으로 일을 하셨고 최초 국회의원 선거가 있을 때 국회의원도 하셨고 신문사도 하셨어요.

할아버지가 선민사상이 있으셔서 일본에서 귀환한 동포들에게 개인 재산으로 주먹밥을 3개월을 해 주시고 어려운 사람들 다 무상으로 치료해주셨어요. 너무나 훌륭하신 분이었는데 사회주의 비슷하게 정치적으로 몰리신 거예요. 우리 할아버지는 민족주의인데 어느 날 정보부에 끌려가시고 안 돌아오신 거예요. 우리 할아버지가 너무 뜨니까 혼란기에 죽인 거야. 사람들이 하는 말이 할아버지가 절대 공산주의가 아니라고 해도 뒤주에 가둬서 3일 고문을 하고 머리가 하얗게 새서 나왔대.

노태우 정권 때 다행히 문중에서 재판기록이니 역사편찬에 왜곡된 게 많으니까 할아버지가 회복되셨어요. 독립운동 애족장을 차시게 됐죠. 우리 할아버지는 진정한 민족주의셨어요. 저희 할아버지가 파고다 공원에서 독립선언서를 읽었다는 것이 가까이 오고 있어요. 한국에 갈 때마다 할아버지 이야기를 접하면서 할아버지가 그랬구나 했는데 내가 그런 할아버지의 정신으로 살고 있구나 해요.

멜번의 12번째 한국인 가족

오영열 | 1945년 4월 28일, 평양시 대신리 34번지 (현. 평양직할시 대신동)

안중민 | 1949년, 서울특별시 종로구 연건동

부부가 멜번에 도착한 1972년 호주는 검은 눈동자를 가진 아시아 사람들을 구경하러 올 정도로 한국인이 드물었다. 태권도 사범 초청이민으로 호주로 들어온 그는 초등학교 5학년 때 친구들의 괴롭힘 때문에 시작한 태권도로 새로운 인생을 살게 된 것이다. 그는 학창시절 태권도 선수생활을 하며 당시 외국에서 태권도 사범으로 활동을 하는 이들을 보며 '외국에 가서 태권도를 가르치겠다'는 마음을 품게 되었다. 호주 태권도협회를 창설하고 매년 호주를 두 바퀴 이상 돌며 22년간 무보수로 호주 대표선수들을 양성했다.

친구를 통해 만난 아내는 한국에서 '일가친척 하나 없이' 혼자 결혼식 사진을 찍고 그가 있는 호주로 들어와야 했다. 아내는 한국을 떠나오기 전 어머니께 10년간 편지를 부치겠다고 약속했다. 별다른 내용이 없었지만 어머니와의 약속을 지키기 위해 매일 전보를 쳤다.

부부는 드론 촬영감독인 아들과 심리학 박사를 한 딸을 두고 있다. 그는 부모님을 모셔온 것은 물론, 초청이민으로 형제들, 처갓집까지 호주에 정착한 이들이 조만간 100가족이 될 예정이다. '태권도밖에 모르는 사람'이라는 아내의 말을 증명하기라도 하듯 남편이 운영하는 태권도장 서랍과 책장에는 메달과 상장이 쏟아져 나왔다. 그는 태권도를 하며 44개국을 돌며 '멜번이 제일 살기 좋은 곳'이라면서도 자신의 나라는 한국이라 여긴다. 지난해 한국을 방문하지 못한 부부는 올해 9월 한국행 비행기 표를 끊어 둔 상태였다.

대한민국 유일한 밧데리 공장

저는 오영열, 태어난 곳은 평양 대신리 34번지입니다. 생년은 법적으론 45년생이에요. 부산에 피난 왔을 때 아버지가 가호적 신청할 때 한두 살씩 내려서 신청을 했어요. 부산에서 초등학교 다니다가 성남국민학교 4학년 때 서울로 왔습니다. 서울에서 용산구 후암동 102번지에 집을 사셔가지고 후암동에 있는 삼광국민학교 다녔지요.

아버지는 오원태, 1906년생 평양이 고향이십니다. 자식들 사랑을 많이 하셨고. 아들이 다섯 딸이 둘. 아들은 다 운동을 했는데 아버지가 다 서포트 해주셨어요. 어머니는 김봉린, 1916년생이십니다. 작으시고, 내조 잘 하시고 애들이 일곱이니까 바쁘셨죠. 우리가 이북에 있을 때에는 대한민국 유일한 밧데리 공장을 하셨고 이남에 와서도 밧데리, 자동차 수리 그런 종류의 장사를 하셨죠. 부산 초량에 피난을 와가지고 아버지가 조그마한 모텔을 사셔가지고 거기에 피난 온 식구들을 끼고 살다 범일동 로타리 쪽으로 이사를 왔어요.

아버지는 부산, 서울에서도 장사를 잘 하셨는데, 장사 수완이 굉장히 좋으셨던 것 같아요. 을지로 3가에서 밧데리, 타이아, 자동차 전기·수리를 했어요. 옛날에는 을지로 하고 청계천 사이에 전부 타이어 상가가 가득했지요. 아버지가 새벽 4시 반에 문을 꼭 열어요. 택시라든지 좀 문제가 있는 차는 우리집을 아는 거예요. 한국에 제일 먼저 나온 자동차가 시발차^{조립자동차} 아닙니까? 시발차 공장이 을지로 2가에 있었습니다. 모든 시발차 부품을 우리가 납품했어요.

충무로 동아백화점에서 산 노르웨이 스케이트

아버지도 왜정 때 유도, 검도를 하셨어요. 형님은 아이스하키 선수, 작은형은 스피드 스케이팅 하시고 고대 등산부를 만들었어요. 제가 셋째고 남동생은 스케이트랑 사이클 선수를 하고 아르헨티나에서 살고 있어요. 여동생은 서울에 살고 있어요. 고 다음은 멜번에서 태권도 사범하며 살고 있습니다. 막내는 식당을 하고 있어요. 저는 태권도 선수 생활을 좀 했습니다. 아버지가 시합을 나갈 때마다 출전비를 주고 그랬어요. 출전비 받으면 시합 끝나고 친구들하고 술집 가서 술 먹고 저녁 먹고 하는 게 출전비였어요. 그럴 정도로 아버지가 좋아하셨어요. 한번은 아버지가 형님이 고등학교 때 시합을 하는데 갔어요. 전승현이라는 스케이트 날이 최고로 좋았어요. 형이 시합에서 지니까 아버지가 '전승현 1호를 새로 사 줬는데 왜 못하냐? 덩치도 있고 발도 네가 제일 넓은데?' 그러니까 형이 '스케이트가 달라요' 이렇게 된 거예요. '그럼 저 스케이트 뭐냐?' 하니까 노르웨이제 오슬로 하겐이래요. 전승현 1호 스케이트로는 도저히 못 따라간다 이거예요. 쇠가 달라서 승용차하고 트럭의 경기와 같다는 거죠. 그때 충무로 동아백화점 운동부에 가면 오슬로 하겐이 있다고 해서 갔어요. 스케이트 값이 그때 12만 원이에요. 대학 졸업생 첫 봉급이 8~9,000원 받을 땝니다. 아버지가 형한테 그걸 털썩 사주셨어요. 우리 형님은 아이스하키를 했는데 스케이트가 캐나다제 CCM^{아이스하키 전문브랜드}이라고 아이스하키 스케이트로는 제일 좋은 겁니다. 아버지가 아들 운동하는데 돈을 많이 대주시고 적극적으로 도와주셨어요.

'원수를 갚겠다'고 시작한 태권도

부산에 4년 사는 동안에 애들은 말이 금방 경상도 말로 바뀌잖아요. 삼광초등학교 5학년 때 서울에 와서 애들하고 이야기하는데 내가 경상도 말을 쓰니까 3~4명 패거리가 저를 한 번 두들겨 팼어요. 제가 한 놈씩 불러가지고 갈겨줬죠. 줄이 있는 운동화가 있었는데 아버지한테 새 걸 사달래 가지고 발길질로 조인트만 댑다 깐 거죠. 나쁜 말로 해서 제가 이놈들 원수를 갚겠다고 해서 시작한 게 태권도입니다.

신설동에 있는 대광중, 고등학교를 나왔어요. 학교에서 기계체조를 많이 했고 벌써 태권도를 했으니까 '나도 외국 가서 태권도를 가르쳐야겠다' 그

대광중학교제9회

런 마음을 가졌죠. 선수생활 하면서 한국에 왔던 유엔군들 쫓아서 미국에 간 사범들이 있었어요. 그런 뉴스를 보면서 계속 태권도만 했습니다. 저는 앞으로 뛰어서 상대가 찰 때 확 후려는 앞 후리기를 잘 했었습니다. 태권도 경기 우승 경력이 많아가지고 군대 갈 때 육군 본부 대표 선수로 갔어요. 이태원에 합숙소가 있었고, 아침마다 모여가지고 미8군에 가서 운동을 하고 사설 도장에 가고 저의 일과였어요. 전국 대회나 대통령기 쟁탈전 할 때는 육군 옷

을 입고 나가서 시합을 하고 그랬지요. 원래는 태권도 교관단에 사병 티오가 없어요. 69년 11월에 월남 태권도 교관단으로 갔죠. 저희 선수단 3명이 갔는데, 저희가 특수요원으로 간 거나 다름없죠. 벌써 월남 태권도인들이 빼빼 말라가지고 굉장히 잘해요. 중대장, 소대장이 태권도를 얼마나 했겠어요. 월남 애들한테 겨루기에서 안 되는 거예요. 제 후임이 안 오는 거예요. 그래서 71년 7월에 돌아왔죠.

　　멜번에서 태권도 도장을 하는 호주 사람이 저한테 와서 초단을 땄어요. 제가 월남에 가 있는 동안 애는 밑천이 다 떨어진 거예요. 호주 오라고 저한테 편지도 오고 그랬습니다. 그때는 갈 마음이 없었어요. 제대하고 취직기간이 지나니까 취직이 잘 안 되는 거 있죠. 한창 연애할 때고 결혼하려면 직장이라도 있어야 되니까 호주에다가 연락해서 '좋다 가겠다' 해서 초청장을 받아서 멜번에 왔죠. 멜번에 한국 사람 제가 12번째 입국자예요. 집사람하고 73년 3월 30일에 결혼하니까 제가 멜번 전체 12번째 가정이었어요. 멜번은 굉장히 조용했지요. 백호주의라 오기도 어려웠어요. 우리가 지나가면 구경할 정도로 '아 저게 아시아사람인가 보다' 할 정도로 없었어요. 음식을 하려고 해도 무, 배추, 김치, 두부도 없었고, 콩나물도 나중에 중국사람 하나가 키웠어요.

호주태권도팀 코치가 되기 위해 받은 시민권

1972년 초청이민으로 멜번 태권도센터에 사범으로 와서 2년 반 했죠. 한국에서 제2회 세계 선수권 대회를 했습니다. 호주팀 코치로 갈려니까 호주 시민이 되어야 돼요. 75년에 만 3년 만에 시민권 받아가지고 호주 대표팀 코치로 갔었죠. 오니까 태권도 사범 4명이 있어요. 저희가 주축이 돼서 호주 태권도협회를 만들어서 정부에 등록을 했죠. 호주 태권도연맹이 있었어요. 2개가 주축인데 96년에 2개를 통합을 했죠. 호주 태권도 발전을 크게 했습니다. 국가협회는 제가 기술실무 위원장을 했습니다. 호주를 매년 2바퀴 이상 돌면서 세미나를 각 주마다 해야 되니까 월급 없이 무료로 호주 대표선수를 22년 가르쳤죠. 도장은 퀸스랜드, 타스마니아 지방에 따지면 20개 정도 크게 했습니다. 태권도가 정식종목이 되기 전 88년에 서울올림픽 장충체육관에서 가서 시범경기를 했죠. 92년도 바르셀로나 올림픽에서도 시범경기를 했습니다. 시범경기를 거치면서 태권도가 정식 종목으로 채택이 된 거죠. 올림픽 종목으로서 갖춰야 될 게 굉장히 많습니다. 제가 1999년 시드니에 가서 1년 일주일을 있으면서 서류 준비하면서 지냈죠. 2000년에 정식종목이 됐습니다.

매일 출근해서 모든 서류라든지 시합에 필요한 절차 같은 신체검사 받고 입장, 시합하고 어떻게 퇴장하고 전부 다 제가 짰죠. 그거 시간을 따져서 합니다. CNN처럼 유명 텔레비전 방송사들이 자기네 나라 사람들이 태권도가 지금 준결승에 올라갔다 하면 그때 와요. 제가 시간을 잘못하면 시합이 지났다든지 하면 태권도 전체적으로 손해인 거죠. 시합 규정 자체가 조금씩 바뀔 수는 있어도 제가 만든 서류나 방법이 지금도 활용되고 있습니다.

아테네에서 첫 번째 시합을 하고 나오는데 한국 애가 졌어요. 대한체육회 회장서부터 텔레비전 3사 책임자, 올림픽위원회 사람들이 다 와있어요. 제한구역에 날 불러요. 심판을 잘못 뽑았다 이 얘기에요. 기자들이 '심판 자격이 있습니까?' 이래요. 제가 '나는 호주 사람이기 때문에 눌릴 게 하나도 없어. 이런 일이면 나 부르지 마시오. 3사면은 카메라나 잘 돌려' 그러고 내가 나왔어요.

태권도 품새 통일을 위한 자료를 만들다

2002년 세계연맹 지난 회의록을 쭉 보니까 2002년서부터 세계대회를 하기로 되어 있는 거예요. 준비가 하나도 안 되어 있는 거죠. 품새라는 게 각 도장마다 기술이 요만큼씩 다릅니다. 어느 놈이 맞다, 안 맞다 그러면 시합을 못 하죠. 제가 호주에 품새 세미나를 22년을 다닌 놈인데 '제가 담당하겠습니다' 했어요. 사람들을 다 불러서 품새 기술 통일을 하는 세미나를 했어요. 통일을 안 하면 경기를 할 수가 없어요. 품새를 통일 시켜서 영어교재랑

OH'S TKD CENTRE March 2010

비디오를 만들어서 전 세계에 뿌렸어요. 제 1회 품새 지도자 및 심판 교육을 대구에서 460명 데리고 했어요. 전 세계에 고참 원로들은 다 온 거죠. 두바이, 중국 4번을 치르면서 한 1,500명을 교육했습니다.

    2002년부터 2005년까지 세계태권도연맹에 사무차장으로 차출돼서 서울에 갔어요. 주로 심판담당을 했는데 국제 심판이 한 1,000명이 넘었어요. 필요한 심판은 한 30~40명밖에 안 되거든요. 압력이 많이 들어오죠. 인종, 종교, 급도 다 섞어서 발란스를 맞춰야 해요. 누구나 가고 싶어 하니까 차출하는 과정이 굉장히 까다로웠습니다. 제가 심판들을 성적으로 뽑아서 보내고 그랬죠.

부모님의 그라스 묘

    2005년 들어와서는 도장할 생각이 별로 없었어요. 60살이니까 집사람하고 호주 일주하고 그랬습니다. 제가 태권도 관계로 외국 다닌 데가 한 44개국 됩니다. 멜번이 제일 살기 좋은 것 같아요. 세계 도시 레이팅^{순위} 1등을 계속 멜번이 하고 있습니다. 보시다시피 공기가 맑고 물이 좋고 범죄가 적어요. 여기서는 수돗물 그냥 먹어요. 교통법규도 어마어마하게 심합니다. 사람이 우선이니까 대리운전도 없고 벌점이 12점까지예요.

    호주는 반 사회주의 국가입니다. 사회주의가 좋은 건 그쪽을 쓰고 민주주의가 좋은 건 그쪽을 쓰는 것 같아요. 법을 집행하는 경찰이 권위가 있고 엄청난 파워를 가지고 있습니다.

    동생, 형님, 제가 사는 중간에다가 부모님 묘를 모셨어요. 여기는 화장, 유럽식 묘비, 그라스 묘^{잔디묘} 3개가 있어요. 그라스 묘는 잔디로 해서 푯말 하나 박는 건데 우리는 그거를 했습니다. 제자 부모가 돌아가셨는데 묘비를 크게 하니까 애들이 무섭다고 안 간대. 여기는 한국 사람보다 꽃을 사서 묘를 더 자주 갑니다. 시시때때로 꽃 꽂고, 청소해드리니까 가면 항상 꽃이 꽂혀

있어요. 한국은 내 나라고, 제일 좋은 나라죠. 한국을 거의 매년 한두 번씩 가는데 작년에는 못 갔어요. 올해 9월 22일 한국 가는 비행기 표를 샀습니다. 3주 정도 있다 오려구요. 내 나라니까 안가면 가고 싶고 또 친구들도 많으니까 보고 싶고 그렇죠. 그게 내 조국입니다.

신랑 없는 '혼자 결혼식'

저는 안중민입니다. 국민학교 1학년 때인가 바깥에서 노는데 시주 받는 스님 한 분이 시주 안 받을 테니까 집에 들어가겠대요. 그때 저희 언니밖에 없었어요. 스님이 마루턱에서 하시는 얘기가 '이 아이는 나중에 크면 외국 가서 살아라' 그 한마디를 해주고 가시더라고. 언니가 이야기하는 게, 제가 공부하라고 떠나라는 줄 알았는데 시집가라는 거였다고 했어요.

대학교 때 우리가 영어 시험 본다 그러니까 친구 언니가 남편을 소개해줬어요. 남편한테 영어를 배우러 와라 해서 그때 처음 만난 거죠. 남편이 써준 편지를 안 잊어먹어. '피가 역류하기 전에 사랑한다고 말해다오'라고 써 있었어요. 자상하고 차분한 사람이에요.

　　명동 한일관에서 약혼을 하고 결혼을 호주 와서 73년 3월 30일에 했죠. 호주법은 약혼자를 불러 올 수 있어요. 한국 법은 약혼자를 안 보내요. 제가 한국에서 증명서 만들고 다 해가지고 혼자 결혼식을 했어요. 결혼식 사진에 보면 아버지, 엄마, 저만 사진 찍었고요.

　　영어도 잘 못 하고 떠나왔으니깐 그땐 막막하죠. 처음에 힘든 게 엄마 보고 싶은 거죠. 떠나올 때 엄마에게 '엄마, 내가 매일 편지 한 통씩 10년 동안 보낼게요' 제가 그걸 지켰어요. 옛날에는 전보로 썼잖아요. 그러면 아침에 깨서 편지를 매일 썼어요.

검정색 머리, 몽고반점

병원에서 첫째를 낳으니까 '한국은 딸입니다 아들입니다' 하는데 아이를 가슴에 앉혀주면서 '네 아들 머리는 검정색이다' 그랬어요. 속으로 내가 '검정 색깔 안 나오면 혼난다' 했어요. 애기들 날 적마다 머리 색깔이 다르니까 의사가 자연스럽게 얘기를 해주는가 봐요. 초창기에 시드니 차일드 케어 보육시설에서 우리 애 엉덩이에 퍼런 몽고반점이 있으니까 선생님이 우리가 학대를 한 걸로 알고 경찰에 신고를 했어요.

몇 개월 동안 내가 옆집 호주 할머니 쓰레기통을 매주 한 번씩 옮겨다 줬어요. 제가 일본인인 줄 알았던 거야. 그분 남편은 일본에 전쟁포로로 잡혀가셔서 너무 말라서 왔다가 돌아가셨어요. 그 분이 일제를 하나도 쓰질 않아. 일본 과자도 안 먹더라고요. 제가 일본 사람이 아닌 걸 알고는 커피 먹자고 그러시고는 저한테 영어를 알려줬어요. 우리가 이사 가서도 그 분이 매일 저녁 전화로 영어를 몇 년이나 가르쳐줬어요. 제 영어가 그 호주 할머니한테 배운 영어예요.

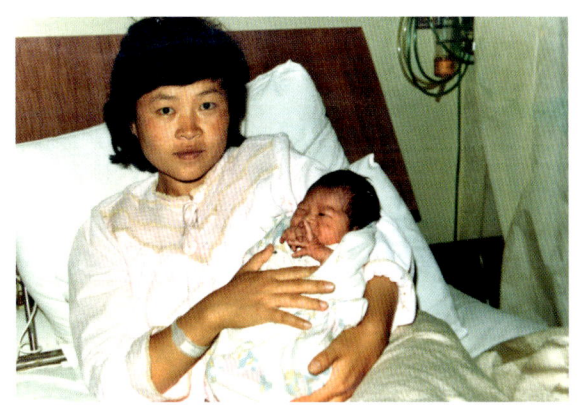

호주에 뿌리 내린 100가정

아들은 74년생 딸은 76년생입니다. 아들은 헐리우드에 주로 있고 드론 필리밍이라고 드론에다 카메라 장착해서 찍는 영화 촬영기사입니다. '자이언츠'라든지 곧 개봉하는 '스타워즈'도 찍고 그 방면에는 세계적으로 알아주는 것 같아요. LA, 런던에 지사 하나 있고 그래요. 며느리는 시내에 세리 미용실 운영을 하고 있어요. 걔는 아들만 셋이에요. 딸은 멜번대학교 심리학박사까지 받았어요. 남편은 호주 사람인데 멜번 시내에서 비즈니스를 해요. 내가 한국 사람이니까 가능하면 호주 사람 말고 한국 사람하고 해 주고 싶었어요. 쟤는 여기서 나서 자랐기 때문에 매치 메이킹^{중매} 라는 단어 자체를 싫어하는 거예요. 장인, 장모님, 처남 하나, 처형 둘, 내 쪽으론 형님, 남동생, 여동생, 부모님. 제가 많이 모시고 왔죠. 지금 이제 뿌리가 내려가지고 100가정 곧 그렇게 될 겁니다. 계산 안 해봤어. 손주가 여섯이에요. 애들이랑 다 줄 세워 놓고 세뱃돈도 주고 설날엔 절도 받고 그러죠.

발로 뛰는 글, 사람을 향한 따뜻한 시선 '멜번저널'

김은경 | 1958년 6월 17일, 강원 춘천시 죽림동 (본적, 대구광역시 중구 북성로 2가 40번지)
한광훈 | 1962년 2월 7일, 경남 진해시

60년대 기술자로 베트남에 가신 아버지를 대신해 그녀는 과외를 받아야할 나이에 과외선생님을 하며 생활비를 보탰다. 동생들은 절대 기죽이지 않고 살겠다는 마음 하나로 자신보다 더 힘들어 할 어머니를 위해 맏이였던 그녀는 힘들다는 말을 애써 삼켰다. 연락이 끊겼던 아버지와 연락이 되면서 가족들은 그녀의 아버지가 있는 호주로 향했다. 아버지의 집에서는 오래 머물 수 없었고 어머니와 두 동생을 데리고 낯선 땅에 새 보금자리를 마련했다. 그녀에게 한국에서 배웠던 영어는 모두 '쓰잘데기 없는 것'들이었고 호주 문화에 녹아들어야 하는 상황 또한 혼란스러웠다. 한국에서 만능 재주꾼이었던 자신의 모습을 떠올릴수록 스스로를 미워하는 마음만 커져갔다.

사진을 분석하는 사진 현상연구소에 입사하면서 그녀의 어두웠던 호주 이민 생활이 점차 환해지기 시작했다. '한국에 살았더라면 그렇게 많은 색상을 볼 수 없었을 것'이라는 그녀는 사진 분석전문가로서 실력을 인정받아 팀장으로 빠르게 승진했고 호주 생활에 적응해갔다. 초등학교 시절부터 글쓰기에 재주가 많았던 그녀는 청년들을 모아 한인회보를 펴내는데 뜻을 모았다. 그녀는 교민들의 기쁨과 슬픔을 한 자 한 자 손으로 써 내려갔고 40쪽으로 시작한 회보는 어느새 150쪽을 넘고 있었다. 멜번사회의 소식을 헤드기사로 한다는 신념을 고집하며 19년이 흐른 지금까지 3,000부를 발행하여 교민들의 소식을 전하고 있다.

어릴 적 야구선수를 꿈꾸었던 그녀의 남편은 아버지의 반대로 야구를 포기할 수밖에 없었다. 운동을 반대하던 아버지와 대화를 하지 않던 그였지만 병환으로 몸져누운 아버지를 가장 가까이서 돌보았던 사람도 그였다. 아버지가 돌아가신 후 삶의 의미를 잃어버린 그는 공무원 신분을 버리고 성직자의 길을 택했다. 멜번 성당의 수사였던 그는 성직자로서 여러 사람의 인생을 구원하기보다 한 사람의 영혼을 구원하기로 마음먹었고, 지금의 아내를 만나 멜번저널을 펴는데 주력하고 있다.

학벌 좋고 미모 출중한 어머니가 선택한 선량한 아버지

저는 김은경입니다. 본적은 대구시 북성로 2가 40번지구요. 남동생은 4살, 여동생은 6살 차이 나요. 아버지는 김기성, 1934년생이에요. 당시에 드물게 독자셨어요. 고모들이 재산 싸움이 나고 하면서 자신의 살길을 찾기 위해 군대를 가셨던 것 같아요. 작년에 돌아가셨고 6·25 참전 용사세요. 어머니는 선우영희, 1931년생, 평안남도 진남포 출신이세요. 어머니가 서울로 유학을 간 거죠. 이화여고에 전교 2등으로 들어가시고 월반도 2번이나 하셨대요. 엄마가 당시에 드물게 무남독녀였고 외할머니께서 '딸 하나 낳고도 큰소리 뻥뻥 치고 살았다'고 얘기하셨는데 저희 외할머니의 시아버지가 개의치 않으셨고 늘 손녀인 어머니를 안고 다니시면서 우리집 신동이라고 딸이라도 괜찮다고 하셨대요. 엄마가 학벌도 좋고 미모도 출중하셔서 육군 대령한테 계속 혼담이 들어왔대요. 아버지를 택하는 게 본인한테 더 멋있어 보이셨던 거 같아요. 식당에 연세 있는 아주머니들이 일을 많이 하셨는데 아버지는 아주머니들을 무시하지 않아서 상당히 좋아 보였대요. 어머니께서는 아버지가 형제도 부모님도 없어서 연민이 컸는데 그게 잘못 됐다고, 사람은 동정이나 멋을 따지는 게 아니라고 얘기하셨어요.

외할아버지는 제가 한 번도 뵙지는 못했지만 당시에 서울대학교 교수셨대요. 전쟁 때 학생들한테 납북되셨어요. 학생들이 뛰어 들어와서 교수님 빨리 피하시라고, 다른 학생이 납치하러 온다고 그랬는데 할아버지가 내가 뭘 잘못해서 피해야 되냐고 하셨대요. 엄마 기억 속에는 할아버지가 하얀 고무신 한 쪽을 마저 못 신고 끌려가신 것밖에 기억이 없고, 돌아가셨으리라 생각하고 그 후로는 한 번도 만날 수가 없었대요.

서울내기, 다마네기, 맛좋은 고래고기

제 인생에 누가 가장 영향을 미쳤는가 생각하면 제 외할머니예요. 같이 사시면서 글씨 쓰는 거에 대해서 교육을 엄하게 시키셨고요. 어릴 때 국어책 베껴 쓰기 숙제가 많잖아요. 새벽이고 한밤중이고 저를 깨워요. 글자 한두 자 잘못 썼다고 숙제장을 다 찢어서 처음부터 다시 쓰라고 했어요. 어렸을 때는 딴 집 할머니들은 시골에 살아서 친구들이 다 놀러 가고 그러던데 '왜 우리 할머니는 우리집에 살아서 늘 나를 볶나' 했었고요. 모든 대회인 동화 대회, 글짓기 대회, 사생 대회 심지어 노래 대회도 내보내셨어요. 그리고 의정부니까 논에 물 대서 하는 스케이트장이 많았거든요. 코치 붙여서 그때부터 스케이트를 가르치셨어요. 돌아보면 외할머니가 제 재능을 찾아주기 위해서 그렇게 하셨는데 참 앞섰던 분이시구나 해요. 지금까지 그걸로 다 먹고 살아요.

생일이 음력은 57년 12월 29일인데 할머니가 나중에 불이익을 당할까봐 가족들 생일을 전부 양력으로 바꿨어요. 아버지가 직업 군인이셔서 죽림동에서는 제가 1살까지만 있고, 마산에서 3살까지 살고 여기저기 옮겨 다니게 됐죠. 이후엔 서울 가회동에 있던 외할머니 집에서 6살까지 살았어요. 제가 초등학교 2, 3학년일 때, 아버지가 월남으로 가셨어요. 그때 많은 군인들이 말이 좋아서 파월기술자지 다들 돈 벌러 떠나신 거죠. 아버지가 제대를 하셔서 초등학교 6학년까지 외할머니도 같이 의정부에 살았어요. 68년 초등학교 6학년 때 엄마가 아버지 고향인 대구로 이사를 가서 삼덕초등학교로 전학을 갔어요. 도착하자마자 '서울내기, 다마네기, 맛좋은 고래고기' 뜻도 알 수 없는 정체불명의 놀림도 많이 받으면서 적응하기 시작해서 중, 고등학교를 대구에서 보냈죠. 그때부터 말이나 글에 대해서 민감했는지 뜻이나 알자고 애들한테 얘기를 했었죠. 사투리가 상당히 어색했고 걔들은 서울말을 하는 애한테 괜히 반감 같은 그런 게 있었던 거 같고요. 제가 워낙에 적응력이 빨라요. 친구들도 사귀고 정도 붙이고 학창시절을 보냈어요.

One of them

　70년에 경북여중의 전신인 경혜여자중학교를 갔어요. 그때는 사투리도 다 배웠고요. 어렸을 때 말이니까 서울말은 계속 갖고 있어서 초등학교 6학년 때부터 방송반을 했어요. 의정부 있을 때도 어린이 방송에 나갔구요. 중, 고등학교 가서도 방송반 했어요. 글짓기는 초등학교 때부터 했지만 시, 도 대회에서 4~5번 계속 장원을 하니까 경상북도 교육청에서 바로 서울 전국대회를 보냈었어요. 당시에 국가비상사태 글짓기라고 해서 유신 찬양하는 글을 썼어야 했던 적이 있는데 과연 제가 뭘 알고 썼을까, 지금도 생각을 해보게 돼요. 유신 아래서 '이것이 얼마나 우리가 살기 좋은 나라를 만들기 위한 것인가' 이런 걸 써야했죠.

　중학교 때 전국대회를 하러 서울에 경신고등학교에 갔어요. 원고지를 나누어주기 전에 시험감독이 '국가를 비방하는 글을 쓰면 무조건 예선 탈락이다'라고 했어요. 배재고 다니던 오빠가 손을 들더니 '저는 안 쓰겠습니다' 하고 원고지를 놓고 나갔어요. 시험 제목이 안경, 우물, 달이었어요. 나라사랑과 연결해서 쓰는 게 문제였어요. 나중에 머리도 크고 하면서 그 사람은 무사했을까? 그 사람이 민주화 운동에 한 역할을 했을까? 가끔 궁금해져요. 써야 될 말과 쓰지 않아야 될 말이 있다는 것이 스펀지에 물 스며들 듯이 자연스럽게 받아들였던 거 같아요.

　저는 독후감, 에세이, 시도 썼지만 시는 별로 좋아하지 않았고요. 한창 건방을 떨 나이잖아요. 문예부 애들이 너도나도 시를 쓰는 거예요. 김소월 시도 싫었어요. 지금 생각하면 상당히 부끄러운 일이고 소월의 말이 얼마나 예쁜가를 알게 되지만 자기 글도 제대로 못 쓰는 애들이 진달래꽃이 어쩌고 하고 시집 하나씩을 들고 다녔어요. 전 그런 글을 쓰지 않겠다 그리고 풀어서 쓰는 것이 괜찮은 생각이 들었죠. 그냥 제가 원 오브 뎀^{여러명 중 한명}이 되는 게 싫었던 거 같아요.

대한뉴스로 전해 들었던 월남소식

중학교 때까지는 엄마 뒷바라지 속에 잘 살았었는데 72년 중학교 3학년쯤 갑자기 아버지와 연락이 끊어졌어요. 73년에 경북여고를 갔어요. 고등학교 때 반항은 없었는데 참 힘들었어요. 아버지가 66년에 월남에 미군의 식수를 소독하는 기술자로 가셨어요. 한국에는 잠깐씩 나오셨지만 군인이 아니기 때문에 월남에 오래 사셨어요. '대한늬우스' 하기 전에 빰빰빰 이러면서 월남소식 입체 글씨가 나오고 월남소식이 나왔었어요. 엄마는 그게 다른 사람들과 좀 다르게 느껴지는 거죠. 베트남이 어떻게 돌아 가는지, 죽은 우리 군인들 숫자는 하나도 공표 안 하고 늘 이겼던 것처럼 얘기하는 거라고 했지만, 그래도 그게 베트남을 알 수 있는 유일한 창구였죠.

'어두운 골목에 서 있는 작은 아이' 같았던 학창시절

갑자기 아버지가 우리를 몰라라 하시니까 경제 곤란이 있었어요. 국제전화도 안 되고 편지가 안 오면 그냥 연락이 끊어지는 거예요. 엄마가 무남독녀로 너무 곱게 자라신 분이니까 힘든 거에 맞서기보다는 피해 가는 스타일이세요. 저희 반항기에 본인이 큰소리를 평생 안 내신 것도 '내가 무슨 말을 했을 때 되돌아오는 말에 상처받을 게 두려워서 안 하는 거다' 라고 얘기를 하셨어요. 저는 과외를 받아야 할 나이에 초등학생들 과외를 시키면서 동생들은 절대 내가 기죽지 않게 해야 했어요. 그렇지 않은 척하는 게 제 자존심이었던 거 같아요. '그 시절에 나는 어땠지?' 돌아본다면 작은 아이가 약간 어두운 골목에 있는 그림으로 다가오지, 제가 반항도 하고 하고 싶었던 일을 했던 시절로는 기억되지 않아요.

76년 대학진학을 하려는데 아버지하고 다시 연락이 되는 거예요. 아버지가 월남전쟁 끝나고 바로 태국에 관광 비자로 몇 달 있다가 호주 관광 비자를 받아서 들어오신 거예요. 이민 간다고 하면 미국밖에 생각하지 않을 때거든요. 엄마는 제가 대학 시험을 쳤어도 보내는 게 힘들다고 생각하던 차에 저희가 다시 서울로 왔어요. 이유도 알지 못한 채 1년 이상 딜레이^{연기}가 됐어요. 당시 주한 호주 대사관에 있던 직원이 돈을 받고 또는 자기 남자친구한테 청탁을 받고 어떤 비자는 먼저 내줬대요. 이민자 쿼터라는 게 있으니까 멀쩡하게 갈 수 있는 사람은 뒤로 미뤄졌죠. 77년 첫 해에는 엄마도 안 가겠다 그러시다 '형수님 호주가 애들한테는 너무 좋으니까 한 번 더 마음을 가져보시면 안 되겠어요?' 해서 호주에 오게 됐죠. 저는 79년 4월 5일, 21살에 시드니로 왔습니다.

76년, 77년에 영주권 받으신 분들이 제일 먼저 한 일이 가족초청이었어요. 가족들이 공항에 딱 내리면 공항에서 50센트짜리 모양의 도장을 찍어주는데 들어올 때 팔각도장 잊어버리지 말고 받으라고 그래요. 그게 영주권이에요. 어차피 여권 보고 찍어서 들어오지만요. 78년 이후부터 한인들이 많이 늘어나기 시작했어요.

아버지는 한국에선 정말 프라이팬 하나 잡아보지 않고 달걀 요리 하나 안 해보셨던 분인데 이민 오니까 힐튼 호텔에서 쉐프로 계셨어요. 당시에 저희 남동생이 17살쯤이었어요. 아버지가 떠나실 때 발발 기어다니던 아이가 말대꾸 툭툭 하는 아이가 돼서 돌아온 거예요. 남의 집 애 크는 걸 쭉 본 거보다 못해요.

1.5세대 사색문화권

제가 영어라는 과목을 좋아했고 영어 암송대회 나가면 1등도 했는데 실전은 전혀 달랐죠. 말이 겨우 유치원, 초등학교 수준이잖아요. 제가 특출나지 않은 삶을 살고 공부도 별로 못했으면 이민 적응이 훨씬 쉬웠을 거라고 생각해요. 제가 대단했던 건 아니었음에도 불구하고 말하는 거 보면 분명히 내가 저 사람보다 더 많이 아는 거 같은데…영어 때문에 다 표현을 못 하겠고 나는 아무것도 아닌 거 같고…. 혼자 괜찮아. 다른 사람도 하는데 내가 왜 못해? 했지만 속으로는 많이 곪고 있었던 거예요.

    1.5세대 사색문화권이라는 게 저는 60살, 70살 호주 할아버지한테 'Hi?' 하면서 쪼그만 애가 저보고 'Hi, Stellar?' 하면 '버릇없이…' 이런 기분이 들고 제가 호주 문화를 따라 하면서 제가 받는 호주 문화는 아니라고 생각하는 게 얼마나 모순이에요. 중간에 끼인 이민세대 같아요. 고착화된 W 발음은 사실 떠블유가 아닌데 그걸 입으로 만들다 보니까 안 들리는 발음이 되잖아요. 영어뿐만 아니라 여러 가지 갈등을 겪던 중에 한마디로 표현하면 '나는 지금까지 왜, 뭘 그렇게 열심히 배우고 살아왔지? 아무 쓰잘데기 없는 공부

를 했고, 아무 쓰잘데기 없는 짓을 했구나' 라는 자괴감이 들었죠.

어머니는 공장이 있는 데를 다 두들기고 다니시면서 러시안 음식인 병조림을 만드는 러시아 공장에 들어가셨어요. 러시안 쥬위시^{유대인}들이 토요일 날 음식을 끓이거나 그런 걸 못해요. 거기에 99%가 러시아 사람이고 엄마 혼자 한국 사람이었던 거예요. 금방 러시아 말을 습득하셔서 주임이 됐어요. 한국 아줌마들한테도 잠을 주고 방학인 학생들도 일하게 해 주고 지게차 운전하는 사람이 안 오니까 지게차도 운전하시구요.

제가 절대 우리 엄마는 못 따라 갈 것이다 그럴 만큼 좋은 본보기이셨던 것 같아요. 나이에 상관없이 배우려고 하셨고 끝까지 배우셨고 주위 분들에게 '자식들한테 자꾸 의존하려고 그러느냐? 하다못해 전화 한 통화를 받아줘도 도움이 되지 않겠느냐?' 하시면서 그분들을 데리고 영어학교에 다니셨어요. 어머니가 처음에는 호주에서 '미안한데 나 영어 못해' 했는데 세월이 조금 지나면서 '한국어 할 줄 알아?' 물어본다는 거예요. 내가 영어를 못 하는 게 왜 미안할 일이냐, 너는 한국말 할 줄 알아? 나는 잘 못해도 두 나라 말을 한다고 하셨어요. 엄마가 이민자로서 아깝고 그립고 존경스러워요. 참 열심히 사셨는데 10년 전에 돌아가셨어요.

의도하지 않은 이민생활

한국에서 결혼 신고만 안했을 뿐 약혼을 했던 사람이 있었죠. 제 아버지가 직계 가족 초청을 하는 거기 때문에 제가 결혼을 하면 저는 못 와요. 아버지는 결혼하는 거 반대를 안 했는데 혼인신고를 안 하고 왔으면 좋겠다고 했어요. 이제 저만 온 거죠. 그 사람의 고모들이 연락을 두절시켰어요. 79년에 호주는 시내 나가서 국제 전화를 신청해서 부스 안에 들어가서 몇 마디 간신히 해야 되는 때라 엄청 비쌌어요. 직접 설명도 한번 못해본 채 그렇게 헤어졌어요.

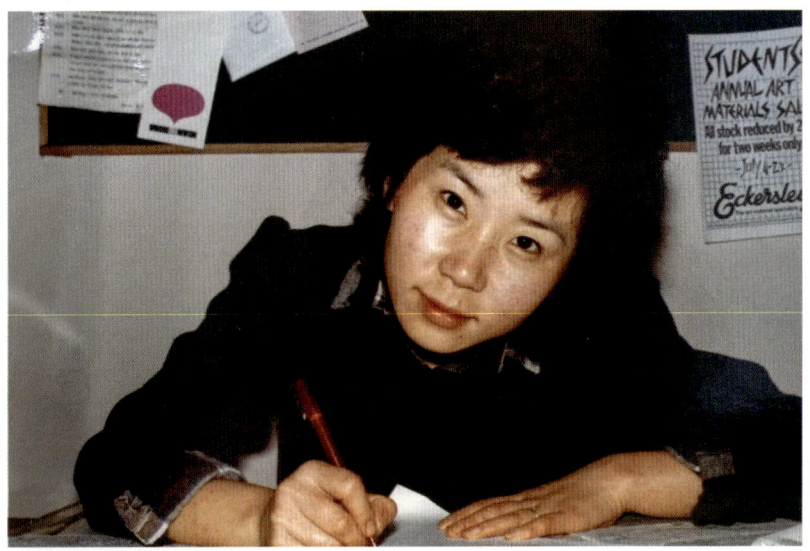

전혀 의도하지 않았던 쪽으로 제 이민 생활이 시작된 거 같아요. 언어충격, 문화충격, 개인적인 어려움들이 흘러와서 엄마, 제 동생들, 저만 아버지 집에서 나오게 됐어요. 시드니에서 시작을 했지만 1년도 채 안 살고 오게 된 게 멜번이에요. 길 이름이 익숙해졌는데 전혀 다른 도로 간다는 거는 거리상으로도 멀고 심적으로도 상당히 힘든 일이지만 선택할 수 있는 최선이었던 거 같아요. 자식들이 돈이 없어도 마음 편안하게 살았는데 그것을 깨부수지 않겠다고 생각했던 엄마의 용기에 지금은 참 감사를 드려요. 어쩌면 저는 속으로 놓지 못하는 것 때문에 괴로웠다면 저희 엄마는 굉장히 빨리 놔버리셨던 것 같아요.

SBS, 호주 한국어 방송 아나운서 1세대

호주 정부에서 다문화 국가를 지향하면서 비영어권 사람들에게 호주 정보를 제공하자 해서 SBS^{호주공영방송}를 만들었어요. 79년 11월 10일부터 일하게 됐어요. 호주 뉴스를 한국어로 방송하고 한국 노래, 한국 뉴스를 내보낼 수 있지만 가이드라인^{규정}에 애국가는 내보내지 못하게 되어 있어요. 한인들 중에 방송경험이 있는 사람이 몇 명이나 되겠어요. 김기성 씨 딸이 학교 다닐 때 방송을 했다는 이야기가 나왔어요. 격주로 30분씩 한국어 방송이 전파를 타기 시작했어요. 방송을 할 줄 알면 누구나 데려다가 썼는데 일을 하던 사람들도 다시 시험을 쳐서 프로듀서 직함도 주고 했어요. 자기 생업을 하면서 호주 공영방송이니까 공무원일 수 있는데 반은 봉사처럼 하구요. 물론 정부에서 돈은 주고 한국어 방송을 계속 했죠. 방송은 2년 전 까지 오래 했어요. 하고 싶은 방송도 할 수 있었고 영어도 늘면서 다른 직장을 갖게 됐죠.

신부 스킨톤은 신부 웨딩드레스에 맞춘다

　82년쯤 사진현상 연구소에 들어가게 됐죠. 호주 전역에 전문 사진가들이 필름을 보는 곳이에요. 프린터들은 데이터로 사진을 뽑는데 수천 장의 필름 칼라를 조절하는 그 데이터를 만들어주는 거예요. 처음에 색맹 테스트하고 칼라 체커색상 확인라는 걸 해보래요. 이 색깔이 얼굴 톤이랑 비교했을 때 더 블루다, 더 레드다 이런 걸 눈으로 해내는 거예요. 제가 사진을 너무너무 잘 보니까 첫 번째 파스율통과율이 제일 높은 칼라 애널리스트전문가가 됐어요. 그때부터 제 사고가 '내가 한국에 살았더라면 죽을 때까지 내 눈이 이렇게 색깔을 분석해 낼 수 있는 눈이라는 거를 모르고 지냈겠지? 아 좋다!' 호주 이민

생활이 조금씩 환해지기 시작했다고 생각을 해요.

보통 결혼 사진이 굉장히 많이 와요. 신부 스킨톤이나 웨딩드레스에 맞춰요. 왜냐면 신부가 돈을 많이 썼기 때문에 저희끼리 하던 농담이 있어요. 신부가 사진에 신랑이 좀 시커멓게 나오면 '톰이 좀 어두운데 괜찮아' 이래요. 그런데 신부 자기 얼굴이 잘못 나오면 사진을 다시 찍으라고 난리난다는 거예요. 여기도 어쩔 수 없이 신부에게 포커스를 맞춰서 사진 분석을 하라고 해요.

너무 억울했던 게 옆에 애가 똑같은 돈을 받는데 제가 하는 일의 반도 못하는 거예요. 저도 일을 천천히 해보려는데 천천히 못하겠는 거예요. 두 달 동안 내가 몇 시에 시작해서 몇 시까지 필름 몇 장을 했고, 그 번호를 다 적고 다음 단계로 넘어갔을 때 리젝트^{불합격}된 칼라가 몇 개였고, 몇 프로가 첫 번째에 다 나갔고 기록을 다 해서 사장한테 들고 갔어요. '나는 이렇게 한다. 공정하지 않는 거 같다. 네가 결정을 해달라' 사장이 80명쯤 되는 직원을 불러서 저처럼 일했을 때 리젝트 되는 게 없고 버리지 않을 종이, 시간, 약품비로 1년에 두 사람을 더 쓸 수 있다고 했어요. 저에게 없던 직함인 팀 리더를 만들어 줬어요. 다른 대우를 받는 것에서 성취감도 느꼈고요. 99년도까지 계속 근무했어요.

40p 1,000부로 시작한 한인 소식지, 멜번저널

20대 후반들이 모여서 토론하다가 우리가 잡지를 한 번 내보자 이런 결정을 했어요. 컴퓨터는커녕 한글 타자기도 없었어요. 제도사들이 쓰는 로터링 펜이 있어요. 제가 다 손으로 쓰고 복사를 해서 묶어서 집집마다 배달을 했죠. 그 책이 여백이라고 A4 사이즈 한 12장 묶은 건데 손으로 깨알같이 써서 냈죠. 멜번에서 한인회보를 한 4~5년 동안 손으로 다 썼어요. 손으로 쓰면 그 회장님들이 가서 복사를 해서 또 교회 같은데 나눠주고 그랬어요. '한인회장이 모친상을 당해서 한국에 갔습니다' 이게 뉴스였어요. 그 정도로 한국 사람이 많지도 않았어요. '여백'잡지를 낸다던지 한인회보를 쓴다던지 그런 봉사활동을 하면서 청년회가 만들어졌고 18살부터 30대까지 청년회였어요. 한글도 더듬더듬 읽는 친구들 불러다가 훈련시켜서 멜번 대학극장에 연극도 올리고 탈춤도 가르치고 청년 예술제도 했죠. 90년부터 95년까지는 시드니 잡지사에서도 일을 했어요.

당시에는 멜버른에 한인 간행물이 없었고요. 시드니 셋방살이하지 말고 우리만의 것을 만들자고 해서 시드니에서 만드는 잡지에 한두 페이지로 멜번 소식, 멜번 광고가 나갔어요. 멜번에서는 한인매체 처음으로 주간 멜번저널을 19년 동안 내고 있어요. 멜번저널이 가장 치중을 두고 있는 게 한국에서 큰 사건이 일어나지 않는 한 '멜번에 한인 사회에서 일어나는 것이 우리의 헤드'를 고집해 왔어요. 저희 글을 많이 쓸려고 노력하고 있고요. 저희가 다 취재해서 저희 걸로 커버하기는 좀 힘들지만 한인 사회에서 일어나는 각종 행사는 도맡아 놓고 사회를 보고 취재를 하게 됐죠. 멜번저널이 처음에는 40페이지로 시작을 했어요. 1,000부 정도로 시작을 했는데 쭉쭉쭉 늘어나서 가장 많기는 150페이지 정도로 6,000~7,000부까지 뽑았었거든요. 지금은

3,000부 정도 찍어요. 배부는 저희가 인쇄소에서 받아서 목요일에서 금요일 사이에 걸쳐서 직접 갖다놔요. 남편하고 제가 돌아보니까 여기는 많이 나갔네, 여기는 왜 안 나갔지 이런 생각도 하고 업주들도 만나게 되고 장점이 있는 거 같아요.

인터넷이 발전됐을 때까지도 별로 위기의식을 못 느꼈었어요. 옛날에는 가게를 오픈을 하면 무조건 멜번저널에 광고를 냈어야 해요. 이게 무료로 배부되거든요. 저희는 광고로 진행을 하는 건데 SNS와 스마트폰이 생기면서 젊은 친구들은 그걸로 광고를 하는 거예요. 모르는 사람들은 다른 잡지보다 멜번저널 광고료가 비싸다고 댕댕 구른다는 건 좀 화나는 부분이에요. 메우지지 않는 부분도 있는데 그래도 계속 고집하고 있어요. 지금 저희가 세계 어디서나 볼 수 있게 홈페이지를 같이 하고 있고요. 이걸 왜 팔지 않느냐면 처음부터 끝까지 저희 글은 아니기 때문에 저희 양심상 팔 수 있다고 생각하지는 않아요. 멜번저널은 사람들이 인정을 해줄 거예요.

무모한 용기가 보태준 '호주와 이웃하기'

97년도에 '호주와 이웃하기'라는 책을 냈어요. 이민 생활은 누구나 쓰고 싶고 알고 싶어 하죠. '여기서 도대체 한국 사람들이 어떻게 살았지?' 생각하게 되는데 글 솜씨는 좋으나 같이 산 세월이 길지 않으면 그 글이 살지를 않을 거고요. 나이가 들어서 쓴다면 좀 덜 살지 않겠어요? 아무리 오래 살았어도 자기가 풀어쓸 능력이 없으면 이민사를 쓸 수 없는데 저는 다행히 양쪽을 조금씩 갖고 있는데다가 무모한 용기까지 보태줘서 이런 일을 한다고 생각해요.

한 분이 '김은경 씨는 돈을 많이 번 사람으로 기록되지 말고 뭔가 한인 사회에 영향을 준 사람으로 살았다라고 한 걸 읽고 싶다'고 했어요. 그 말이 위안이 돼서 다가오는 거 같아요. 가정사도 힘들었고 아이들 키우는 것도 힘들었고 다행히 뒤늦게 참 괜찮은 사람을 만나서 재혼을 하고 많이 기대서 마음의 위안을 받고, 그렇게 지금 노년을 위한 준비를 하고 있지만. 내가 뭐였든 간에 자기가 할 수 있는 일, 좋아하는 일을 업으로 삼으면서 다른 나라에서 살 수 있다는 것도 또 하나의 성공이 아닐까요?

니를 우째 잊노? 17번 꼬맹이

15년 전인가, 잡지가 12월 달에 마감을 하고 저희가 3주를 쉬어요. 약간 허전하고 그래서 아이러브스쿨^{동창생을 찾는 SNS}을 들어가 봤어요. 우리 초등학교 졸업생 치니까 아이디가 하나 뜨길래 이메일을 보냈어요. 혹시 어느 어느 학교를 졸업한 최선희가 맞으면, 나한테 연락을 달라니까 5분 있으니까 '내가 최선희 맞는데 그 맞는 거 같은데 누구?' 이렇게 온 거예요. '날 기억할지는 모르겠지만 나 김은경' 보냈더니 '니를 우째 잊노? 하하 17번 꼬맹이 김은경' 하더라구요. 졸업하고 서울에서 10명, 대구에서 10명 이렇게 친구들을 만나고 연락도 하고요. 친구가 멜번 왔을 때 방송국도 구경하고 재밌었죠.

오늘부터 나의 종교는 당신이야

성당분이 수사님한테 제가 낸 책을 낸 사람을 알고 있다니까 '언니를 되게 보고 싶어 하더라' 이러는 거예요. 남편이랑 같이 저녁을 먹는데 자기는 책을 첫 장을 딱 보고 덮든가 하루 만에 다 읽든가 그렇대요. 친해지기 시작하고, 수사님이고 연하기 때문에 남자로도 생각 안 하고 '수사님이다. 수사님이다.' 그랬죠. 남편이 원래 수사님이고 신부님 되려고 했던 사람을 제가 파계시킨 거니까 제가 가톨릭이기 때문에 평생 이걸 갖고 갈 거냐는 갈등이 컸어요. 남편은 부제가 되거나 신부가 되고 나서 그만두면 돈도 더 많이 나오지만

수도원에 그런 짓을 하고 싶지 않다고 했어요. 남편이 수도원에 솔직하게 '내가 교회법을 어겼다. 좋아하는 사람이 생겼고 그런데 지금까지 여기서 배운 것보다 이 사람을 사랑하면서 사랑이라는 거에 대해 더 많이 알게 된 거 같다. 여기서 나가야 되겠다'고 했대요. 저희 둘 다 정직하게 이야기했다고 신부님들이 많이 축복해 주셨고 '한 사람 영혼도 구원도 못 하면서 나가서 어떻게 수백 명의 영혼을 위해서 일을 할 거냐?'고 그랬어요. 제가 한번씩 남편한테 '재미없는 삶을 살 뻔했는데 내가 구해줬잖아?' 농담처럼 이 말을 했죠. 남편이 '당신이 날 쓰러뜨렸잖아' 그래요. 한국에 시댁 어른들도 환영해 주셨구요. 남자 여자가 만나는데 왜 갈등이 없었겠어요. 안 맞는 부분도 발견하게 되지만 아무래도 좀 나이가 들어서 만났다는 것과 그 사람은 수사님 일을 했고 저는 또 많은 걸 겪은 다음에 만났다는 거. 저한테는 뒤늦게 복이라 생각해요.

2003년에 결혼해서 딸 하나, 아들 하나 있어요. 아이들은 여기서 태어났어요. 새삼 재혼을 한다는 게 애들도 약간 충격이었죠. 아들이 자기 누나한테 '우리가 언제까지 엄마랑 같이 영화를 봐 줄 거고, 엄마랑 같이 놀아줄 거야? 우리도 바쁜데 엄마한테도 누군가 있으면 참 좋겠다'고 했대요. 아이들이 나이가 들어서 아빠를 만났는데도 꼬박꼬박 아빠라고 불러요. 본인도 아이들한테 참 잘했고요. 딸은 39살이고 멜번대학교에서 법학하고 정치학을 전공했는데 장학생으로 졸업했어요. 처음부터 '엄마 나는 법관도 안 될 거고 정치가도 안 될 거야. 이걸 바탕으로 재밌는 일을 하면서 살 거야' 했는데 스파이더 같은 SF영화 만드는 곳에서 인정받아서 본사 부사장이 됐어요. 아들은 34살인데 방황도 하고 반항도 하고 요즘은 착실하게 직장 다녀요. 드론이 취미인데 자연도 접하면서 밖으로 로케촬영 많이 다녀요.

호주의 뉴욕은 시드니, 호주의 런던은 멜번

내가 한국에 가서 살면 다시 적응해야 될 부분이 있다는 생각은 들어요. 한국 가게 들어가서 물건을 살 때 제 말투 때문에 굉장히 눈도 안 마주치던 점원들이 꼭 다시 한 번 쳐다봐요. '왜 작은 갑은 더 작은 을에게 갑질을 하는 거지?'라는 생각을 해요.

한국에서 늘 일이 터질 때마다 제가 페이스북이나 트위터에서 늘 강조했던 게 아이들에게 다른 의견을 존중할 줄 알고 사람은 누구나 귀하다는 교육을 지금부터 시키지 않으면 좀 늦다는 거예요. 왜 나만 맞아요? 여긴 아이들 토론문화가 발달하면서 쿨하게 대처를 잘해요. 다른 의견인거지 틀린 의견은 아니잖아요. 모르면 안 된다는 거, 질문하는 것도 '사람들이 볼 때 내가 이것도 모른다고 생각하면 어떡하지?' 창피해하고 이런 게 좀 바뀌었으면 좋겠다고 생각해요.

대구라는 도시는 '약간 쉴 곳 쉬어갈 곳도 있구나' 싶고 아버지의 고향이지만, 내 고향 같은 느낌도 남아 있죠. 엄청 많이 변했더라고요. 어딘지 도

저희 찾을 수가 없었으나 그 나이, 그 시절, 어디서 살았든 그 장소는 그렇게 기억되어질 것 같아요. 대구는 항상 다시 한 번 되돌아가고 싶은 애틋한 곳이에요. 이민자에게 멜번이든 시드니든 제2의 고향이라고들 말을 하면서도, 늘 어딘가 낯선 곳이죠. 정말 내 나라는 한국인 거 같아요. 계절 좋을 때 골라서 한국에서 반 여기서 반 이렇게 살면 좋겠다고 생각해요.

호주라는 나라는 정직한 나라 같아요. 얼마 전에 총선이 있었어요. 캠버라에 국회의사당 가면 진실의 나무란 게 있어서 그 밑에 서서 자기가 진실이라고 얘기를 해야할 정도로 거짓말한 게 탄로나면 평생 연금을 못 받아요. 제가 50불짜리를 흘리고 가는데 뒤에서 '너 돈 흘렸어' 얘기를 해요. 또 캐시현금가 든 지갑을 공중전화에 놓고 와서 2시간 만에 찾으러 갔는데 누가 안에서 전화를 하고 있어서 바깥에서 안절부절 못하니까 전화하면서 '이거 니 거야?' 이러는 거예요. 그렇다니까 꺼내서 줘요. 누가 가져가지도 않았고, 내 것이라는 걸 그대로 믿어주는 거죠. 멜번은 상대적으로 자기네들이 시드니보다는 어떤 전통을 잘 지켜온, 그니까 '멜번은 호주의 런던이고 시드니는 호주의 뉴욕이다' 그런 얘기들을 하거든요. 상업화되지 않은 교육 도시라는 자부심을 갖고 있어요.

제가 한국 갔을 때 택시를 타고 여수 쪽을 돌았는데, 운전하시는 분이 되게 재밌는 말을 하셨어요. '한국은 학벌은 높은데 학력이 없는 나라다. 큰 졸업장만 땄지 실제로 배운 거를 써먹어야 그게 학력이지. 학벌만 높다' 라는 거예요. 상당히 정확한 말이다 싶었어요. 호주가 학력, 직위 이런 거 신경 안 쓰고 살 수 있다는 건 정말 좋은 거 같아요. 일을 잘하면 기회가 얼마든지 주어지는 것 그리고 사람이 먼저인 게 참 좋아요.

머리가 띵 해, 찌릿찌릿 해

40년을 이민 생활을 하면서 '어쩌면 사실은 실패한 사람들이 오는 게 이민이다.' 라는 생각을 해요. 경제적이든 학력이든 가정이든 어떤 이유로던지 사실 남의 나라로 가서 산다는 것이 얼마나 힘든 일이겠어요. 뭔가 모자라는 거를 갖는다는 거는 굉장히 힘든 일이니까요. 아무리 오래 살아도 아무리 영어를 잘해도 '머리가 띵 해', '찌릿찌릿해'는 어떻게 영어로 설명을 할 거예요? 딸이 'He is so 느끼해'의 '느끼해'는 영어에 없다는 거예요. 'He is so Oily' 이러면 그 맛이 안 난다는 거예요. 동태찌개를 먹으면서 '아, 시원해'를 설명할 길이 없어. 자기가 알아야 되는 거예요. '영어는 굉장히 한계가 있는 언어'라고 우리 딸은 그렇게 말해요.

순대 숭숭 썽 거를 봉다리 넣어 뽈끈 짜매주세요

저는 한광훈입니다. 중학교 이후부터 군대 갔다 오기 전까지 아버지하고 말을 안 했어요. 식탁에서 마주치면 5분 이상 말을 한 적이 없어요. 나는 야구선수가 되고 싶었어요. 아버지가 저에게 야구를 가르쳐 줬거든요. 근데 내가 야구선수 되겠다고 할 때 가장 격렬하게 반대한 게 또 아버지야. 그때부터 아버지랑 대화 자체를 안 했어요.

제가 기능대학에서 국비로 공부하고 마지막 졸업생이었어요. 아버지가 병원생활을 하셨어요. 병원에 입원하시기 전부터 목욕탕도 제가 업고 다니고, 등 밀어드리고 병원 가서 침 맞고 모시고 다녔거든요. 진해 시청에 있을 땐데 엄마도 몸이 불편하고 형제들은 외지에 있으니까 아버지 간병인이 없어서 제가 간병한다고 시청 일을 그만 둔다니까 주사가 저보고 돌았냐고 그랬어요. 아버지가 돌아가시고 나서 '왜 살지?' 이런 생각이 들었어요. '나 잡지마라, 난 간다' 하고 사표 냈죠.

제 가방에는 교과서가 없었어요. 중학교 2학년 때 유행한 게 삼국지, 무협지예요. 고등학교 2학년 때까지 중국소설 홍루몽, 수호지, 금병매를 읽었던 거 같아요. 고등학교 2학년부터 3학년까지 친구랑 짝지를 했는데 내 짝지가 공부 잘한 놈인데 나 때문에 신세 망쳤다고 아직까지 나를 원망해요. 고등학교 3학년 때 대학 가요제를 처음 봤는데 이거는 난리도 아니야. 대학 가요제를 가야겠는데 가려면 공부를 해야 된대. 급하게 3학년 때부터 공부했어요. 대학가요제의 순기능이죠.

내 친구 하나는 내가 대학 보냈어요. 만화방에 둘이 갔는데 공부하다가 옛날에 그림 좋은 거 있으면 침 묻혀 가지고 째 왔어요. 이 친구는 그림을 계속 그려가지고 결국 동아대 미대 갔어요. 이 친구는 재능을 늦게 발견한 거지. 그 친구가 크레파스라는 이름으로 대학가요제에 한 번 나갔어요. 저희가 서울 가서 서울말을 써야 되니까 친구가 '아주머니, 순대 숭숭 썡 거를 봉다리 넣어 뽈끈 짜매 주세요' 이랬던 기억도 있어요.

믿음의 변방에서 돌아온 삶

가장 신심이 불타오를 때는 성당청년 기도회 할 때에요. 청년회장하고 '내가 너희를 사랑하리라' 그런 열정이 있잖아요. 우리 가족들도 가톨릭으로

개종시켰어요. 제가 청년회 회장하면서 성당에서 난리가 난 거라. 내 퇴직금을 거기 다 넣어서 애들 술을 사 주니까 잘 될 수밖에 없지. 한번은 내랑 같이 수도원 간 친구랑 제가 성탄절 준비하고 있었어요. 우리 성당 기도회 회장님이 계셨는데 제 친구 형님이에요. 형님이 성모상 앞에 있는 후배한테 와서는 7시에 모임 하는데 히터 기름이 떨어졌다고 기름 좀 넣으라고 하셨대요. 우리는 성탄 준비한다고 바쁘니까 형님이 좀 넣으시라고 하니까 형님이 '내 손은 기도하는 손이다. 손에 기름을 묻힐 수가 없다' 그랬대요. 그 친구가 기름을 넣어줬어. 내가 친구한테 왜 기름을 넣어줬냐고 '야, 그게 기도하는 손이냐? 기도하는 손 그림 보지도 못했냐? 그 부르튼 손!' 막 화를 낸 적도 있어요.

　신학교는 궁금한 것도 좀 있었고 신앙생활 하면서 아무도 답을 안 줘서 갔죠. 들어가는 순간 완전히 깨졌어요. 질문했더니 너 누구야 너 이름이 뭐야? 3학년 가면 배울 걸 왜 질문하냐고 그러더라고요. 구약의 하느님과 신약의 하느님이 왜 이렇게 다른지 구약의 하느님은 이스라엘 하느님이시잖아요. 이스라엘을 삑 하면 죽여요. 삑 하면 멸망시키고 삑 하면 번개 때리고

불 내리고 그래요. 신약에 넘어가면 확 달라요. 같은 신인데 다른 느낌. 두 신이 다른 인격인가 싶을 정도로요. 또 하나는 진리가 너희를 자유롭게 할 것이다 그랬는데 진리라는 게 뭔가 했어요. 질문을 받아준 신부님이 우리가 영원한 진리라는 게 없는 게 시대에 따라서 바뀔 수 있다고 했는데 그런 거 같아요. '자연이 해는 동쪽에서 뜨고 서쪽으로 진다', '태어나면 죽는다' 그러잖아요. 자연이 내포하고 있는 게 진리지 인간이 만든 건 진리란 없는 거예요. 어제 믿었던 게 오늘 잘못될 수도 있잖아요.

　우리 엄마가 성당 가면 대우 받았죠. '아이고, 학사님, 부제님 어머님 오셨어요' 그러니까 우리 엄마가 얼마나 좋았겠어요. 근데 더 가면 안 되겠다 싶고 여기서 그만둬야 되겠다고 싶더라구요. 적어도 그 생각에는 후회는 없어요. 내 결정에 대해서 할 만큼 했고 또 열심히 살아줬어요. 재무적으로 빚진 거나 죽기 전에 갚아야죠. 나머지 할 도리는 다 했으니까요. 결정을 빨리 하느냐 못하느냐 아니면서도 계속하는 사람들이 있어요. 내가 가는 버스가 150번을 타야 되는데 105번이 아닌데 근데 종점까지 계속 가는 거죠. 중간에 내리면 돌아오기도 쉽고 훨씬 더 좋잖아요. 너무 멀리 가면 돌아오기도 힘들어요.

서울대 출신 타일 마스터, CJ 춘제

조춘제 | 1962년 4월 9일, 전북 장수군 장계면

9남매로 태어난 그는 가정형편상 일 년씩 늦게 입학해야 했다. 초등학교에 입학했을 때 동네 친구들은 자신보다 한 학년씩 많았다. 알파벳만 알아도 대단해 보였던 그때 친구들은 한 학년 아래인 자신을 무시하며 놀리기 일쑤였다. 사춘기가 되면서 그는 힘이 세 보이기 위해 사이클 선수생활을 했다. 중학교 3학년 때 공부에 취미를 붙이기 시작했고 방학 중에도 학교에 나가 꿋꿋이 자습을 한 끝에 서울대학교 농화학과 83학번으로 입학할 수 있었다.

　　점수에 맞춰 들어간 농화학과는 자신의 성향과 맞지 않았고 과 선배와 동기들과 함께 대자보를 읽고 사회의 불합리함에 맞서고자 했다. 1980년대 정권탄압으로 뜨거웠던 대학시절을 보냈던 그는 '지금은 돌을 던질 때'라며 공부보다 학생운동을 선택했다. 그는 혼자 잘 사는 것보다 다 같이 잘 사는 게 의미 있다는 것을 깨달았다. 1986년 학생운동에 참여한 서울대 학생 2,000여 명이 제적되었고 그도 그 중에 한 명이었다. 그는 시위 도중 분신자살을 한 학생이 불덩이의 모습으로 떨어지는 것을 목격했지만, 돕지 못한 것에 아직도 미안한 마음을 가지고 있다.

　　그는 금호타이어에서 근무하며 이사가 된 이후로의 자신의 앞날이 그려지지 않았다. 2003년 이민을 생각했고 부인과 함께 멜번에 정착했다. 전라도 장수군에서 태어나 '촌에서 태어난 게 감사하다'는 그는 서울대 마크를 버리고 멜번에서 타일 시공을 하고 있다. 타일을 배운지 1년이 채 되지 않아 일을 모두 파악했고 이제는 버젓한 'CJ타일 마스터' 회사를 운영하고 있다. 제법 큰 시공일은 받아서 다른 작업팀에게 떼어주고 수수료를 받기도 하는데 이 돈은 한 번도 집에 가져간 적이 없다. 수수료는 온전히 한인회 운영에 보태고 있다. 현재 빅토리아주 한인회 부회장이며 평화의 소녀상 건립위원회 회장을 맡고 있는 그는 한인회관에 평화의 소녀상을 세우기 위해 물심양면으로 노력하고 있다.

욕심내지 않으면 3대가 안정된다

본관은 함안이고 이름은 조춘제입니다. 생일은 62년 4월 9일입니다. 고향은 전북 장수인데 경상도, 전라도, 충청도가 경계를 이루는 육십령 바로 밑이에요. 정말 아름다운 곳이에요. 전라북도지만 오히려 전주가 멀고 대전이 더 가깝게 느껴졌던 어린 시절이 있었죠. 증조할아버지가 함안 쪽에 사셨다가 여차여차 해서 이제 전라북도 쪽으로 옮겨 와서 살게 됐다고 들었습니다. 할아버지하고 아버지가 전라북도 무주에서 살다가 이제 장수 쪽으로 옮겨오게 됐죠. 형제가 4남 5녀, 9남매거든요. 우리 자식한테 항상 하는 이야기가 있어요. '나는 우리 아버지만큼은 살았으면 좋겠다' 그 정도로 아버지를 사랑하지요. 엄마, 아버지를 사랑하지만 특히 아버지 이야기를 많이 하면서 자랐지요. 아버지는 평범한 촌부이신데 생각이 좀 남달랐던 것 같아요. 아버지가 자식을 키울 때 욕심을 내지 마라. 공부를 잘하든 못하든 부모가 푸시해서 되는 게 아니고 공부를 할 수밖에 없는 조건을 만들어주면 된다. 내가 너를 푸시하지 않았듯이 너도 너 자식 푸시하지 말고 기회를 줘라. 그러면 3대 이내에 집안이 안정될 것이고 자기 집안이 안정된다는 이야기를 하셨는데

그러면 사회가 안정된다는 이야기겠지요. 그 이야기를 정말 많이 들었던 것 같아요. 어머니는 살아계시고 전북 장수분이신데 아버지 못지않게 성실하신 분이지요.

1년 끓어서 들어간 중학교

어린 나이에 소 쟁기질을 1년 동안 했어요. 산에 가서 뗄나무 한 비깔 ^{지게}로 스무 지게를 갖다가 모아 놓으면 그게 마를 때까지 기다려야 되잖아요. 당시에 꿈이 어른 짐으로 쌓아서 다 채우는거고, 그때까지 부모님한테 집에서 불을 못 때도록 부탁을 했죠. 제가 해 온 나무를 바로 때면 너무 허망하잖아요.

육십령 바로 밑에 명덕초등학교를 나왔는데 지금은 마사회 고등학교로 되어 있죠. 누나 셋은 중학교 진학을 안 했고 형은 제대로 진학했고 저부터 이제 1년씩 끓어서 갔죠. 아우 형제들 중에서 대학을 저 혼자 갔습니다. 친구들은 중학교 들어갔는데 저는 못 들어갔어요. 당시에는 1년 차이지만 알파벳 아는 것도 대단한 지식 아니겠습니까? 놀림을 많이 당했죠. 제가 약간 욱하는 감정이 있었어요. 어렸을 때부터 키가 컸어요. 싸움을 일부러 걸지 않았지만 남들이 싸움을 걸어오면 피하지 않았거든요. 장계중학교 가서 그때 1년 선배가 제 친구 아닙니까? 제가 얻어터지기도 하고 많이 싸웠죠. 읍내에 가면은 저보다도 힘이 센 애들이 많잖아요. 같은 또래인데 또 1년 선배라고 그러니까 걔들은 이겨야 되겠고 일부러 사이클 선수에 발을 들였죠. 선수하면 그래도 결속력이 있으니까 어린 나이에 힘이 있어 보이고 애들도 많이 괴롭히고 그랬던 것 같아요. 막걸리 한잔 먹으며 얘기하면 놀리던 친구들이 이제 몰라요.

가방에 몽둥이 하나 영어책 하나

중학교 2학년 때 학교에서 수학여행을 간다고 했는데 갑자기 계획이 취소된 거예요. 어렸을 적부터 제가 사고를 선동했던 것 같아요. 제가 우리 몇 명이라도 가보자고 해서 7명을 규합을 했어요. 학교에다가 말도 안하고 수학여행을 떠나버렸어요. 저희들은 재밌게 잘 놀았죠. 갔다 와서 반은 죽을 만큼 얻어터졌지만요.

그때 제가 흑인뿐만 아니고 외국인을 처음 봤지요. 장계 시골은 산이 많아가지고 벌판이라는 것은 김해 평야 이런 걸 교과서에서나 봤지 하늘밖에 본 게 없잖아요. 군산하고 장항을 왔다갔다하는 배가 있었는데 그 배를 타고 장항까지 갔죠. 그 배에 미군들이 탔더라고요. 자기들끼리 영어를 하는데 그때 'Of course'가 딱 들리는 거예요.

중학교 2학년 때까지만 해도 애들하고 싸움도 많이 했지만 제 가방 속에는 조그마한 몽둥이 하나랑 영어책은 있었어요. 담임이 영어 선생님으로 바뀌었는데 선생님이 말썽피우면 기를 죽이려고 했어요. '조춘제, 일어서 봐. Where do you live?' 그러는 거예요. 'I live in Odong-ri' 영어로 그랬어요. 그때부터 선생님이 저를 안 괴롭혔어요. 나중에 보니까 'at'을 써야 하는데 문법이 틀렸더라고요.

중학교 3학년 때 말썽 피우는 애들은 반을 따로 놓더라고요. 며칠 지나니까 애들이 잘 안 모이잖아요. 그때부터 바로 앞에 앉은 친구한테 제가 연필로 쿡쿡 찌르면서 수학문제 어떻게 푸는지 묻다 보니까 점수가 상위권으로 올라가는 거예요. 공부하는 거 별거 없네. 전주 연합고사 합격을 했지요. 시골에서 전주까지 나가서 살아야 되는데 살 수가 없잖아요. 장계 고등학교에서 3년 장학생을 줄 테니까 오라고 해서 쌤들이 많이 도와주셨죠. 저도 서울 한번 올라가 보자 그런 욕심으로 3년 동안 공부를 열심히 했지요. 동기들이 저보다 나이가 1살 어리잖아요. 공부도 경쟁을 붙이면서 해야 되는데 시골에서는 공부하는 애들이 없었거든요. 강제로 친구들을 방학 때 학교 불러다가 공부하고 그랬죠. 초등학교 친구가 서울대를 들어갔어요. 저는 초조해지잖아요. 열심히 했지요. 제가 서울대 농화학과 83학번으로 합격을 했습니다. 서울대 가서 시골 친구 만나니까 감회가 새롭디다. 북한산 가서 막걸리 먹으면서 얘기 많이 했던 기억이 나네요.

지금은 돌을 던져야 할 때이다

제가 사회학이나 사회, 정치, 교대 이쪽으로 갔으면 더 좋았을 텐데 과가 좀 많이 안 맞았거든요. 점수 때문에 학교 선택한 것이 콤플렉스라고 할까 농화학을 전공하면서 아주 괴로웠어요. 친구들이랑 86학번들하고 대자보를 읽고 같이 이야기를 하다 보니까 나 혼자서 뭔가를 할 수 있는 게 하나도 없어요. 같이 더불어 살아가는 거고 저 친구들이 힘들 때 저도 좀 같이 거들어주면 안 되겠냐는 거지요.

당시에 빅 이슈가 5·18 광주 민주화 운동에 대한 실상, 진상규명이었고 그 이야기를 무척 많이 했거든요. 저도 전라북도지만 전혀 내용을 몰랐거든요. 사진 보니까 이거 장난이 아닌 거예요. 남의 얘기가 아니지 않냐, 그때부터 저도 남들 돌 던질 때 최소한 돌은 던져야 되는 것 아니냐, 이 생각을 했지요. 저의 개인적 출세는 내가 아무리 노력한다고 해서 되는 게 아니고 주변에서 돕지 않으면 안 된다. 일단 지금은 돌 던지는 세상이다. 나도 돌 던져야 된다는 생각을 하고 같이 했지요. 앞에서 주동하거나 그 정도 배포는 없었지요. 그러나 따라는 갔어요. 그것에 대한 자부심은 있어요.

85년에 제대하고 86년도 3월에 복학했어요. 그때부터 이 사회를 알게 된 거죠. 87년도 이한열이 뭐다, 그 시대에 일어났던 이야기거든요. 대학을 들어가자마자 막무가내로 했던 용기하고는 좀 다르죠. 조금 더 현실적으로 봤어야 되고 그런데 그때 빠질 수가 없었어요. 누군가는 남들이 고통스러울 때 같이 하려는 사람도 있었지요. 그 사람들은 돌을 던졌지요. 도서관 가서 공부 열심히 한 사람들도 많았어요.

서울대에서만 제 기억으로 한 2,000명 정도가 잘렸어요. 물론 저도 짤렸지요. F나 C받고 그때 대부분 학점 미달로 잘린 거예요. '데모 많이 해서 잘렸지' 이런 말을 쉽게 못하잖아요. 둘째 누나 자형이 부산에서 산업쓰레기 치워주는 작업을 했어요. 저 일 좀 시켜 달라 해서 다시 대학 가려고 낮에는 쓰레기 치우고 밤에는 부산 서면에 있는 영어 학원을 다녔어요. 대학 갈려고 막상 공부를 해보니까 서울대를 2번 갈 자신이 없는 거예요. 서면 로타리 쪽이 굉장히 추억이 많았죠. 속으로 참 울기도 많이 울었던 것 같아요.

87년도 하반기가 복학하라 해서 조심스럽게 활동했죠. 농화학과에서만 활동하는 언더 서클로 양지회를 만들었죠. 당시에 우리가 공산주의에 대해서 알겠습니까? 농민들이 힘들어 하고 학교는 가고 싶었는데 못 갔던 사람, 서울로 올라와서 야학 했던 학생들 많잖아요. 우리가 명색이 서울대 마크를 달고 다니는데 사람들 돕는 게 뭐가 이렇게 잘못 됐냐는 거지요.

뜨거움이 멱살 잡고 흔들던 80년대

　86년도 5월 20일 문익환 목사님이 서울대 강의를 하게 됐어요. 우리는 아크로폴리스에 기다리고 있는데 경찰들이 전부 다 우리를 에워쌌죠. 그때 몇 십 미터 정도 떨어졌나? 학생회관 4층에서 학생 한 명이 분신자살을 했어요. 불덩어리가 떨어졌는데 꼼짝을 못하는 거예요. 전혀 예상하지 못한 일이 일어나니까 사람이 당황스럽잖아요. 몇 초 사이에 뒤에서 누군가가 옷을 벗으면서 '새끼들아, 지금 사람이 떨어졌는데 불 안 끄고 뭐하냐!' 했어요. 서울대 원예학과 83학번 이동수 씨였어요. 제가 그 몇 초 늦은 것이 늘 죄책감이 있어요. 항상 괴로웠습니다. 우리가 장례를 치를 테니까 학교에 버스를 20대를 내라 그랬는데 학교에서 못 내주겠다 해서 우리가 학생 본관에 있는 유리창을 다 깼다는 거 아닙니까? 결국은 버스를 내줬죠.
　저희 아버지 과감한 사람이에요. 1989년 임수경 방북사건이 알려졌을 때 고향에 갔어요. 아버지가 '너는 방학이라고 그러더만. 왜 내려왔냐?' 그래요. '방학이라 아버지 일 좀 도와드릴까 싶어서 내려 왔죠' 그랬더니 인상이 확 바뀌는 거예요. '야, 한심하다. 남들은 사회를 어떻게 바꿔보자고 데모하고 감방 가는 거 두려워하지 않는데 내 자식은 시골에 농사 도우러 오고…' 자조 섞인 얘기를 하는 거예요. 제가 다음날 서울 올라갔죠. '이 세상은 어수선한데 혼자 공부한들 어디다 써 먹을 건데?' 라는 물음에 답을 좀 얻었던 것 같아요. 개인 출세보다 같이 살자는 생각을 하면서 지금까지 지내는 것이 아닐까 싶어요.
　장항으로 놀러 같이 갔던 친구가 좀 슬픈 인생 마감을 했지요. 나는 그 친구가 굉장히 그립기도 하거니와 안타까워요. 친구 아버지 패밀리들이 다 변호사였어요. 그 집이 장계에서 씨앗 장사를 하는데, 대리점 아무나 못 하잖아요. 친구가 전교에서 5등 안에 들고 공부를 잘했죠. 저는 아버지한테 공부하라는 프레셔_{압력}를 한 번도 받아본 적 없어요. 친구는 그때 괴로움을 느끼고 있었던 거예요. 저는 서울대를 가고 친구는 한국외국어대학교를 들어갔죠. 친구 학교에 놀러 갔는데 자기 아버지를 마주쳤는데 친구 얼굴이 허얘진 거예요. 친구 집안이 변호사, 교장 이런데 저랑 비교되니까 아버지가 얼마나 화가 났겠어요. 친구가 결국은 스트레스로 정신병에 걸려서 죽었습니다. 아직도 시골에 가서도 씨앗을 사러 그 집을 갈 수가 없어요. 그때만 해도 서울대, 연대, 고대 아니면 대학으로 취급도 안 하는 분위기였다니까요. 참 웃긴 거죠.

10년만 살고 오겠습니다

금호 타이어를 12년 정도 다녔어요. 국방부를 담당하면서 군수부 상대했죠. 우리나라 전투기 타이어부터 쌍용, 현대 자동차도 좀 하고 동화건설에서 리비아 배수로 공사할 때 들어가는 타이어 입찰, 납품했어요. 막상 IMF 왔을 때도 전혀 몰랐거든요. 그때까지만 해도 돈 펑펑 썼잖아요. 슬슬 악화되기 시작하는 거죠. 대기업에서는 중국 진출이 붐인기일 땐데 회사에 중국에 보내달라 했는데 안 보내준 거지. 회사에서 진급하고 부장, 이사까지 올라가겠죠. 근데 그 이후에는 안 보였어요. 그 이상은 연줄 아니면 힘들거든요. 2003년 무렵 그때 호주 이민 생각 생각하게 된 거죠.

제가 결혼을 91년도에 했거든요. 결혼을 하고 나니까 인생이 제 마음대로 안 되잖아요. 부인은 대학 4학년 때 후배가 소개해줬어요. 65년생, 최혜자입니다. 오리지날 경남 진주시 사봉면 사람이에요. 장인어른은 LG를 만들 때 초창기 멤버였던 것 같아요. 처갓집하고 LG쪽하고 인맥이 깊더라고요. 항상 죄스러운데 어머니가 이민에 엄청 반대를 했죠. 해외에 산다는 거 자체를 이해 못하고 있었죠. 제가 집안 대소사를 맡고 있는데 어떤 일이 벌어지면 중추적인 역할을 할 수밖에 없잖아요. 저희 어머니한테 '10년만 살고 오겠다' 거짓말을 했죠. 그런데 거의 20년 가까이 있지 않습니까. 이제 와 줄 때가 되지 않았느냐고 그래요. 와이프랑 처갓집은 이민을 찬성했어요. 이민 영어 시험 한번 보고 운 좋게 돼서 영주권 쉽게 받아서 왔죠.

비행기 타고 올 때 심정이 참 묘합니다. 내가 꼭 조국을 배반하고 온 사람들처럼 갈등이 많습니다. 나 하나 혼자 잘 살겠다고 비행기 타고 떠나는 놈인가 아니면 옛날에 미국에 이민 사회가 시작될 때 한국에서 비즈니스 하다가 빚 떼먹고 도망가고 이런 사례가 분명히 있었잖아요. 누가 뭐 저보고 애국자니까 애국을 해라는 그런 소리 안 했지만 우리가 내면에 숨기지 못하는 또 한국 사람들만이 갖고 있는 그 뉘앙스라는 게 있거든요. 여기 와서 어떻게 하면 이것을 보상하는 길인가 이 생각을 많이 하게 돼요. 저뿐만 아니고 대부분 그럴 겁니다. 근데 그 실행을 하는데 있어서는 용기가 필요하겠죠.

제가 이민 오니까 2003년에 멜버른에서 봉수호 사건이 일어났습니다. 북한배가 멜번에 왔는데 그 배에 마약이 들어 있었다는 거죠. 갑자기 선원들이 지롱 감옥에 갇혀 있더라고. 공산주의자가 아니고 사람들이 선원들에게 사식을 넣어 주고 있더라고요. 이 사람들 정말 대단한 사람들이다. 한국에서 그랬으면 난리 났을 텐데 역시 해외 이민사회가 재밌다는 생각을 갖고 있었죠. 제가 남들한테 의지하거나 그런 스타일은 아니거든요. 2003년에 와서 에이지드 케어^{요양보호소} 청소를 7개월 했죠. 사람이 죽어가는 것을 제가 몇 번 봤어요. 문을 딱 열면 깔딱깔딱 죽어 가더라고요. 간호사를 막 불렀어. 간호사가 '신경 쓰지마' 그 소리를 하니까 화가 잔뜩 나는 거예요. 안 보는 게 낫겠다 싶어가지고 2006년까지 한 3년 방황을 했죠.

춘제, 'CJ 타일 마스터'

2007년 즈음 한국에서 소금 유통 관련해서 도와 달라고 해서 한국에 갔어요. 소금을 수입, 개방 아이템으로 지정을 해서 중국, 멕시코, 호주 소금이 우리나라에 엄청 유입이 됐죠. 국내 소금 사업은 죽지 않습니까? 수입업자들한테 돈을 톤 당 얼마씩 떼어 가지고 200억을 마련했어요. 우리나라 대한염업조합에 소금 유통을 개선해달라고 했나 봐요. 염전에 있는 사람들하고 대형유통망이 싸우는 게 다반사더라고요. 대구에 있는 분이 소금의 가장 큰 소유주였어요. 목포나 서해안에서 소금 끌어다가 대구에다 쌓아 놓는 거예요. 그쪽에는 평생 소금 잘 안 나니까 꼼짝 마라예요. 매점매석이 가장 하기 좋은 데가 대구라고 저는 그 사람하고 엄청 싸웠어요. 우리나라 소금으로 젓갈을 담으면 불법이에요. 광물로 김치 담그고 김장해 먹으니 말이에요. 세상에 이런 법이 어디 있냐고 그랬어요. 이제 법이 바뀌었습니다. 가족들만 한국에 있으면 제가 죽을 때까지 거기서 싸워서 했겠죠. 어쨌든 제가 다시 포기하고 호주 돌아왔어요.

대학 친구들이랑 유기질 비료 공장을 했던 적이 있어요. 미원 만들 때 박테리아가 아미노산을 만드는데 '대상'이랑 '제일제당'이 돈을 1년에 몇 백억씩 들여서 부산물을 바다에 버리고 있어요. CMS라고 조청처럼 생겼는데 그걸로 유기질 비료를 만들었어요. 소금 그만두고 고민하던 찰나에 한국에서 연락이 온 거예요. 저는 간접적으로 대표이사로 돼 있었어요. 유기질 비료 때문에 빌린 돈을 후임자들이 안 갚아서 집이 가압류가 떨어진 거예요. 정부에 돈을 대출받은 게 있었어요. 회사 입찰만 미뤄 달라고 하고 정부 신용보증기금에 전화를 하고 그랬어요.

한국에서는 제가 실력이 있든 없든 '서울대 마크' 그래도 좀 알아주잖아요. 여기 와서는 인정 안 해주니까 한국에서 의사, 변호사 다 필요 없어요. 타일러가 일당이 좋아요. 2007년에 돈 갚으려고 타일 기술을 배워야 되겠다 해서 시작했죠. 기술을 배울 때는 하루에 기본이 100불에서 120불 했어요. 기술자는 하루에 300불 정도 됐어요. 죽을 둥 살 둥 3~4년 정도 했던 것 같아요. 나중에 독립해서 혼자 할 때는 하루 350불도 벌었어요. 작년까지만 해도 3~4팀이 연결돼 있었어요. 한 팀이 5명도 있고 10명도 있어요. 제 컴퍼니 CJ는 춘제고 'CJ 타일 마스터'고 제가 오더를 따면 작은 거는 제가 하고 큰 일이 있으면 팀원이 많은 곳에 주고 커미션 10~20% 가져오죠. 3년 정도 만에 빚을 다 갚았지요. 2주 반 했는데 우리나라 돈으로 제가 한 600만 원을 벌

었거든요. 남들처럼 넥타이 매고 백날 다녀 봐야 소용 없더라고요. 빚을 갚기 전에는 활동을 많이 못했어요. 남한테 갚아야 될 돈을 못 갚는다는 게 굉장히 컸어요. 한국식으로 해보자. 저한테 일거리 준 사람들 리스트를 뽑아서 포도주를 한 병씩 사서 그 집을 다시 갔어요. 나한테 일거리 줘서 너무 고맙다고 선물을 하니까 이 사람들은 그게 웃긴 거야. 타일러가 일거리 다 받고 난 다음에 포도주를 사와서 주고 가니까 자기 친척들을 다 소개시켜 준거야. 지금 거래처가 굉장히 많아요. 두 가지만 하면 이민 정착하는 거죠. 첫 번째, 타일러가 일당이 괜찮더라. 두 번째, 사람들한테 크리스마스 때, 부활절 포도주가 됐든 카드를 보내든 해라. 지금도 있는지 모르지만 서울대 졸업자 중에 제가 첫 타일러에요. 교회 가면 '서울대까지 나왔는데 타일하고…' 이런 사람들 많았어요. 한국 사람들은 자존심 있어서 타일러가 됐든 뭐가 됐든 쉽게 못 하거든요. 제가 먹을 거 다 먹고 하루에 우리나라 돈으로 6~7만 원씩 벌었어요. 좌우지간 이제 한국 타일러들이 많아졌어요.

한국과는 다른 노가다일

저는 '촌놈으로 태어나서 고맙다'고 정말 감사하게 생각해요. 촌놈으로 태어났기 때문에 남들 의식하지 않고 오자마자 바로 청소를 하잖아요. 호주는 한국처럼 노가다 안하거든요. 굉장히 공무원 같이 재밌어요. 아침에 가면 커피를 딱 마셔요. 2시간 하면 점심을 먹어요. 2시간 후에 집에 갈 준비해요. 보통 3시 반이면 일이 끝나거든요. 일하고 싶다고 저녁 늦게까지 하면 안돼요. 호주 사람들이 Enjoy your life, 너 일을 그렇게 한다고 해서 떼부자 안 된다고 그 말에 제가 자극을 받았죠. 어떤 중국 아주머니가 커피 한잔 타 주면서 타일 배운 지 얼마 됐냐고 해서 제가 6개월 배우고 독립한 지 3주 됐다니까 제가 하는 행동 보면 타일하고 안 맞다고 자기 사무실로 오라는 거예요. 보통은 1년에서 1년 반 정도 한 사이클 돌고 독립하거든요. 이런 이야기를 듣고 얼마나 감사합니까. 그 아주머니가 알고 보니 영어 교수였어요. 빚을 갚아야 하니까 감사하지만 나는 멈출 수가 없었어요.

주류가 되기 위한 준비

멜버른 사회가 다른 이민 사회랑 차이는 첫 번째는 일단 사람들이 점 잖다는 거예요. 멜버른이 교육 도시라고 그러잖아요. 웨스턴 사람들 중에 인텔리 층들이 많이 사는 것 같고 우격다짐으로 문제를 해결하기 보다는 기다릴 줄 아는 사회인 것 같아요. 굉장히 젠틀하고 조용한 사회인데 가끔 그게 단점으로 작용 할 때가 있어요. 멜번은 거의 한인회장을 안 하려고 해요. 한인회장 할 분 찾기가 쉽지 않더라구요. 잘하면 잘했다, 잘못하면 잘못했다 생각보다 욕을 많이 얻어먹거든요. 처음에는 사람들이 한인회장 한번 해보려고 그런다는 둥, 한글학교 이사장 해보려고 한다는 둥 색안경으로 보고 있었던 거 같아요. 그런 이야기를 피하는 길은 조용히 떠나는 거죠. 저도 떠날 줄

아는데 그러면 안 된다는 거죠. 알고 있는 사람이 다 떠나면 누가 이걸 지키죠? 여기에 몸담은 지 한 10년 이상이 됐죠. 전에는 이민 와서 자식 잘 키우고 그 다음에 한인회가 만들어지면 돈 조금씩 내서 보태 주는 것이 역할이라고 자부했던 시대가 있었죠. 거의 한 20년 정도 진행 중이고 6년 그 정도 됐을 때 이 허름한 한인회관을 샀어요. 교민들이 안전하게 잘 살 수 있으면 좋죠. 두 번째가 우리 목소리도 멀티 컬츄럴^{다문화} 주류에 빨리 정착하는 게 중요하지 않겠습니까? 주류 쪽에 반드시 들어가려면 정치하고 관련돼야 된다는 거죠. 그 전에는 이런 이야기를 하면 사람들이 조금 등한시 했었어요. 최근에 와서는 사람들이 그 부분에 많이 동의하고 있어요. 이민 사회에 적응하는 것만 중요한 게 아니고 우리는 과연 이 사회에서 주류가 될 수 없는지 준비를 해야 된다는 거죠. 우리가 정치에 눈을 뜨지 않으면 절대 개선되지 않아요. 저는 타일 수수료를 집에 가져가 본 적이 없어요. 그 돈으로 한인회 일을 시작한 거예요. 장을 맡아본 적이 없어요. 지금은 많이 믿어 주는 거 같아서 감사드려요. 아직까지 큰 호응은 못 얻고 있지만 확신하고 있거든요. 우리 교민들이 다문화 사회에서 역할을 할 수 있었으면 좋겠습니다.

제2의 인생은 정부에서 주는 기회

아들이 둘입니다. 애들 군대, 대학 문제도 생각하고 갈등을 겪다가 영주권만 갖고 시티즌은 안 갖고 있었죠. 군대 가려면 갈 수 있고 다른 것도 할

수 있으니까요. 영주권을 계속 가지고 있다가 애들하고 집사람은 시티즌으로 바꿨어요. 큰애는 수의사고 둘째는 음악감독이에요. 졸업 작품으로 원주민을 대상으로 다큐멘터리를 만들었어요. 지금도 영화 프로젝트에 음악 파트를 작업하고 있습니다.

정부에서 제2의 인생을 살라고 해서 2주마다 1인당 우리나라 돈으로 한 20만 원에서 25만 원 정도를 24살인가 그때까지 줘요. 1년 연봉이 4만 불 정도로 보고 지원해 주는 것 같아요. 애들 10명이면 풍족해지지 못해서 그렇지 부모들은 일을 안 해도 돼요. 무조건 공짜가 아니고 돈 없으면 안 갚아도 돼요. 돈 벌면 정부가 '내가 세금에서 떼 갈게' 해요. 기회를 준다는 거예요. 고등학생 정도 되면 애들 통장을 만들지 계속 부모 통장에 넣어줄지 정부에서 선택하라고 해요. 우리 애들은 용돈을 주거든요.

와이프는 유아교육을 전공해서 집에서 데이케어^{보육원} 운영을 하고 있어요. 데이케어는 유치원 바로 밑에까지 아이들 보는 거예요. 정원이 55명 정도 돼요. 개인 운영으로는 멜번에서 제일 커요. 여기 들어오려면 1년 정도 대기해야 돼요. 애들도 많고 와이프가 잘하고 있는 것 같아요.

잊을 수 없는 '피시 앤 칩스'의 맛, 어쩌다 이방의 삶

김진석 | 1966년 9월 29일, 경북 군위군 우보면 미성동 459번지

부모님은 경북 군위에서 농사를 지었다. 형제들은 초등학교 시절부터 친구들과 어울릴 시간도 없이 가족들과 둘러 앉아 한여름에는 왕골 돗자리를 짰고 겨울에는 베를 짰다. 중학교를 마치고 대구에 있는 고등학교에 진학하게 되면서 누나, 형과 함께 대구 신천동에서 자취를 시작했다.

그는 희망을 품고 간 고등학교에서 공대를 진학하려 했지만 무조건 문과를 권하시던 아버지의 뜻을 따라 영남대학교 무역학과 85학번으로 입학했다. 그는 책으로만 배우는 무역 이론이 도통 이해가 가지 않았지만 대한전선 해외영업부에 입사하며 실무에서 이론 하나씩을 깨우쳐가기 시작했다. 영어를 잘하겠다는 목적 하나로 수강료가 월급의 반이었던 어학원에 다니며 '영어 사람'이 되려고 노력했다. 회사에서 능력을 인정받아 1995년 첫 해외 출장으로 시드니 울릉공에 오게 되었고 처음 먹어본 피시 앤 칩스는 그에게 호주에 대한 좋은 인상을 남겼다.

그는 아이들에게 좋은 교육 환경을 주고 싶어 이민을 생각했고 그가 이민을 간다고 했을 때 어머니는 아들이 '영어사람이 되어 돌아온다'며 그에게 따뜻한 격려를 보냈다. 2004년 한국에서 하던 전선을 아이템 삼아 거래처 하나 없이 호주에서 케이블 사업을 시작했다. 호주에서 출장을 다니며 봐뒀던 잠정적인 고객들을 대상으로 영업을 시작했고 3개월 만에 도매업의 생리를 깨우쳤다. 그는 초인적인 힘으로 100~200kg이나 되는 케이블을 혼자 자르고 물량을 맞추기 위해 닥치는 대로 했다. 그는 호주에서 그를 믿어준 거래처 사람들 덕분에 어느덧 직원을 고용할 만큼 성장해있었다. 호주에서 나를 믿어줄 '오직 한 사람만 찾자'는 신념이 통했다.

대학 졸업 때까지 짰던 왕골 돗자리

저는 김진석입니다. 1966년, 군위 우보면 미성동 459번지에서 태어났습니다. 시골이 다 비슷하지만 부유하지는 않았고 아버지는 순수 농사만 지으셨어요. 당시 많이 못 배우신 분들이니까 공부를 열심히 하라는 그런 말씀을 많이 하셨어요. 엄마는 특별히 저희들한테 공부해라 말씀은 안 하셨고 들과 밭에서 일을 열심히 하셨어요. 4남매인데 두 살, 두 살 터울로 누님, 형님, 저, 남동생이 있습니다. 아버지 말씀을 많이 따르려고 노력했고 형제들이 채려 놓은 밥 정도는 챙겨 먹고 그러면서 자랐습니다. 동네에서도 형제 사이에 우애가 있었다고 했어요. 누나는 공부를 많이 해서 중학교 마치고 대구로 나갔어요. 특히 어릴 적에는 친구들하고 동네에서 뭐 놀이란 게 없죠. 숨바꼭질하고 딱지치기라 그러나요. 여름에는 잔디 씨 훑기 했죠. 동네 앞에 좋은 냇가가 있어서 스케이트 만들어서 타고, 매일 거기서 놀았죠.

여름에는 주로 산에 소 먹이러 다녔고 부모님을 도와서 왕골 돗자리 만드는 걸 많이 해서 그 기억이 많아요. 왕골 돗자리가 가정을 꾸려나가는데 상당히 도움이 됐고 왕골 때문에 저희가 대학을 다닐 수 있었던 거 같아요. 마을에서 저희가 왕골을 최고로 많이 하니까 여름에 놀 수가 없는 거예요. 할머니, 할아버지, 어머니, 아버지 낮잠 자고 3~4시 되면 힘들어요. 생 왕골 채취를 하러 가는 거예요. 그러면 단이 이만큼이거든요. 초등학교 때만 해도 졸리잖아요. 밤에 그걸 다 씻어가지고 두 사람이 한 조가 되는 거예요. 잘라요. 그럼 저쪽에서 받아줘야 되는데 받는 사람이 졸리니까 조는 거예요. 여름 아침에 해가 좋으니까 말려서 다음 날 아침까지 마무리 지어야 돼요. 이걸 한 2주 해요. 방학 다 가버려. 그게 최고 아쉽고 못 노는 거야. 겨울은 그나마 좀 나았어요. 베 짜는 거야. 왕골은 대학 졸업할 때까지 했던 거 같아요.

친구 자전거를 타고 다녔던 중학교 시절

우보초등학교 다닐 때, 되게 내성적이었어요. 반에서도 학급 활동이나 이런 거 하면은 전혀 나서지 못했어요. 공부는 아주 톱^{최상위권}은 아니었지만 상위는 하고 있었고 덩치가 그렇게 크지는 않으니까 눈에 잘 안 띄었던 거 같아요. 당시에 집이 학교까지 편도 한 4km 정도 됐었어요. 항상 돌아올 적에 봄에 아지랑이라는 것이 기억에 나요. 학교 마치고 집에 돌아오는 길이 너무 힘들었고 배가 고팠던 기억이 많은 거 같아요.

우보중학교 갔는데 중학교는 이제 분위기란 게 있잖아요. 무조건 자전거를 타고 다녀야 해요. 자전거도 많지 않았고 형이 타고 다니면 저는 타고 갈 게 없었어요. 저는 친구 자전거를 타고 갔던 기억이 있어요. 중학교라는 데가 주로 마을 단위로 친구들이 많이 생기잖아요. 마을 세력이 많이 좌우를 해요. 그게 성격을 많이 바꿔 줬던 거 같아요. 미성동 세력이 좀 괜찮았죠. 동네도 컸고 그러니까 자신감이 많이 있죠. 친구들하고 노는 데서도 다른 동네 친구들보다는 더 조종력도 있고 우애 이런 거도 더 많았던 거 같아요. 애향단이라고 동네에 반장이 있고 쭉 모여서 다녔고 일요일 아침인가 새마을 청소도 많이 했던 기억이 나요.

대구 신천동 유학생활

중3 마치고 '무조건 도시로 나가자' 대구로 고등학교 가는 게 최고 목적이었고, 꿈이 뭐냐는 토론을 할 경우에 한 번도 제대로 꿈에 대한 발표를 못 했던 거 같아요. 다행히 중학교에서 친하게 지냈던 네 명이 연합고사 쳐서 같은 대구고등학교를 갔고 마음에 안정이 됐던 거 같아요. 고등학교 1학년 때 동구 신천동에서 방 한 칸에 누나, 형, 저 세 명이 자취를 했죠. 저희 형제들이 다 아버지를 존경했어요. 누나 때만 하더라도 다 중학교 마치고 공장 갈 그런 분위기였거든요. 그 형편으로는 사실 학교를 못 보내요.

고등학교 처음 가서 시험 치니까 성적이 안 좋았어요, 실망을 많이 했죠. 1학년 마칠 때는 초기보다 많이 향상돼서 자신감이 되게 좋았죠. 2학년 가서 저 나름대로는 한다고 했는데 그게 안 되는 거예요. 한 중간 정도 했었어요. 고등학교 2~3학년 때 시골에서 자라니까 과외라는 거를 몰랐고 경쟁이라 던지 내 미래에 대한 계획이나 설계가 안 서 있었어요. 중학교 때 대구상고나 국비로 철도고등학교를 가려고 했어요. 형이 중앙상고를 졸업하고 대학을 못 갔어요. 아버지가 공대도 못 가게 하시고 무조건 문과를 가라고 하더라고요. 아마 부모님은 저를 대학 한번 보내려는 마음도 있었던 거 같아요.

영남대학교 85학번으로 무역학과를 갔죠. 저랑 무역과가 조금 맞았던 거 같아요. 강의는 신용장이 뭔지 해외거래가 뭔지 외워서 시험치고 했지. 솔직히 이해는 안 갔었어요. 대부분 대구 친구들인데 부모님들이 주로 직장생활을 하거나 사업을 하거나 그런 분들이니까 경제적으로 보면 좀 차이가 있더라고요. 제가 친구들하고 친하게 지냈지만 식권 문제 때문에 점심 때가 힘들었어요. 저는 도시락을 싸 갔었어요. 다 식권 들고 줄 서서 도시락 싸 오는 문화는 아니었거든요. 얼마 했는지는 기억도 안 나요. 돈이 없으니까 제대로 사 먹어 보지 못했어요. 1년은 신천동에 있어서 누나가 직장생활하면서 뒷바라지를 해줬고 이후에는 할머니가 올라오셔서 경산에서 뒷바라지 해줬어요.

새벽밥 먹고 다닌 민병철 어학원

92년 2월달에 대학 졸업하고 서울에 '대한전선'에서 회사 생활이 시작됐죠. 해외영업부에 아무도 없어요. 책 펴서 제 스스로 배워나갔죠. 회사생활 되게 열심히 했었어요. 국내, 해외 영업 다 관련하는 총괄 영업부장님이 계셨어요. 제가 잘 못 하더라도 항상 특히 해외 영업에 대해서는 저를 많이 믿어주셨어요. 강의를 들었을 때 도대체 무슨 말인지 모르는 것들이 실무를 통해서 직접 은행 나가서 물어보고 LG종합상사, 현대 종합상사, 삼성물산, 쌍용 그런 종합상사들 관련자들 하고 업무를 해 나가면서 무역 실무를 다 깨우쳤죠. 회사 입장에서는 부서가 이제 돌아가게 된 거죠. 제가 할 수 있겠구나 하면서 자신감을 많이 얻었어요.

당시 분위기가 해외 직수출, 신용장 자체도 위험했었어요. 좋은 거래처가 있다고 해도 대금회수방법에서 커트가 많이 됐어요. 특히 전선회사는 거의 로컬 수출이었어요. 한국 종합상사를 통해서 로컬 신용장을 받아서 해외로 간접수출을 하게 되었죠. 첫 직거래처가 호주였어요. 당시 호주에 어떤 분들이 계셨는데 사장님, 전무님 통하고 윗분들이 서로 연결이 된 거죠. 서로 연락해 보라고 해서 시작이 됐던 거죠. 젊은 교포 분들이었는데 무역 쪽으로 시작하면서 저희 회사에서 많이 도와줬죠. 직교역이 있었지만 저희 회사에서 외상 물건을 많이 해 주는 형태를 취했죠. 파워 케이블을 주로 600볼트 급을 많이 수출 했었어요. 1992년에 회사 사무실이 송파에 있었는데 아내가 싸 준 새벽밥 먹고 민병철 어학원에 다니면서 마치면 출근하고 그랬어요. 월급이 60만 원인데 수강료가 30만 원이었어요. 해외 영업을 맡고 있었으니까 영어는 좀 해야 된다는 강박관념이 있어서 계속 학원을 다녔어요.

울릉공의 피시 앤 칩스

95년도에 첫 해외출장을 호주로 오게 되었어요. 호주 오니까 너무 파란 거예요. 공항 착륙하기 전에 땅들이 대충 보이는데 지붕들이 너무 예뻤고 나무들이 사방에 푸르고 끝없는 농장들을 보면서 많이 놀랐죠. 그때에 제 마음이 호주를 오게 됐던 시발점이었던 거 같아요. 그때 시드니로 갔어요. 여기는 왼쪽에서 운전하니까 그것도 신기하고 로타리도 너무 신기했어요. 호주 거래처 부장이 호주분인데 시드니 근처 울릉공이라는 도시에 같이 갔어요. 기분이 좋은 상태에서 피시 앤 칩스를 사줬어요. 처음에는 뭔지 몰랐어요.

먹어보니까 너무 맛있는 거예요. 제 인생에서 호주라 하면 저는 피시 앤 칩스 그거밖에 생각이 안나요.

　　호주에서 영어를 할 수 있다는 자신감이 있었어요. 당시는 호주 도착하면 내가 영어를 한마디라도 더 해야 되겠다는 목적의식에 많이 사로잡혀 있었죠. 짧은 영어지만 계속 물었던 거 같아요. 2000년 초만 해도 종합상사 직원들이 장기 출장 간다니까 가면은 '무조건 영어 학원 다녀라', '무조건 골프 배워라' 그랬어요. 영어 학원을 다니면서 이민자니까 영어를 어떻게 해야 하는지 더 잘 알 거 아니에요. 사람들이 무조건 외워라 하더라고요. 2000년 즈음 출장으로 최장 3개월 동안 시드니에 있었던 것 같아요. 호주생활을 좀 알게 됐죠. 그때는 차도 몰 수 있었어요. 자신감이 있죠. 호주 왔다갔다하면서 붙잡고 늘어졌죠. 한인이 최고 많이 사는 스트라스필드에서 하숙 생활을 했는데 그때도 한국분이 운영하는 영어 학원이 있었어요. 파견 나가 있었으니까 낮엔 열심히 일하고 오로지 밤에는 있는 돈 투자해서 영어 학원 다녔죠.

'영어사람'이 되어 돌아온다

　　호주로 오게 된 목적은 '영어를 해결해야 되겠다. 자식들한테는 좋은 걸 해줘야 되겠다' 두 가지였어요. 당시에 호주가 한국보다 교육이 앞서 있다는 것을 알았어요. 출장 갔다 와서 집사람한테 이야기 하니까 좋게 받아들였죠. 바로 같이 갈 마음은 안 하고 있었고 내가 '먼저 호주를 가서 기반을 닦아야 되겠다' 그런 말을 했죠. 2003년부터 부모님한테는 호주에 갈 수도 있다는 이야기를 했던 거 같아요. 부모님들은 지금 연세로 보면 젊죠. 아버지는 깨어 있는 분이라서 호주라 카면 선진국이란 걸 다 알고 계셨어요. 저희 부모님들이 자식들이 뭐 하겠다는 부분에 대해서 걱정이랑 '가지 마라'고는 안 하셨던 거 같아요. 아버지가 '나는 아들 하나 잃은 걸로 그렇게 생각할게' 하셨

지만 저는 비관적으로 받아들이지 않았어요. 자식이 가서 못 돌아오는 것도 아니고 '아버지, 제가 다시 돌아 올게요' 라는 마음을 가지고 있었죠. 그리고 엄마가 긍정적인 말씀을 해주셨어요. 엄마가 마을분한테 듣고 저한테 '저 집 둘째 아들이랑 자식들은 영어 사람이 되어 돌아온단다. 저 집에 영어박사 나온다' 그런 말씀을 하셨어요. 당시 시골분들이 뭐 배운 게 있겠습니까? 저한테는 너무 희망적인 말이었어요.

호주달러 150불짜리 첫 오다

어떻게 하다 보니 떨어진 데가 2004년도에 글렌 와벌리에요. 스스로 준비되었다고 생각했는데 도착하니까 갈피를 못 잡겠더라고요. 아는 분이 저를 잘 봐줘서 호주까지 같이 와주셨어요. '춘하추동'이라는 한국식당이 있었습니다. 같이 온 사장님하고 둘이서 소주를 한 병 시켰어요. 그분은 내일 모래 한국으로 돌아오면 끝이고 저는 남아야 되니까 나중에 말씀을 하시는데 참 너무 안타까워서 발길이 안 떨어졌다고 그러더라고요. 마침 그 날이 추석이었어요. 좀 더 처량했죠. 호텔 2박 3일 생활이 끝나고 그 사장님은 한국으로 돌아가셨어요. 저 혼자 남았잖아요. 비행기에서 같이 오던 분이었는데 내가 호주 간다 하니까 갈 데 없으면 자기 집 클레이턴에 오라고 하더라고요. 호텔 생활은 불안정해서 전화를 드리니까 오라고 해서 들어가니까 괜찮았어요.

저는 같이 온 사장님 회사 소속으로 호주에 오게 된 거죠. 거의 1년 반 정도를 제 나름대로는 호주에서 경험했던 거를 다 해서 사업계획을 세워 왔었죠. 국제면허증을 가져와서 중고차를 하나 샀죠. 수년간 제가 해외 영업을 했고 홀세일도매업체이런 데를 다 찾아다녀봤기 때문에 호주에 케이블이 뭐가 필요하다는 정도는 알고 있었어요. 1995년부터 2003년까지 제가 맺어왔던 호주에서의 관계들, 잠정적인 고객들을 상대로 영업이 시작된 거죠. 거래처가 있었던 것도 아니에요. 마음은 쉽지 않겠구나라는 생각은 했었죠. 글렌 와

벌리에 1인 사무실에 전화 하나, 팩스는 공용으로 해서 영업을 했죠. 39살에 왔는데 젊잖아요. 내가 거래처를 발굴할 수 있으면 도와줄 분이 있겠다 그 믿음을 가지고 했던 거죠.

한 3개월 영업하니까 대충 도매업이라는 생리를 알게 되었어요. 한국에서 물건 대 주겠다 하는 분도 없고 아무것도 없었죠. 제가 제안하는 이런 아이템 전선들을 '네가 필요하니까 사주면 내가 물건을 가져올 수 있다'고 설득을 했어요. 그런 관계에서 최초 업체가 호주달러로 150불 정도에 오다를 줬어요. 호주에 있는 전선회사를 통해서 현찰 주고 사와서 거기에 마진을 제가 몇 프로 남겨서 납품했어요. 그러니까 이제 자신감이 생기는 거예요.

최초의 웨어하우스 동업

호주 사람들이 싫다 소리는 안 하고 오케이 해요. 근데 다음 일이 안 생겨요. 덩치도 이렇고 나이는 저랑 비슷했는데 이름이 네빌이에요. 그 사람은 도매업을 통해서 사게 되면 자기가 비싸게 주고 사 온다는 신념이 있었고 저는 한국에서 직접 물건을 가져올 수 있다니까 서로 맞았던 거죠. 제가 설령 150불, 200불, 300불 오다를 받는다 해도 비즈니스가 발전이 되는 상황은 아니니까요. 그분이랑 한국에서 도와준 사장님도 없었으면 힘들었을 거예요. 저는 해외영업만 했던 사람이기 때문에 물건을 자르거나 배달하는 걸 해보지를 못했어요. 2005년도 초에 물건 들어오자마자 네빌이 오다를 주기 시작하는데 감당을 못했어요. 납품을 해야 되겠다는 이 목적 하나 이걸로 하니까 안 되는 게 없더라고요. 홀세일 업체^{도매업체}가 저를 믿고 웨어 하우스^{창고}를 같이 사용하자고 했어요. 이 친구는 웨어하우스가 크고 케이블이 필요하고 나는 기계도 인력도 없고 할 줄도 모르지만 물건을 가져 오겠다 했어요. 그때 또 배운 거예요. 닥치면 한다고 하잖아요. 말로 영업만 했던 사람인데 납품해야 되니까 하루 만에 일을 다 배웠어요. 그분이 저한테 물건을 사 주면은 인보이스^{송장}를 발행하고 계속 납품을 했죠. 혼자 하기는 오다 케이블이 무겁고 너무 힘든 사업이에요. 권취기^{전선감는 기계}도 사용할 줄도 몰랐어요. 욕심에 운송회사도 안 쓰고 제가 다 배달 다녔어요.

멜버른에 쇼핑센터들을 엄청 지을 때였어요. 다행히 그 업체가 멜버른에서 세 손가락 안에 드는 큰 공사업체였어요. 이분들이 가지고 있는 공사들이 너무 많은 거예요. 저 혼자 그거를 100% 다 납품했어요. 초인적인 힘이었어요. 전날 아침에 오다가 들어오면 그 다음날 아침에 다 잘라 가지고 많이 실으면 30컷, 50컷 무게는 100kg, 200kg 여사예요. 어디서 그렇게 힘이 나왔는지는 모르겠어요. 서울 사장님이 믿어준 것과 호주분의 주문, 내가 이 공사 지연 안 시켜야 되겠다는 것 3가지로 1년 동안 초인적인 힘으로 혼자 다 했어요. 6개월쯤하고 너무 잘되고 크니까 저를 시기해서 창고 같이 쓰자고 했던 분이 자기 창고니까 나가라고 하는 거예요. 5시에 창고 문 닫으면 자기 창고니까 저한테 키를 안 줬어요. 영업 해놨던 분들 중에 '필요하면 내 웨어하우스^{창고} 들어와서 넌 파워 케이블하고 나는 통신 케이블하고 같이하자'고 했어요. 제가 파트 타이머 한 분 썼어요. 전 오다 받고 배달 다니고 그분은 무조건 자르는 거 하고 맞아 들어가는 거죠.

워킹비자와 시민권

부인이랑 초등학교, 중학교 동창이에요. 시골에서 만나서 계속 교제를 했죠. 2005년 중반 이후부터는 벌써 회사가 안정이 되었으니까 말에 가족들을 데려와야 되겠다. 신분 문제라는 게 최고 중요하거든요. 제 사업 쪽으로는 너무 자신감 있고 한국 교민들 부러울 거 없었는데 그때는 워킹 비자밖에 안 되는 거예요. '시민권 있냐?', '없다' 당당했지만 속으로는 아쉬운 게 있었어요. 어학원 다니고 했는데 설마 아이엘츠^{비자인정 영어시험} 영어시험을 못하겠느냐? 했어요. 사업으로 바쁜데 시내학원을 속성으로 3개월 다녔어요. 2006년도 6월쯤 시험 쳤는데 한 과목이 떨어진 거예요. 이거 장난이 아니구나. 가족들이 온다는 계획이 서 있으니까 나는 마음이 급해지잖아요. 시험 떨어지면 몇 개월 기다려야 해서 타스마니아까지 가서 시험 쳤어요.

제가 가족들 데리고 와야 되니까 한국에 갔어요. 2006년 10월 30일에 가족들이 같이 호주로 출국을 해요. 근데 가족들 한국여권이 이제 만기가 된 거예요. 새로운 여권을 신청한 상태였는데, 옛날 여권에 워킹비자 라벨 찍혀있는 걸 버린 거야. 출국 날 공항 가니까 가족은 출국이 안 되는 거야. 참 어렵게 왔어요. 공항 직원 한 분이 우리 사정을 듣더니 이민성에 전화해서 설명하고 이민성에서 오케이 해줘서 들어온 거죠. 안 그랬으면 저만 들어왔어야 했어요. 막내는 한국에서 학교를 다닌 적이 없고 둘째는 초등학교 1학년을 몇 개월 안 다녔거든요. 부인은 한국에서 직장을 계속 다녔는데, 부인은 5년 있다 한국 갔죠. 그때 애들을 1년 동안 제가 데리고 있었거든요. 너무 힘드니까 애들을 다시 한국에 보냈어요. 애들이 굉장히 힘들었죠. 큰애는 중학교 2학년을 가야 됐고 막내는 초등학교 6학년을 가야 했었잖아요. 제가 6시에 출근을 하니까 초등학생 애들이 일어나서 샌드위치에 잼 발라서 도시락을 싸갔어요.

'가진 것 하나 없어서' 더 자신 있는 해외 영업

한국은 내가 태어나고 내 부모, 형제들이 사는 나라고 좋은 이미지를 많이 가졌었어요. 최근에 환경적인 부분, 교육적인 부분, 빈부격차, 노력에 비해서 결과가 없을 수 있다는 부분에 안타깝게 생각합니다. 호주에 가족들을 데려온 게 최고의 결정이었어요. 호주에 나를 믿어주는 사람이 있다 오로지 한 사람을 찾자, 내가 노력을 하면은 될 수 있다는 자신감이 있었어요. 저 가진 거 하나 없었잖아요. 내성적인 성격이라서 한국영업 스타일이 아니지만 해외 영업은 자신 있었어요. 한국분들이 자신감을 느꼈으면 좋겠어요.

　　특히 교육은 한국이 100년을 따라가도 못 따라간다고 감히 말씀을 드려요. 수험생들이 학교 공부를 통해서 노력하면 좋은 대학을 가고 좋은 직장을 가질 수 있는 확률이 한국에 비해서 월등히 높다는 것, 교민 자녀들 열이면 여덟, 아홉은 다 좋은 직장에 다녀요. 애들이 한국에 2년 정도 들어가 있었어요. 둘째가 고등학교를 가야 될 상황이었는데 한국에서 고등학교 가면 힘들잖아요. 교육방송으로 공부했는데 고려대를 가고 싶어 했어요. 막내는 굉장히 개성이 강한 애거든요. 자기가 어떻게 해서든지 시험 봐서 좋은 점수를 받는 건 알겠대요. 근데 한국 공부가 지식을 얻는 건 아니라는 거예요. 한국하고 호주랑 너무 다르다고 막내는 호주에 돌아오겠다고 하더라고요. 둘째는 한국에 있고 싶은 마음도 있는데 막내를 위해서 자기가 보호자로 와야 되는 상황이니까 그래서 돌아왔어요.

세상의 모든 악기 '스카이 뮤직'

이동호 | 1958년 8월 17일, 중국 요령성 개원시
(조부 | 경북 영일군 기계면, 현. 경북 포항시)

그는 중국 요령성 개원에서 태어났다. 그의 할아버지와 아버지는 경북 영일군(현, 경북 포항시) 출신으로 일제 강점기 시절 '입에 풀칠 할 것이 없어' 중국으로 떠났다. 그는 마을 신문에도 실릴 만한 수재 집안의 8남매 중 여섯째로 태어났다. 한해 대학에 5명씩 합격할 정도로 '머리가 좋은' 집안이었고 형제들 모두 대학을 나왔다. 중국의 문화대혁명이 일어났을 때 그의 아버지는 반혁명분자로 몰렸지만 그와 형제들은 무사히 학교를 마칠 수 있었다. 그는 조선족 사범학원과 북경 중앙민족대학을 다니며 피리와 손풍금아코디언을 배웠다. 그는 두 악기를 시작으로 클라리넷, 색소폰, 키보드까지 악기 하나를 배우면 두 개, 세 개까지 척척 해냈다.

그가 호주에서 정착하게 된 것은 멜번대학교의 장학생이던 형의 초청 덕분이었다. 학생이던 형과 달리 그는 바로 생업에 뛰어들어야 했고 캔을 자르는 공장에서 밤 12시부터 아침 8시까지 일했다. 돈을 모으겠다는 일념 하나로 야간근무를 자처하며 한때는 퇴근해서 아침밥을 먹고 다른 공장에 가서 오후 4시 반까지 일했다. 못 자고 못 먹었던 생활에 그의 피부는 어느새 바싹 말라버린 나무껍질 같았다. 그의 발이 되어주던 자동차가 고장나면서 지금의 부인을 만났다. 듬직한 그의 모습에 장인어른은 대학생이던 어린 딸을 그에게 맡겼다.

모은 돈으로 작은 악기점을 열었지만 가게에는 좀처럼 손님이 없었다. 일본에 있는 동생에게 중고 피아노 붐이라는 소식을 듣고 가져온 중고 피아노는 불티나게 팔리기 시작했다. 그는 시드니까지 사업 규모를 확대해 나갔고 시드니에 2개, 멜번에 2개 총 4개의 악기점을 차렸다. 호주에서 가장 큰 악기점인 '스카이 뮤직'을 운영하고 있다. 그의 장사수완을 보여 주듯 스카이 뮤직은 22년간 매출부분에서 하향곡선을 그린 적이 단 한 번도 없다. 8남매 중 유일하게 사업을 한다는 그는 아버지를 닮아 영민한 두 자녀에게 서서히 일을 물려줄 계획을 가지고 있다.

경상도 말, 북쪽 말, 함경도 말

저는 동녘 동, 호월 호를 쓰는 이동호입니다. 1958년 8월 17일에 중국 요녕 개원에서 태어났습니다. 상공회 회장하고는 동갑이고 안 지는 오래지요. '동호야, 좀 도와주라'해서 3년 전부터 상공회 들어갔지요. 상공회는 장학금 활동, 골프 시합, 비즈니스 렉처^{사업운영강의}도 해요. 식당, 마켓 하는 분들이 많이 들어와 있지요. 제가 부회장 하지만 활동 잘 못해요. 사회 관심이 없다는 게 아니라 여기 아직 할 일이 너무 많아요. 할아버지는 경북 영일군 기계면에서 태어난 독자라요. 아버지, 어머니도 한국에서 태어났어요. 우리 할머니, 할아버지가 일제 때 밥 못 묵고 하니까 애들 데리고 요녕으로 정착했지요. 국민학교 1학년 때 문화혁명이 일어났어. 문화혁명 때 아버지가 반혁명 분자 사람으로 당했어요. 누님이 세 분이고 형님이 둘이고 동생이 둘이 농촌에 8남매로 살았어. 농사꾼 밥도 먹기 힘들지, 집은 엄청나게 고난했어. 그때 중국 공산당은 소학은 무료로 학교 다 보내요.

심양 들어가면 북쪽 말하고 사투리가 많이 엉터리지요. 작을 때는 완전 경상도 사투리에다가 19살에 집을 떠나서 연길시 가무단에 가서 함경도 말 거기서 조금 했뿌고 여기 와서는 와이프가 서울이잖아. 나는 동도 아니고 서도 아니고 북도 남도 아닌 지금 무슨 말을 하는지 몰라. 사투리 난장 돼 부렀어. 저들이 보통 가정이 아니라요. 요녕에 가 물으면 자랑은 조선족 중에 머리 좋다고 그랬어. 88년도 우리 성 신문에 한 해에 한 집안에 다섯 대학 슥 나왔거든. 우리 누님은 애 둘 낳고 대학을 갔어. 우리 8남매 다 했어요. 큰 누님이 요녕성 조선족사범학교 부총장까지 했어. 셋째 누님도 요녕대에서 교수를 했어요. 형님은 멜번 대학에서 박사를 했고 동생은 일본 동경대학 박사가 하나 있어요. 부모가 애들 머리를 좋게 만들어 준거죠. 우리집에서 장사는 없어요. 제가 어떻게 장사 들어갔지. 공부는 저가 못하고 장사 잘 돈 잘 벌이잖아.

'태생이 있어야 되는' 작곡

73년도에 저가 다닌 계원 조선족 고등학교는 조선족 최고 학교로 우리 계원에 있었어. 심양도 없었어. 요녕성 조선족들이 심양서 다 계원에 왔어요. 계원에 부는 악기들, 금관 악기, 현악기, 피아노 쫙 다 있고 거기 뭐가 많았어. 그때 악기 많이 물어보고 쳐보고 그랬지. 가무단에 손풍금아코디언으로 갔어. 등소평이 능력 있으면 대학가라 했잖아. 그래서 간 거지. 피리 조금 하니까 음악 선생님이 '괜찮네, 와서 이거 해봐라' 해서 손풍금 했지요. 손풍금하면 피아노가 또 쉽잖아. 키보드도 쉽고 클라리넷, 색소폰도 불고, 하나 알면 하 두개는 인자 들어가요. 학교에서 춤추고 많이 했지요. 작곡은 태생이 있어야 돼요. 이론은 다 배우지요. 그런다고 작곡가 되는 거 아니라요. 민족대학 같은 데는 2년에 한 번 모집해. 작곡반 주동자 하나도 나온 거 없어요. 거의 다 작곡가는 아니야. 안 배운 사람 잘하는 사람 많애. 지식 있으면 큰 교향악 이런 거도 뭘 있게 하지 모르는 분들은 짤막한 노래 사기로 나오지. 크게 만

들라 하면 힘들어요. 고전음악은 그래도 규칙이 있어요. 그대로 가야 사람들이 '너는 했다' 하지. 현대음악은 거짓말 아니라 음악을 몰라요. 음악은 피아노도 소리 다 달라. 뭐가 좋은 거라요. 사람 얼굴만 귀마다 달라요. 78년 요녕성 조선족 사범학원을 나왔어요. 거기서 2년 음악을 했어요. 사범학원 졸업하고 영구시 조선족 문화관에 갔어요. 85년도에 북경민족대학에서 작곡 전공을 했어요. 중국에서도 음악, 한국도 같아요. 전통음악 기초 암기부터 화성 배우는 건 한국도 같아요.

노예 생활 같았던 10년 공장일

형님이 85년도 멜번 박사 장학금으로 왔어요. 형이 혼자면 외로우니까 동생하나 델꼬 오자 해서 저를 초청해서 오게 됐지요. 저가 88년 1월에 와서 돈도 없고 공장 일 하면서 완 베드룸 플랫^{침대 하나짜리 아파트} 렌트해 살았지요. 맥주 캔 자르고 코팅하는 공장에 밤 12시부터 아침 8시까지 일했어요. 밤일 하니까 월급이 높았어요. 다른 거에 비해서 야간 근무 하니까 한 300% 더 줬어요. 어떨 때는 일 두 개를 뛰었지요. 밤 12시부터 아침 8시까지 하고 나오면 밥 묵고 아침에 다른 공장가서 오후 4시 반까지 했지요. 코팅 일도 하고, 또 한 군데는 여자들 추미를 만드는 공장 큰 다리미 기계 있는 데라요. 두 공장 뛴 거는 한 반 년 하고 너무 힘들어서 그만뒀어. 그 때 피부가 나무껍질 같았어. 공장 일 10년 노예 생활 했어요.

와이프가 저보다 엄청 어려요. 인연이라요. 그 부분도 참 스토리가 희한해. 장인이 빵 공장을 하나 했어. 차일건 씨라고 언어학원에서 공부하면서 빵공장에 일 갔어. 형님이 '아이고 동호야 여기는 중국 아니다. 차 없으면 못 산다' 해서 똥차라도 하나쓱 해야 일을 하니까 1,000불짜리 똥차를 하나 했어요. 일주일 만인가 4월에 차를 쳤어. 돈 절약할라고 형님 소개로 우리 장인님이 집에서 차 수리를 똑똑히 해. 전문 기술자는 안 돼. 차 수리 하다 보니까 와이프를 알게 됐어요. 제가 결혼할 때 중국 여자 찾았어요. 저가 중국말, 한국말 하니까 사회 번식을 했어. 그때 우리 장인 장모님 저를 잘 봤겠지. 처도 아무 것도 모르고 애니까 장인, 장모님이 저를 좋다 그랬어. 90년도 초창기에 결혼해서 영주권이라도 먼저 따라고 해서 영주권부터 땄어요.

원 도어(one door)로 시작한 첫 악기점

결혼하고 애도 있고 와이프는 대학 다녔어요. 나는 가정을 먹이고 살려야지. 일은 하기 싫지. 생각하다 보니까 아이고 까짓거 굶어 죽고 안 죽고 악기점 해보자 했지요. 공장 끝나면 작은 가게 와서 나는 잠깐 자고 와이프가 가게 좀 보고 했지요. 시장에서 한 1년 하니까 돈이 도는 것 같더라고요. 그래서 공장을 그만뒀지. 피아노 공장이라고 동북에서 제일 커요. 거기 아니까 저가 호주 돈 1만 불 모아서 공장에 갔죠. 그때 피아노 15개, 기타 한 20개, 바이올린 한 20개 데리고 왔어. 그러고 가게 하나를 렌트해서 시작했어요. 그런

데 안 돼. 한 반 년 하니까 엄청나게 힘들더라고요. 동생이 일본에 있잖아. 일본에 한번 와 보라길래 일본이 지금 중고 피아노가 잘 나간대. 일본 가니까 동생이 콘테이나 하나 돈 대주더라. 와서 풀리게 돼서 시작됐어.

실상 원 도어로 시작을 했어요. 97년도 1호점 블래크번에 100㎡ 되는데 '더 피아노 앤드 뮤지크 쟌슨' 이라고 이름이 너무 길어서 '스카이 뮤직'이라고 간단하게 만들었지. 리처먼드에서 요만한 가게 렌트해서 시작해서 조금 작아서 옆집에 또 들어가고 옆집에서 또 작아서 300㎡ 또 이사해서 600㎡ 들어갔어요. 2000년 미국 전시회 가니까 일본에서 장사하라고 도와주겠다 했어요. 와이프가 싫다 해서 미국 안 들어가고 시드니로 진출하자해서 2001년쯤 시드니로 갔어요. 3년 만에 시드니 2개, 멜번 2개 가게를 4개까지 했어요. 힘들어서 상상도 안 돼. 시간 절약한다고 직장 오후 5시 끝나면 저녁 먹고 12~13시간 차를 몰고 다녔어. 혼자 밤중에 다녔는데 그땐 무서버요. 아침 7시 되면 시드니 도착하지. 멜번에서 시드니가 차로 운전해서 거의 1,000km를 왔다갔다 100번은 했을 거예요. 시드니에서 하다가 접고 멜버른 한 군데만 했어요. 제가 8년간 가게를 4개 했는데 시간 안배했어.

연주하고 수리하고 청소하는, 악기 전문가

　음악 가게라는 게 실상 다른 아가 가지고 있으니까 안되고, 자기가 악기를 알아야 돼요. 음악 장사라는 게 호주는 동양 나라하고 달라. 한국에서 다른 사람 맡기는 거 프랜차이즈 그래 안 돼요. 악기점은 스페셜라이즈^{전문지식}가 있어야 하니까 총괄 해보면 시드니 8~9년 허비한 시간이야. 한 군데서 쭉 하면 엄청나게 발전했을 건데, 괜히 욕심 부려서 왔다갔다 반년 시드니 반년 멜번 있다 보니까 나이도 점점 되고, '아이고 접자, 접자' 해서 접어왔어요.

　옮기다 지금 가게가 나왔더라고요. 현재 가게는 새 가게고 2013년에 왔지. 1층이 1,000㎡이고 2층까지 하면 현재 2,500㎡은 되죠. 한 가게가 수익이 엄청나게들 올라가고 있어. 저가 지금 장사한 지 22년째인데 경제가 어떻든 지금까지 수익이 절대 내려간 적이 없어요. 지금도 오르고 있어. 멜버른 인구가 500만도 안돼요. 피아노는 23년 잘 했고 이름도 있어. 기타도 거의 최고로 만들어 놨어. 더 늘릴라면 좌우로 들어가야지요. 드럼, 색스^{색소폰}, 브라스^{금관악기}, 동관악기, 우드, 현악기로 분야를 넓혀야지. 저들 그러니 지금 먹고 살지.

　장사 하는 건 중국도 많이 변했어요. 사람들이 우리 형제 간도 같애. 지금 너무 돈,돈 하고 또 돈이 그 세상을 만드니까요. 저도 애들 지금 장사부터 시키잖아. 기반은 이미 닦아 놨으니까 우리 아들도 지금 모나시 대학 나왔는데 아빠가 이까지 해 줬는데 좋잖아. 돈 벌리고 사장님 소리 듣고요. 미국에서 여자 총재가 넉 달 전에 왔는데 호주도 이런 가게 있냐고 입을 쫙 벌리더라고. 저도 정말 세계 유명한 기타 다 있어요. 저는 종합 악기장이라요. 아세아 사람들은 피아노, 피아노 하잖아. 실상 저들이 더 센 거는 기타라요. 지금 호주 사람 인원수 비해서는 너무 많이 갖다 놨어. 인구 비례에 대해서는 수입은 안 돼. 그런데 내가 거까지 벌리 놨어. 큰 게 작은 거 먹어요. 꼭 1등 해야 돼요. 미국이 중국 때리잖아요. 1등 할라고 22년간 열심히 다녔고 엄청나게 노력했지. 저가 일하면 굉장히 자신감이 있어요. 악기에 대해가 내보다 아는 사람 별로 없다. 악기는 저가 정말 전문가라요. 그거 때문에 저가 감히 하는 거지. 이 가게는 솔직히 규모 다 들어가면 세계에서 꽃피울 수 있어. 이 많은 악기 저가 불고 수리하고 치우고 다 해요.

30년 살면서도 만나면 기쁜 조선족 동포

큰누님은 심양, 큰 형님, 둘째는 철령, 셋째누님은 심양, 둘째 형님은 호주 영주권자고 지금 상해에 있고, 남동생은 일본 동경, 막내는 또 심양에 있어요. 한국 가보니까 한국 조선족 60살 넘어가니까 도로 가더라고. 나이 들면 다 가야돼요. 한국은 나이가 되면 일을 못해서 그래요. 꼭 일을 해야지 먹고 살잖아. 우리 형님들도 일 안하는데도 다 잘 먹고 살아. 중국 참 희한한 나라야. 돈이 어데서 나는지 몰라. 중국에서 자리가 있는 사람은 거의 다 중국 안 갔어요. 중국 조선족이 실상 10~20년 잘 살았어요. 안에는 엄청나게 직장도 없어. 나이 드니까 일 안하면 돌아가야지. 조선족 한국 가서 조금 난장 치지요. 사회 성격이 대국하고 또 달라요. 대국에 살던 사람 통 커요. 저하고 생각하는 게 많이 달라. 나쁜 게 아니라요. 우리 다 같은 조선인들 북한도 욕하면 안 돼.

저는 인자는 못 돌아가지요. 하메 습관 됐다 안 해요. 놀러 왔다 갔다 하면 되지. 반평생 넘게 호주 있었는데 이제 거기 살라 하면 못 살아요. 생활 습성이든가 보는 거 눈에 안 찬 게 많지. 저가 30년 살았는데 조선족 한 놈 만난 게 엄청나게 기뻐요. 거의 없어요. 88년도 그럴 때 중국 엄청나게 곤난했잖아. 중국이 돈 있고 강대해 졌으니까 저는 누구도 원망 안 하고 욕 안 해요.

최고 행복은 '내새끼'

열심히 사니까 복이 오네요. 애들이 정말 순진하고 착하게 잘 자라니까 최고 행복한 거 내 새끼지요. 저는 솔직히 하루도 안 쉬죠. 돈이 하늘에서 떨어지는 것 아니라요. 이 나이에도 엄청나게 일해요. 피아노랑 컨테이너 내리고 다 해요. 그런 일 내가 다 하고 아들 노동을 안 시켜요. 사무실에 난 테이블도 없고 아무 것도 없어요. 내가 못하는 컴퓨터 아들이 잘하니까 그거 해야지요. 아들 저것도 어리 보여도 대학 졸업하고 함 결혼했어요. 어떨 때는 아침 5시, 6시에 오픈해요. 아들이 이 일 좋아하고 잘해. 열심히 해요.

8불짜리 청소일로부터 일궈낸 '캥거루 블록'

안형배 | 1960년 11월 8일, 경북 영주시 풍기읍
(부친 | 경북 의성군 다인면 서릉리)

학창 시절 개구쟁이였던 그는 경북 의성에서 교편을 잡으시던 아버지에게 엄한 교육을 받고 자랐다. 무서운 아버지와 반대로 약포를 운영하시던 어머니는 자식사랑이 남달랐다. 고등학교 시절 공고에 가고 싶었으나 부모님의 반대로 인문계 고등학교에 진학했다. 그는 대학 시절 독일에 있던 누나와 매형이 해외로 나가보는 것을 권했다. 3학년 때부터 경북대학교 근처 삼육어학원을 다니며 그곳에서 만난 선교사 브라이언은 호주에 대해 많은 이야기를 해주었다. 1989년에 결혼 후 부부는 호주로 건너왔다.

학생비자를 받고 온 그는 파트타임으로 아내는 풀타임으로 청소 일부터 시작했다. 루마니아인이 사장인 청소 하청업체는 부부에게 총 6층짜리 건물을 3시간 만에 끝내라는 불합리한 계약조건을 제시했다. 부부는 일을 받지 못할까봐 어떠한 말도 하지 못한 채 3시간 만에 청소를 끝냈다. 청소가 끝나는 저녁이면 홀몸이 아닌 아내와 그는 동네를 돌며 전단지를 뿌렸다. 호주 정부는 천안문사태가 발생하면서 중국 유학생뿐만 아니라 아시아계 학생들을 난민으로 받아주었고, 학생 신분이었던 그 역시 영주권을 얻어 호주에 남아 있을 수 있었다.

한국에서 그를 지원해주던 부모님이 병환으로 쓰러지면서 경제적 지원이 끊겼고 가이드부터 시공 견적을 내는 일을 하면서 생계를 유지해나갔다. 한 교민이 흔쾌히 돈을 빌려주었고 1997년 설비 기계를 구입하여 '캥거루 블록'이라는 간판을 내걸고 마루시공을 하고 있다. 대장암과 뇌졸중 2번의 위기를 겪으며 신이 항상 자신을 케어해 준다는 그는 비영리 기구인 별빛재단의 회장을 맡으며 북한 나선에 보육원을 짓는 일도 했다.

'빨리 어른이 되고 싶었던' 학창 시절

저는 안형배, 1960년 풍기에서 태어났습니다. 우리 아버지는 1927년생 안병귀입니다. 의성에 있는 학교에서 교편을 27년 정도 잡으셨고, 제가 학교 다닐 땐 교장으로 계셨지요. 말이 없으시고 일본 교육을 받으셔 놓으니까 굉장히 엄격하시죠. 대화가 겁이 나죠. 어머니는 여순분, 1934년생이세요. 자상하시고 자식을 위할 때는 뭐든지 다하지요. 내가 뭐 갖고 싶으면 얘기하면 다 해줘요. 대신에 욕심이 많으셔가지고 우리가 잘못하는 거를 보면 안 돼. 모친은 서울약포를 하셨지. 5남매고, 제일 큰형은 52년생 일찍 돌아가셨고, 둘째 형 56년생, 누나는 58년생이고 여동생 66년생이죠.

다인국민학교를 5학년까지 다니다가 대구 명덕국민학교를 1년 다녔죠. 공부도 잘하고 학교에서 항상 1등 했어요. 학교에서 전교회장도 했지요. 굉장히 액티비티 활발하고 운동도 잘하고 나서는 것도 좋아하고 개구쟁이였지요. 73년 중학교부터는 대구에 나와 있었고 공부 잘 안했지요. 1, 2학년 때까지도 공부를 잘 했어요. 머리를 믿었지. 영남중학교에서 야구부도 해보고 공부 쪽 말고 반대쪽 많이 했었어요. 놀러 다니는 거 좋아하고 공부를 해야 되나 라는 생각도 하고 검정고시를 치려고 학교 안 나가고 그랬어요. 학교 다니는 거를 무의미하게 생각했어요. 어릴 때 규제 받는 게 싫어서 빨리 어른 되고 싶은 마음이 많았어요. 연합고사 2회 시절에 연합고사 점수가 그냥 그래서 뺑뺑이 돌려가 신천변에 오성고등학교 갔죠. 손으로 만드는 걸 좋아해가 대구공고에 자동차 학과를 가고 싶어 했는데 부모님이 대학 가서 자동차학과를 가라 그랬어요. 고등학교 다닐 때도 공부는 잘 안했어요. 술, 담배하고 남산여고 학생들 꼬시고 그랬죠. 남산여고는 바로 옆에 담 사이에 있거든요. 수업시간에 다른 학교 애들을 거울로 비춰요. 그럼 '누가 그랬노?' 그러면서 그 학교 선생님이 찾아와요. 밤 10시까지 자율학습을 하면서 집에 못 가게 해서 담 넘어 많이 도망 다녔지요. 수성극장 쪽 뒤로 담배 한번 꾸기고 영남당구장에 당구나 치러 다니고, 농띠 많이 쳤어요.

삼육어학원의 브라이언

85학번으로 대구대 영문과를 가게 됩니다. 친조카가 컴퓨터 공부를 한 번 해보라 그러더라고요. 4년제 같으면 정보처리기사 1급을 칠 수 있어요. 졸업하던 해에 포트란, 코볼 같은 컴퓨터 공부 더 하려고 했죠. 저희 누나랑 자형하고 독일에 있었는데 제가 이제 공부를 안 하니까 유학 나오는 게 나을 거라고 권유를 많이 했죠. 일단은 싸니깐 3학년 후반부터 경북대 앞에 삼육학원을 나갔어요. 10명이 시작하면은 등수를 매겨요. 1등은 수강료를 안 내고 줄을 안 서요. 그 다음 학기에 하려면 돈을 내고도 새벽 2시부터 줄을 서요. 가르치시는 분들이 전부 외국인이에요. 거기에 선교사 브라이언이 호주 사람이 있었는데 나보고 자꾸 호주를 권유했어요.

부인은 박향란 88년에 소개팅으로 만나서 89년에 결혼했어요. 저 먼저 멜버른에 왔죠. 호주를 선택하게 된 건 미국하고 비교해서 파트타임이 20시간 일할 수 있다는 거 였어요. 멜번 RMIT대학 어드미션^{입학}은 88년에 받고 오퍼^{승인}는 89년도에 나왔죠. 부인이 따라 나올라고 관광 비자를 신청했는데 리젝트^{거부}당했어요. 한국이 올림픽도 했지만 당시에 호주인들이 한국등급을 굉장히 낮게 놨어요. 개인 관광은 여행사를 끼는 게 아니면 들어올 때 재산이 얼마라든지 부모가 호주에 없으면 못 들어왔어요.

시간당 8불짜리 건물 청소일

저는 학교 다니면서 파트타임 배우자는 풀타임 일이 되더라고. 유학생이 할 수 있는 거는 청소뿐이에요. 청소를 하러 들어가려면 누구 한 사람이 빠지면 내가 들어갈 수 있을 정도로 진짜 힘들었어요. 줄을 세워 놓는 거예요. 콘트랙^{계약}이 바로 되는 게 아니고 한 사람이 받아가지고 서브^{하청} 하니까 시간당 8불도 채 안됐을 거예요. 생활비 때문에 하려고 했지요. 처음에 콘트

랙 했던 게 루마니아인 캐시라고 하는데 그분은 5시간 받고 저희한테 3시간으로 주는 거예요. 청소할 곳이 텍세이션 오피스^{세무서}인데 5층 건물을 지하까지 6층짜리를 정말 정신없이 청소 일을 해야 되는 거예요. 저 학교 수업 마치고 오면은 집사람이랑 5시 반에 만나요. 딱 3시간 걸려요. 청소 끝나고 나면 여름이 아니라도 온몸이 땀이에요.

　ATO^{세무서}에서 저희 일하는 데 조사를 나오게 된 거죠. 신발비, 교통비 같은 로즈^{임금}를 주게 돼 있어요. 저희한테 그걸 안줬어요. 세무직원이 휴일 엑스트라 받았는지 저녁에 일을 하니까 야간 수당 받았냐고 묻는 거예요. 그때 호주 여자도 청소를 같이 했었어요. 그 여자는 못 받았다고 이야기하고 이제까지 밀렸던 것들 적게 받았던 것들 불합리 했던 것들 다 받았어요. 우리는 그 얘기를 못하는 거예요. 꼬질렀다가 내일부터 일하지 말라고 하면 어떻게 할 수가 없잖아요. 우리는 말도 못하고 일을 더 준다 그래서 불합리를 많이 참고 했죠. 청소하면서 자존심 상할 때가 많아요. 콘트랙터^{계약자}가 책상을 휴지로 쭉 닦고 우리 얼굴에 먼지 보인다고 그랬어요. 그분들도 이민자잖아요. 우리한테 'What happened? You wanna money Yes or No?' 돈을 원하면 하라는 거예요. 그런 때는 많이 서글프지요. 한국 같으면 신고라도 넣었지. 어떨 땐 내 여기 뭐하러 왔나 싶은 생각이 많이 들죠. 청소 경험이 있으니까 93년에 윌리암 앵글리스 병설유치원에 정식 청소 스탭으로 가게 된 거예요. 아침 5시 반부터 일을 시작해요. 청소를 3시간 주는데 우리 1시간 하면 끝나요. 2시간 동안은 공부도 좀 더하고 학교에 들어오는 신문 보고는 가는 거예요. 서브 콘트랙^{하청}하고 바로 들어가는 거 하고 다르더라고요. 그때는 정말 좋았죠.

한국 스타일, 전단지 홍보

　한국말로 찌라시^{전단지} 돌린다 그러죠? 저희들은 여기 와가지고 직업을 창조했어요. 만드는 게 아니라 외국인들이 하는 거를 받아 오는 거지요.

큰애를 93년도 2월 달에 낳았는데 애를 업고 트롤리^유모차에 전단지 넣고 작은애는 94년생인데 배에 매어가지고 다녔어요. 슈퍼마켓이든지 어느 회사에서 세일을 하게 되면 그때 맞춰서 돌려 줘야 돼요. 아파트 만나면 전단지 한 번에 다 꽂으면 되니까 훨씬 쉬운 거죠. 돌리다 보면 밤이니까 개가 짖고 고양이가 벌떡 나와서 깜짝 놀란 때도 있고, 한 번씩 도와주긴 했는데 우리 집 사람이 많이 고생을 했죠.

818폼 첫 케이스

제가 대학원 과정이었는데 한 5년 다니고 95년에 졸업했죠. 휴학하면 돌아가라 그래요. 그만큼 까다로워. 1년 학비가 1만 5천 불. 1년 학비가 끝날 때까지 학교에서 학비를 안 받아요. 계속 그걸로 가는 거예요. 그때 천안문 사건이 있었어요. 중국 사람들이 호주 정부에 중국 학생들을 난민으로 받아 줘야 된다는 문제가 있었어요. 또 중국 사람만 있었던 것 아니다. 다른 나라 학생들도 있었다, 다른 아시아계 학생들도 받아 줘야 된다 해서 이민 카테고리가 816폼이었는데 818폼이 된 거예요. 호주에 먼저 왔던 사람들은 호주에 유학생으로 못 남게 했어요. 또 호주에서 장학금 받으면 안돼요. 자기나라에서 대학 이상 공부하고 여기서 대학원 이상을 했었어야 됐었어요. 조건이 까다로웠어요. 유학생으로 818폼을 받은 건 우리가 첫 케이슨데 영주권을 받게 되었으니까 호주에 남게 된 거죠.

'뭐든지 다 잘하는 한국인 부부'의 캥거루 블록

96년도에 그때 처갓집이 한국에서 사업을 했는데 부도가 났죠. 그리고 모친이 혈압으로 쓰러지셔서 코마^혼수상태였어요. 한국에서 서포트^지원를 못 받게 되었죠. 저희들이 굉장히 힘이 들었죠. 유학생 때 청소하고 전단지 돌리고 이럴 땐데 애들하고 집사람은 한국가고 나는 공부는 하고 있지만 공부를 해야 되나 말아야 되나 했죠. 그래서 관광 가이드도 했죠. 근데 지속적인 직업이 아니지 않습니까? 제가 영어도 되고 컴퓨터를 만지고 했었으니까 마루 시공하는 한국분한테서 코테이션^{견적} 파트타임 일을 해줬어요. 제가 견적서를 다 만들어준 거죠. 모토로라 냉장고 폰 들고 다니면서 일을 따면 그분이 저한테 10% 커미션을 주는 거예요. 그때 일에 대해 알게 됐죠. 멜버른에서는 한국인이 이 일을 시작하는 분들이 세 가정도 안됐어요. 일 주는 분이 저한테 커미션 주는 게 아까우니까 시드니에 있는 아들을 부르시더라고요. 저는 그만두게 됐죠. 유학생 애기 엄마가 저희한테 기계 살 돈을 빌려줘서 1997년에 '캥거루 블록'으로 마루 시공 일을 시작하게 된 거죠. 우리 같으면 건축주가 하는 거 있지 않습니까? 목수 공부를 한 1년 하고 제가 현장 일을 하게 됐어요. 캥거루 블록 이라고 집에 마루 시공하는 일을 해요. 많을 때는 3~4팀 데리고 있었어요. 정말 정신없이 일을 했었어요. 뒤돌아볼 그런 거 어디 있습니까?

멜번은 남반구의 런던

2012년에 아버지 장례식 때문에 한국에 갔는데, 형이 너 얼굴이 별로 안 좋은 것 같다 해서 조직 검사를 하니까 대장암이래요. 4년 전에는 스트록뇌졸중이 왔어요. 사는 게 믿음 얘기 같지만 항상 하느님이 나를 이렇게 항상 케어해 주시는 것 같아요. 교회에서 북한 나선에 보육원을 설립했어요. 지금도 별빛재단이라고 NGO 단체에 회장을 하고 있어요. 하느님이 저를 여러 번 살게 해 주시니까 베푸는 마음으로 살고 있어요. 멜번은 남반구의 런던이라 그럽니다. 멜번은 날씨가 우중충해요. 한국 시골에 집을 두고 한국이 추울 때는 여기로 오고 반반 살려고 그러고 있습니다.

봉사의 정신으로 함께 하는 멜번한인회

호주 빅토리아주 한인회 회장권한대행 황규옥 | 1940년 11월19일, 서울특별시 종로구 내자동 185번지

빅토리아주 한인회의 기본 철학은 '이름이나 명예를 떠나, 봉사의 정신으로 한인회를 이끌어 간다'는 것이다. 현재 한인회는 회장이 없는 상태로 전 회장을 맡은 경험이 있는 그가 회장권한을 수행하고 있다. 1973년도에 멜번으로 이민 온 그는 멜번에 당당한 교민사회를 이루고자 다섯 가정을 모아 코리안 뮤츄얼 클럽을 만들기도 했다. 한 가정 당 500불씩 3년을 모았고 그 돈으로 교민들을 초청해 한국의 밤 행사를 열었다.

그는 2001년 2월 27일을 현재 한인회관의 전신이 되는 멜번 이스트에 있던 한인회관을 1차로 계약한 역사적인 날로 꼽는다. 오클리에 자리한 한인회관은 융자를 받아 운영 중이다. 한인회는 건물 세금 문제 등으로 빚이 생기기도 했다. 한인회는 교민들의 믿음과 기대를 얻었던 이전의 한인회로 돌아가고자 노력하고 있으며 경제적 자립을 위해 모금운동을 펼치고 있는 상황이다. 부회장을 맡고 있는 조춘제 씨는 그 노력의 일환으로 평화의소녀상 건립위원회를 구심점으로 교민 3,000여명을 모아 한인회관 한 편에 평화의 소녀상을 세우기 위해 경기도 화성시와 협력하고 있다.

서강대 2회 졸업생

저는 누를 황, 홀 규, 구슬 옥 황규옥입니다. 피난을 나가서 당진 중학교 1학년을 댕기고 다시 서울로 와서 휘문고등학교를 졸업하구요. 아버님이 자꾸 서울 사대를 가서 선생을 하라는데 아버지가 교장으로 계시다 보니까 교육자가 너무 가난하더라고. 그래서 '저는 경제 하겠습니다' 하고 담임 선생님이 서울대학보다 서강대학이 굉장히 도전적인 대학교라고 해서 2회로 입학했습니다. 아버님이 '너는 경제학 교수가 되거라' 했습니다. 제대 무렵에 내일모레 귀대 해야 하는데 아버지가 57세에 아침에 쓰러지셔서 돌아가셨어. 수입을 담당했던 분이 돌아가시니까 제가 돈암동에서 아르바이트 해서 학비를 벌어서 서강대를 졸업했고 미국에 유학 가는 꿈이 접어졌어.

월급 다 주니 걱정 말라

미국인 회산데 '페어차일드'라고 일렉트로닉 컴패니^{전기회사}인데 경리부 책임자로 일을 하다가 한 5년 후에 호주 지사로 발령이 났어요. 73년도에 호주로 오게 됐습니다. 올 때 누가 '호주 참 좋은 나란데 이민 신청을 해봐라. 살고 싶으면 살고 다시 한국으로 올 수 있지도 않느냐' 그러더라고. 좋은 기회니까 호주 대사관에 이민 신청을 했어요.

당시에 오스트렐리안 폴리시^{호주정책}가 백인 위주였어요. 노동당에 위틀람 수상이 개혁정치를 부르짖으면서 당선이 된 거야. 호주가 만든 제품이 해외 시장에 경쟁이 되려면 보호관세를 철폐해야 된다 해서 온 지 6개월도 안 됐는데 관세를 철폐한 거야. 미국 본사에서 페어차일드 인 오스트레일리안^{호주지사} 문을 닫으라고 명령이 내려온 겁니다. 어린 두 딸을 데리고 와서 걱정이 심했는데 그때만 하더라도 국가 정책에 의해가지고 회사가 문을 닫을 경우에는 고용원이 새로운 직장을 얻을 때까지 국가에서 임금을 줬습니다. 우리 보스가 나를 불러서 '네가 뉴 잡을 얻을 때까지 국가에서 네 월급을 다 준다.

걱정 말라'고 얘기를 하길래 나는 거짓말인 줄 알았어.

센트럴 링크라고 젊은 사람이 직장을 잃고 구할 때 펜션^{지원금}을 신청하거나 여기에 있는 직장을 가보라고 하는 조직이 있습니다. 거기서 폭스바겐에 가보라고 전화가 오는 거야. 제가 오클리에 살았거든요. 모나시 대학에서 조금만 가면 큰 폭스바겐 공장이 있었습니다. 갔더니 한 2,300여명 종업원이 있었어요. 파사트라고 단대차를 만들었어요. 올림픽 할 때 오디폭스랑 한쪽에서는 닛산 180P를 조립만 해줬어요. 일본에서는 아셈블리^{조립} 값을 받고 볼보도 한쪽 라인 아셈블리조립 해주고요. 금요일에 갔더니 랑게^{Lange} 라고 샤프한 노인넨데 컴패니 세큐리터리^{총무부장}가 시험을 치라 해서 했더니 오늘부터 근무하라고 해요. '네가 폭스바겐 회사의 재무제표를 총책임을 지고 만들어라' 해서 월말이 되면 인보이스^{명세서} 원본을 기준으로 파사트 몇 차 나오고 판매는 얼마고 재무용품이 얼마고 재무제표를 만드는 거야. 월말 일주일 전에 리포트 보고를 해야 돼요. 제가 하면 랑게가 너무 잘했다고 미드 매니저^{과장}로 승급하니까 차를 주더라고. 폭스바겐에 좋은 포지션에 회사에서 대우를 받으니까 그때는 교민들이 부러워 할 정도였어요. 그 이후로 워킹부츠^{작업신발} 만드는 곳에 같이 일을 하자고 그래요. 그곳은 거절하고 수입하는 분이 회사에 경리를 좀 맡아 달라고 해서 10년 동안 책임 경리를 맡았습니다. 지금도 주에 두 번 정도는 나가서 일을 봐 드리고 있습니다.

'교민 회관'을 향한 꿈

제가 젊은 나이에 왔지 않습니까? 당시에 꿈이 있었어요. 먼 땅에 소수민족으로 와서 애들이나 키우고 밥이나 먹고 자식이나 키우는 걸로는 만족하지 않지 않느냐. 우리가 힘을 합쳐서 교민 사회가 호주 사회에 기여할 수 있는 거는 기여도 하고 우리가 우뚝 서서 우리 교민 사회를 좀 강하게 만들어야겠다. 초창기에 우리가 다섯 가정이 모였어요. 다섯 가정이 모여가지고 코리안 에이드 뮤츄얼 클럽을 만들었어요. 83년쯤 한 가정 당 그때 돈으로 500불씩 모았어요. 한 3년이 되니까 꽤 큰돈이 되더라고요. 교민 회관을 하나 만들자 하는 게 꿈이었어요. 한국의 밤을 한 번 하자 해서 초청장을 만들고 오영열 씨라고 태권도 사범을 하는 사람도 코리안 뮤츄얼 클럽의 초기 멤번데 시내에 있는 도장을 한번 쓰자 해서 거기에 우리가 케이터링 서비스_{출장뷔페}를 하고 교민들을 전부 초청했어요. 그때는 멜번에 영사관이 없어서 캔버라 영사관에 한국의 밤을 한번 하고 싶다고 했어요. 멜번 호텔 사장 조지프가 한국을 잘 안다고 해서 국가에서 그분을 명예 영사를 만들었어요. 우리가 케이터링 서비스를 하고 교민들을 다 초청했어요.

역사적인 날 2001년 2월 22일

2000년 6월 30일까지 저희들이 모은 돈이 94,450불 60전을 모았습니다. 2001년 2월 27일 멜번 이스트 아길 스트리트 116번지에 500불 주고 1차 계약을 했습니다. 한인회관의 전신이 되는 참 역사적인 날짜예요. 한인회관 건립을 위해서 막걸리 파티라든가 대사들 골프 때라든가 모금이 근근이 있었죠. 대한민국 정부에다가 우리가 한인회관 설립 자금을 마련하는데 국가에서 좀 보태주십시오 해서 동포재단에 20만 불을 신청을 했더니 US달러 10만 불이 왔어요. 우리 교민한테 호소를 했더니 6만 불이 모였는데 그래

도 15만 불밖에 안 되지 않습니까? 아길 스트리트를 담보로 내셔널 뱅크에서 6만 불을 꾸어서 한인회관을 29만 1,050불에 우리가 샀습니다. 아길 스트리트 한인회관을 조금 사용하다가 렌트^{임대}를 주기 시작해서 내셔널 뱅크에 6만 불 꾼 것을 다 갚았죠. 완전히 우리 재산이 된 거죠. 이 간판을 아길 스트리트에 붙였었거든요. 저희가 아길 스트리트에 있는 한인회관에 10년을 있었고 현재 한인회관의 자리와 맞바꾼 것은 6년 전입니다.

기본철학은 봉사의 정신

이름이나 명예를 떠나 '봉사의 정신으로 한인회를 이끌어야 한다'가 기본 철학입니다. 여기는 '봉사를 하십시오' 그래요. 경쟁의 대상으로 삼는 한인회가 아니고 봉사의 정신이 앞서는 한인회장이었어요. 타 주의 한인회와는 조금 다른 깊은 철학을 가진 건 분명합니다. 엉뚱한 짓을 안 하고 한인회가 걸어온 일은 굉장히 콘소버티브^{보수적}합니다. 멜번 한인회가 획기적인 것은 한인회관을 만들기 위해가지고 물심양면으로 했다는 것이죠. 한인회 회비 속에 한인회관 건립 기금을 넣어야 된다 해서 1년 한인회비 25불 중에 5불은 한인회관 건립기금으로 들어가도록 했어요. 그동안에 많이 수고 해주신 분들이 많구요. 오영열, 김탁웅, 김정신, 배종률 씨도 한인회관을 세우는데 공이 크죠. 조금씩 조금씩 뜻을 모으는 것이 강하게 유지돼 왔어요. 한인회가 힘들다고 했을 때 26명이 거의 10,000불 씩 낸 사건이 있습니다. 한인회를 중심으로 다시 뭉치는 어떤 힘이 일어나야 되겠다는 생각을 하면서 물이야 옥으로 많이 노력을 하고 있구요.

멜번 평화의 소녀상

멜버른 평화의 소녀상 건립위원회를 만들어서 한인회관에 소녀상을 세우자 해서 300명 정도 모였어요. 평화 인권 운동 아니겠습니까? 일본하고의 국제적인 문제 때문에 여기 시장부터 해서 연방 국회의원을 만났어요. 화성시가 필리핀하고 미국을 돕는다는 이야기를 듣고 화성시에 찾아갔어요. 그분들 4명이 여기에 왔어요. 마지막 보루가 한인회관 자리입니다. 1.5m, 2.5m 소녀상을 세우려고 목표하고 있는 거예요. 우리나라 돈으로 한 2,000만 원 정도를 모았어요. 소녀상을 갖다 놓음으로써 한국 사람들이 자부심을 느끼고 다시 한인회를 일으켜 세운다고 봐요. 책 같은 것도 꽂아놓고 커피 한잔 먹으면서 책도 보고 소녀상하고 언제든지 교감할 수 있으면 좋겠습니다. 그렇게 되면 젊은 부부들이 많이 좀 참여하지 않을까 생각을 하고 있습니다. 그래야 교민 사회가 살아나거든요.

3장

군청색 하늘 아래 하루 4계절, 브리즈번&골드코스트

브리즈번, 호주 햇살이 가장 먼저 닿는 도시

'액티브한 것도 있고, 관광객도 있고, 날씨도 좋고, 15분만 나가면 바다'인 브리즈번은 호주에서 세 번째로 큰 도시로 호주 예술의 중심지이기도 하다. 브리즈번 강을 따라 조성된 사우스 뱅크 South Bank는 박물관, 아트센터, 갤러리, 극장 등 예술 공간이 밀집해 있으며, 골드 코스트 해변에서 직접 공수해 온 모래로 만든 인공해변은 세계적으로도 아주 유명하다.

서퍼스 파라다이스 Surfer's Paradise

서퍼들의 천국,
높고 힘찬 파도가 전 세계의 서퍼들을 쉴 새 없이 불러 모은다.
거기다 관능적이고 오묘한 일몰의 풍광은 더없이 후한 보너스이다.

하프 밀리언의 도시, 골드코스트 Gold coast

　현지 교민들은 '놀러 오는 사람 반, 사는 사람 반'으로 항상 들끓는 골드 코스트를 일컬어 '하프 밀리언'이라고도 불렀다. 골드 코스트는 호주 퀸즐랜드주 남동부에 있는 관광도시로 19세기 때부터 브리즈번 상류층 사람들의 휴양지역으로 인기가 많았다. 제2차 세계대전 후 귀환한 병사들의 휴양지로 급부상하면서 활발한 부동산 투자와 급격한 물가상승으로 인해 '골드 코스트'라는 새로운 이름을 얻게 되었으며 1958년 도시로 승격했다.

　'은퇴 후 가장 살고 싶은 곳'으로 손꼽히는 이곳은 세계적인 부호들의 초호화 저택이 밀집해 있는 곳으로도 유명하다. 최상류층 주거지역답게 각각의 주택들은 독립된 워터프론트를 갖고 있으며, 크고 작은 개인 요트들이 즐비하게 들어서 있다.

운명을 바꾸는 반전과 무작정의 힘

송진상 | 1949년 11월 29일, 경북 안동시 대석동 144번지

학교에서 탁구 대표 선수로 활약하던 형들을 따라 자연스럽게 탁구를 배우게 된 그는 중학교 3학년 때 전국체육대회에 출전할 만큼 실력이 좋았다. '탁구가 인생의 전부'이던 시절 담임 선생님의 권유로 공부에 눈을 뜨게 되었고, 선생님의 집에서 먹고 자며 공부한 덕분에 청구대학에 입학할 수 있었다. 토목을 전공한 그는 공사 현장에서 직접 시공을 지휘하기도 했다. 이후 안동공고 교단에 서게 되었고 많은 공무원 제자를 양성했다. 전교조 지회장을 맡게 되면서 재단의 눈 밖에 나게 되었고 교수를 꿈꾸던 앞날이 캄캄해져 갔다. 막다른 골목에 몰린 그는 이민 간 동료 이야기를 듣게 되었고, P와 F 발음도 구분할 줄 모르면서 1990년 가족들의 손을 잡고 무작정 호주행 비행기에 올랐다.

어린 딸은 호주 생활에 빠르게 적응하며 영어를 배워 나갔고 부부의 부족한 영어 실력을 채워 주었다. 딸이 학교에 가고 나면 부부의 짧은 영어로는 비즈니스 계약이 막막했다. 딸이 다니던 학교에서 휴대폰 사용이 금지되어 있지만, 부부의 딱한 사정을 듣고 그의 딸 만큼은 학교에서 휴대폰을 사용을 허락해 주었다. 어린 딸은 '아버지의 전담 통역사'였다. 한국에서 식당을 운영하신 부모님을 보며 곁눈질로 배운 요리들로 호주에서 요식업에 도전하기로 마음먹었다. 부부는 골드코스트에 300석이나 되는 한식당 '신라회관'을 차렸고 아내의 빠른 손놀림과 남편의 훌륭한 사업 수완으로 돈을 끌어 모았다. 힘들게 모은 돈을 혹여 쥐가 가져갈까 비닐에 싸 냉장고에 꽁꽁 얼렸고 브리즈번과 골드코스트를 오가며 한식과 일식을 넘나드는 여러 식당들을 운영했다. 특히 부인이 서울 신세계백화점에서 아이디어를 얻어 가져온 아이템인 '퓨전롤'은 호주인들의 입맛을 사로잡는데 성공했고, 식당은 신라회관에 이어 제2의 전성기를 맞이했다. 부부가 은퇴를 앞두고 운영했던 마지막 식당 '다미'는 저렴하지만 맛있는 곳으로 신문에 실리기도 했다. 식당을 방문했던 손님들은 '숨은 진주'를 발견했다며 칭찬을 아끼지 않았다.

대석동 한 지붕에 3대

저는 1949년에 태어났고 이름은 송진상입니다. 진압할 진, 서로 상을 씁니다. 할아버지가 이름을 지어 주셨는데 진상이라 그러면은 요새 애들하고 같이 어울리지도 못했을 거예요.

저는 대석동에서 할아버지, 할머니 3대가 같이 살았죠. 아버지는 1922년생이시고 트럭 운전을 하셨는데 한 번 집을 나가면 3~4일씩 산에 가서 나무해서 기차역 옆에 실어나르고 하셨죠. 어머니는 권옥분 안동 권씨고 안동 옥야동에서 태어나서 시집을 왔죠. 이모들이 8남매고 이모들과 외할머니, 외할아버지가 저희를 키우고 보호해 줬지요. 구 시장에서 어물 장사 십여 년간 하고 우리 7남매 학교 공부시키느라 고생 많이 했지요. 어물 장사하니까 집 뒤쪽은 전부 방이고 앞에는 시장 물건 쭉 진열해서 파는 거지요.

저는 7남매 중 셋째입니다. 큰형이 45년생 송진형이고 안동시내 복성동 성당에서 사목회장해요. 둘째 형님은 47년생 송진기, 안동에서 고등학교를 나오고 안동시 탁구협회 회장하고 있어요. 내가 셋째고 바로 밑 여동생은 52년생 송명희, 효대 대구가톨릭대학교 미대 나와서 미술 교사를 하다가 은퇴해서 지금 안동에 살아요. 55년생 송진건, 경안고등학교 나오고 서울에 유도대학 졸업하고 대한항공에 사무장으로 있다가 퇴직하고 골드코스트에 내랑 같이 살아요. 밑에 58년생 송진한, 남동생이고 서울에 살고 있어요. 61년생 송정희는 여동생인데 안동대를 나왔어요.

탁구는 인생의 전부

추울 때는 구슬치기, 딱지치기 했어요. 여름에는 낙동강에 가요. 철교 밑에 가서 헤엄치고 얕은 데서 줄낚시, 파리 낚시 해요. 피라미 같은 게 허옇게 팔짝팔짝 뛰면 한쪽에서 쭉 걸어 오고 그랬죠. 국민학교 때 제가 손수건

달아가지고 할머니랑 손잡고 입학했던 기억이 나요. 제가 안동초등학교 졸업했는데 학교가 안동시장 바로 옆이에요. 집이 생선 장사를 했기 때문에 부모님이 노는 날도 없이 365일 일하시고 7남매 키우시니까 우리는 아침에 나가면 놀다가 해가 빠지면 집에 들어왔죠. 어릴 때 코를 질질 흘리고 공부도 옳게 못했죠. 담임 선생님이 '너는 공부 못해서 안동중학교 떨어질 거니까 원서 내지 마라'고 했어요. 원서 썼는데 붙어서 62년쯤 안동중학교를 갔죠.

큰형, 작은형 전부 다 탁구 선수니까 형들 따라가서 탁구 배우고 연습했지요. 중학교 2학년 때부터 탁구 선수가 돼가지고 북부지구인 예천, 문경, 안동, 영주, 의성 근교에 원정을 다니게 됐어요. 3학년 전국 체육대회 갈 때까지는 탁구가 진짜 내 인생이었어요. 방학 때도 학교 안에 기숙사 생활하면서 먹고 자고 했죠. 10월달에 탁구 운동선수 되고 나서는 공부를 소홀히 했지요. 담임 선생님을 잘 만나서 담임 양시혁 선생님이 저한테 전국체전 다녀왔으니까 공부도 하자고 하셔서 제가 영어, 수학도 부족하고 선생님 집에서 학생 3~5명이 먹고 자고 하면서 열심히 공부했죠. 공부에 취미가 생겨서 그때부터 탁구는 딱 끊고 열심히 공부를 하게 되었어요. 박정희 대통령 때 기술 전문 인력을 육성 시킨다고 지역마다 공업고등전문학교를 만들었는데 5년제가 전국에 5개가 있었어요. 저는 기술 쪽으로 가고 싶어서 담임 선생님이 청구대학교 병설 공업고등전문학교를 권유했어요. 원서를 쓰고 시험을 쳤죠. 교무실에 송진상 청구공전 합격이라고 써놨더라고요.

안동공고에서 스카우트 되어서 된 교사

전문학교를 졸업하고 청구공전 토목과를 가서 5년 동안 참말로 열심히 공부했어요. 장학생 2년 하고 졸업할 때 우등상도 받았어요. 1970년에 졸업과 동시에 대구 화성건설 취업을 했습니다. 경산에 150만 평 측량해서 도로, 건물, 상하수도 공사를 맡아서 했어요. 1년 근무하고 군대 갔죠. 나와서

사회생활 욕심이 있잖아요. 기사들은 전부 다 4년제 나오니까 나도 4년제 대학 나오고 싶더라고요. 73년쯤 영남대학교 3학년에 편입시험을 쳐서 토목과에 들어갔어요. 편입하자마자 대구시청 5급[9급] 토목기술직 공채에 합격해서 대명동에서 야간에는 공부하고 낮에는 시청 근무하면서 1년 반을 있었죠. 농업진흥공사[농어촌공사]가 공무원 5급보다 월급이 배는 많더라고요. 75년쯤에 시험 쳐서 농업진흥공사로 옮겼죠. 예천 양수장에 발령 받아서 수로 만들고 논밭에 물 대는 공사 감독으로 1년 정도 했어요.

박정희 대통령이 공업고등학교 육성을 대대적으로 했어요. 동아건설은 동아공고, 현대건설은 현대공고 해서 선생님들을 스카우트해가는 열풍이 불었어요. 공대 나오면 준교사 자격증을 줬어요. 내가 안동 출신이니까 안동공업고등학교에서 선생이 모자라서 '선생 한번 할래?' 그러더라고요. 성적증명서랑 경력 들고 가니까 대번 스카우트 됐고, 안동공업고등학교에서 공무원 특별반을 만들어가지고 공무원 많이 만들었죠. 토목 과장 하면서 전교조 지회장을 했어요. 안동공업고등학교가 사립학교라 재단에 막강한 파워가 있어요. 해직될 뻔했는데 해직은 안됐어요. 1990년에 전문대학이 육성이 돼서 나도 교수돼보려고 준비를 다 해놨죠. 전교조 안했으면 대학교수로 초빙돼가 탄탄대로였겠죠.

P, F 발음도 구분 못하고 온 1년짜리 템프러리[임시] 비자

먼 친척이 처가 쪽으로도 친척이 돼요. 나는 대구시청 근무했었고 부인은 봉화군청에 근무할 땐데 1월 1일에 봉화다방에서 선을 봤지요. 나도 부인이 첫눈에 좋았고 집사람도 제가 싫은 건 아니었고요. 안동 구 시장 옆 다방에서 부인을 만났는데 우리 부모님, 형님, 동생, 친척들이 우리 집사람을 다 보러 왔어요. 동물원에 구경하러 오는 것도 아니고 한 사람 보고 갔다 또 다른 사람 왔다갔다 보러 오고 하니까 부인이 불평을 하더라고. 할아버지가 날을 받아서 74년 4월 1일에 대구에서 결혼했어요.

　　　우리 큰딸 단짝이 호주로 유학 간다니까 자기도 가고 싶다고 조르고 저는 학교 눈 밖에 나니까 이제 이민 가야겠다 하고 선진국에 내 자격증 가지고도 얼마든지 먹고 안 살겠나 해서 기술자격증 몇 개 따 놨어요. 선진국 가서 시야를 한번 넓혀보자. 저는 경북 안동에 수십 년 살았으니까 우물 안 개구리 아닙니까. 진짜 촌놈이죠. 사전 답사 한 번 안하고 90년 11월 당시에 40살쯤 이민을 떠나게 됐지요.

　　　싱가폴 에어라인 타고 2박 3일 경유해가 브리즈번 도착을 했어요. 1년짜리 템프러리^{임시} 비자로 오게 됐어요. 나는 영어 몇십 년 배웠는데 B, V 발음하고 P, F 발음도 구분 못할 때죠. 나는 내대로 했는데 호주 사람은 하나도 못 알아듣지. 1년 동안 놀았어요. 템프러리 비자는 초, 중, 고등학교는 무상교육이고 의료 보험 혜택은 되지만 애들 학교 다녀도 잡비로 용돈, 우유 값도 안 나와요. 가져 온 돈 야곰야곰 다 까먹고 나중에는 더 까먹을 돈이 안 되니까 뭐든지 시작을 해야 되지요.

　　　우리 어른들이 어물 장사를 해서 초가집에서 기와집으로 좀 바꿨죠. 어물 장사 그만두고 다 헐고 안동에서 4층짜리 한식당을 했어요. 식당이 하도 크니까 결혼식, 회갑 파티 하면 제가 불려 가가 전표 받느라고 식당 일을 오매가매 봤어요. 그때 불고기, 냉면 이런 게 전부 식당 장사 정보였지. 취업도 안 되고 비자도 연장해야 되니까 커미션 없이 조그마한 식당 인수를 했어요. 성당도 다니고 봉사활동도 열심히 하고 우리 처지가 좀 그러니까 성당 교우들이 많이 팔아 주더라고요. 거기서부터 일어서기 시작해서 돈을 많이 벌었어요. 1년 정도 브리즈번에서 테이크 어웨이^{포장음식전문} 하면서 돈을 조금씩 모아가면서 한국 관광객을 받게 됐어요. 관광객들이 브리즈번은 거의 이동만 하지 스테이는 골드코스트에서 했어요. 근데 관광단이 밥 먹을 데가 없어 가지고 우리집에 김치찌개, 불고기백반 메뉴를 해 달라고 하더라고요. 알겠다 하고 받았죠. 점심은 15불, 저녁은 25불 해가 수익이 진짜 좋았어요. 브리즈번에서 띄엄띄엄 손님 받느니 골드코스트 가서 큰 식당 하자 했지요.

93년에 골드코스트에 300석 되는 식당을 헐값에 렌트^{임대}했어요. 관광 손님이 하도 많으니까 점심, 저녁에 일반 로컬 손님은 받을 시간이 없었어요. 단체는 전부 예약이 돼 있고, 손님이 몇 분 간격으로 먹고 나가면 치우고 그 다음에 일본 사람들 받고 그랬죠. 가라오케까지 다 해서 관광객이 밥도 먹고 노래도 하고 하루에 150~200명이 오고 시즌 때는 300명도 받았어요. 진짜 돈을 끌었어. 누가 훔쳐 갈까 봐, 쥐가 물어 갈까 봐 어떨 때는 캐시 15만 불 정도를 비닐에 넣고 망치를 묶어서 천장에 올려놨지요. US달러를 큰 얼음냉장고에 감차 놓기도 하고, 신라회관해서 돈 많이 벌었지요.

통역꾼 큰 딸

　　딸이 초등학교 5학년 때 왔는데 영어를 금방 배우더라고요. 호주 사람한테 영주권 받아야 되는데 내가 비즈니스 영어를 옳게 못하니까 큰딸한테 모바일 폰이라는 걸 사 줬어요. 딸하고 변호사가 통화하고 딸이 내한테 통역해 줬어요. 학교 담임 선생님도 딸만큼은 아버지 상황이 이러니까 모바일 폰을 사용하도록 해줬어요. 호주 사람이 나를 시푸드 식당 소속 매니저로 취업 연결을 했어요. 단 조건이 영주권 나올 때 까지 10만 불을 요구하더라고요. 회사 담당자가 한 번씩 출장 올 때마다 모든 경비를 저보고 부담해라고 했어요. '영주권만 나오면 오케이! 네 회사 소속이지만 독립 채산제로 회계는 별도로 하자' 했어요. 자기들은 10만 불 들어오고 얼마나 좋아요. 나는 식당 해 가지고 돈을 끌다시피 했기 때문에 10만 불 아무것도 아니다. 내 예상이 적중했어요. 실적도 좋고 세금도 잘 내니까 97년도에 영주권 신청하니까 되더라고요.

AUSTRALIA

COMMONWEALTH OF AUSTRALIA

Australian Citizenship Act 1948

Certificate of Australian Citizenship

JIN SANG SONG

born on 29th November 1949

having applied for a Certificate of Australian Citizenship, having satisfied the conditions prescribed by the Australian Citizenship Act 1948 for the grant of such a Certificate and having undertaken to fulfil the responsibilities of a citizen.

I, the Minister for Immigration and Multicultural Affairs, grant this Certificate of Australian Citizenship to the abovenamed applicant who is an Australian citizen on and after 9th November 1999.

Issued by the authority of the Minister for Immigration and Multicultural Affairs

MINISTER
FOR IMMIGRATION AND
MULTICULTURAL AFFAIRS

No. 01950300143

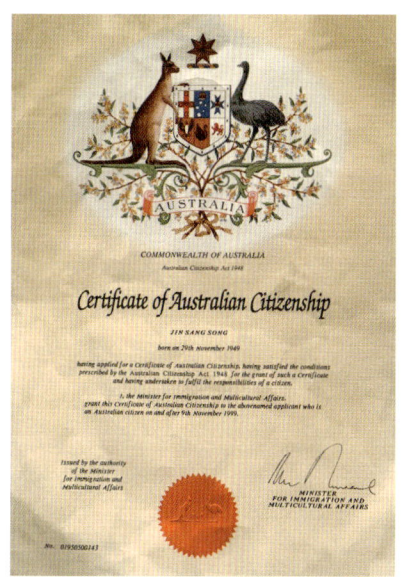

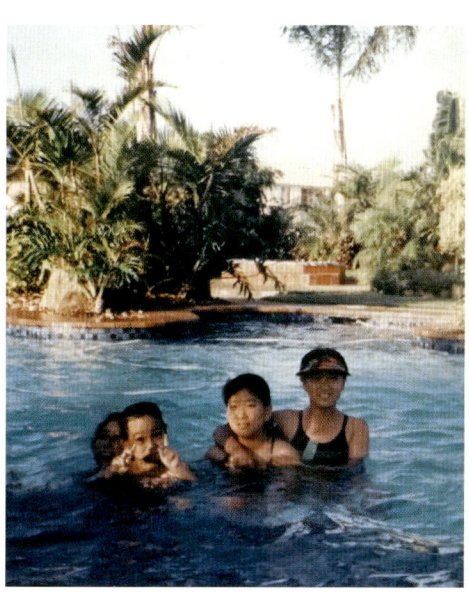

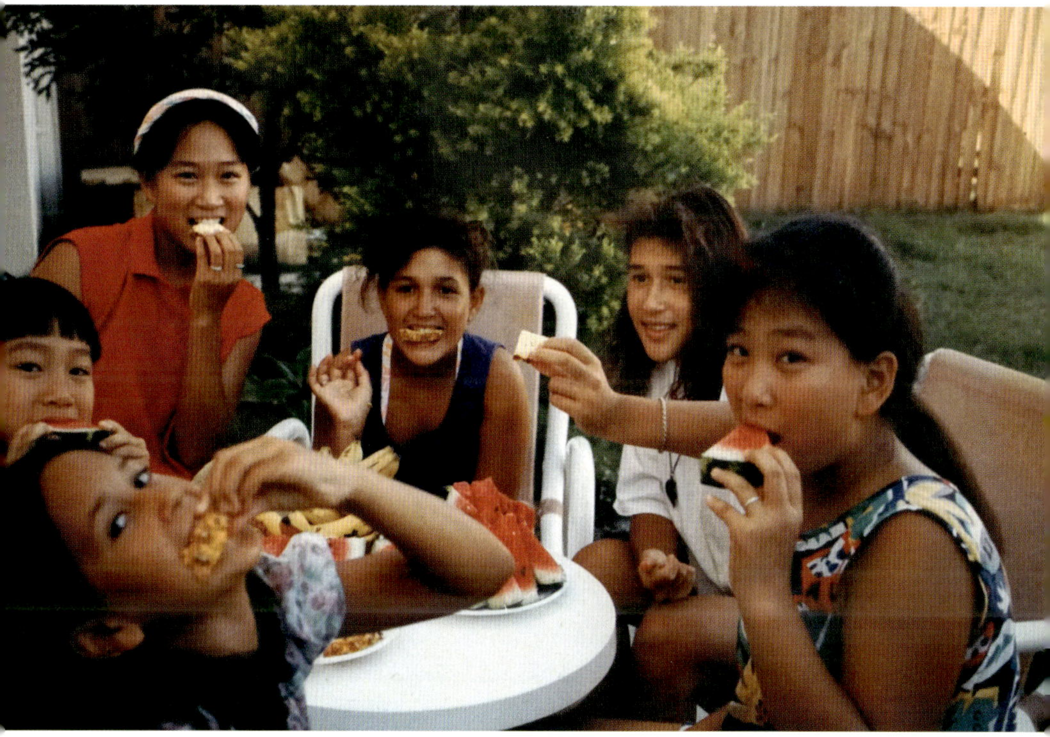

신세계백화점에서 들여온 대박 아이템, 퓨전롤

동생들한테 식당을 주고 96년에 모은 40만 불로 식당 건너에 면세점 2개를 차렸어요. 한 군데는 일본 사람 상대하는 면세점, 또 한군데는 한국 사람 상대로 오팔, 양털 이불, 세타를 팔았죠. 겁도 없이 크게 차렸어요. 하루에 5,000불도 팔고 1만 2천불 팔고 매상은 많아요. 하나투어 인 바운드^{외국인의 국내여행} 하니까 커미션^{수수료}을 줬죠. 커미션 때문에 수입이 별로 많지는 않았어. 97년도에 한국에 IMF가 터졌어요. 손님들 안 오니까 헐값에 다 팔고 사업에 조금 실패를 했죠. 2000년까지 가게를 가지고 있었어요. 브리즈번 올룽가바 시티 다이아나 호텔 옆 상가에서 선물점을 한 1년 했는데 큰 돈 못 벌고 밥은 먹고 살았죠.

골드코스트 내려가서 한국 식당 '경북궁'을 3년 반 정도 했죠. 고급 수족관을 설치해가지고 머드 크랩도 팔고 랍스터를 전문으로 했어요. 랍스터가 한 마리가 2.5kg 정도인데 랍스터로 회, 깐풍기, 매운탕까지 했지요. 식당에 신혼부부들이 많이 왔어요. 주방장이 나간다고 해서 집사람이 요리를 배웠어. 4년 정도 하면 힘이 들고 권태가 생기면서 자꾸 장사하기 싫어지더라

고요. 헐값에 할 사람이 있어서 넘겨줬어요. 비즈니스가 한 번 끝나면 꼭 한 달 정도는 여행하고 재충전해가지고 비즈니스를 다시 했어요. 집사람이 이번엔 무슨 아이템으로 비즈니스를 할까 하다가 한국에 있는 신세계백화점 갔다가 퓨전롤을 갖고 들여와서 골드코스트에서 일본 식당을 했어요. 경북궁할 때 일했던 점원을 불러서 주급 1,000불씩 주면서 '특별대우 해 줄 테니까 메뉴 10가지 정도 알아가 온나' 해서, 그 친구는 저녁에 우리집에서만 일했어요. 장사가 진짜 잘돼요. 제 2의 인생을 맞았죠.

골드코스트의 숨은 보석, 일본 식당 '다미'

한국 가서 3개월 놀다가 마지막으로 일본 식당 '다미 재패니스 레스토랑'을 했어요. 30평정도 되는 빈 커피숍이었어요. 1만 불에 인수를 해서 골드코스트에서 한국 관광 손님 받을 때보다 못하지만 비즈니스가 최고 잘됐어. 사위가 인테리어 디자인하니까 이돈 저돈 안 들고 딸하고 전부 다 페인트 칠하고 본드로 붙이고 가게를 꾸몄는데, 호주 기자들이 사진도 찍고 잡지에 나올 정도였어요. 일 벌려 놓으면 아들, 사위, 딸이 셋업^{준비}하고 허가 내주고 전단지, 메뉴, 메뉴판까지 영어 들어가고 하는 것도 다 도와줬어요. 전단지 5,000장 인쇄하면 반경 500m는 무조건 우편함에 넣는 거야. 우리 식당 댓글에 사람들이 '숨은 보석 진주를 찾았다' 그랬어요. 다른 일본 식당은 기본 40불, 50불, 80불 이러는데, 우리집은 20불에서 25불. 와인 가져오면 20불 정도로 충분히 먹고, 4명 와도 100불이면 되니까. 값싸고 맛있고, 주말 같으면 예약 안 하면은 못 올 정도로 손님들이 꽉꽉 차더라고요. 점심 때는 정비공장 직원들이 줄서고 덮밥 10불 간단한 거 사먹고 장사가 진짜 잘됐어요. 4주 하면 5만 불 정도 되더라고. 이걸 제일 많이 했어요. 4년 반 했어요. 원래 30만 불에 내놓으려고 했는데 가게를 20만 불에 팔아서 집사람한테 혼났어요.

인생 최고의 한방, 호주 이민

65세에 딱 리타이어^{은퇴} 했어요. 호주에 법대로 하면 아빠가 리타이어 할 때 거창하게 해줘야 돼. 여행 갔다 오니까 애들이 차도 좋은 거 한 대 떡 뽑아 놨더라고요. 집사람이 항상 '당신은 잘한 거 딱 한가지 있는데 가족 데리고 호주 이민 와 준 거' 라고 그래요. 한국에서는 애들 잘 돼봐야 선생 교편 잡거나 장가갔을 거예요.

자식들이 다 한국인하고 결혼했어요. 마누라랑 나는 호주 사람하고 결혼하는 거 싫어해. 토종끼리 결혼하는 게 안 좋겠나 싶었어요. 복인지 몰라도 전부 결혼 일찍 잘 하니까 참 해피해. 큰 딸은 76년생 송미선이고 유큐^{퀸즐랜드대학교}를 졸업하고 서울에서 패션 일을 하고 있어요. 연대 통계학과 나왔는데 한국인하고 결혼한다 해서 대번 오케이 했지. 둘째는 79년생 송안나고 유큐 졸업하고 브리즈번에서 치과의사 해요. 사위는 홍익대학교 졸업하고 브리즈번 유큐에서 건축 공부하고 설계사무실에서 일하다 연애해서 결혼하게 됐지요. 손주로는 아들 둘 있고요. 막내는 84년생 아들 송세한입니다. 그리피스대학에서 회계학 졸업하고 시티에서 회사 다니고 있어요. 며느리가 성당 신자였는데 한 번씩 보면서 '내 며느리 삼았으면 좋겠다' 했는데 말이 씨가 돼서 연애 6~7년 하다가 결혼했어요. 자녀, 손자, 손녀가 여기 다 있는데 내가 한국 가서 묻힐 일은 없지요. 내 조국이 잘 됐으면 하는 바람이 있어요. 우리 민족은 저력이 있어서 다 헤쳐 나가고 쓰러졌더라도 일어나더라고요. 잘 될 거라 생각해요.

'룰을 실현하는' 퀸스랜드주 한인회

퀸스랜드주 한인회

저희 퀸스랜드 주는 호주에서 3번째로 큰 주에 속하며 현재 약 3만 5천명의 동포들이 자리 잡고 있습니다. 저희 한인회는 퀸스랜드주 한인회는 순수 자원봉사 기관이며 현재 26대 임원진이 운영하고 있습니다. 회장단 임기가 2년이고 회장님이 재임을 하셨어요. 한인회는 행정재정부, 대외협력부, 홍보기획부, 문화예술부, 전략부, 교육부, 기술부, 복지부 등 8개의 부서가 교민들을 위해 봉사하고 있습니다. 저희 한인회가 한인들을 위한 작은 단체로 활동을 하다가 한 5~6년 동안 위상을 조금 높였다고 해야 할까요? 영어가 되시는 분들이 회장이 되시면서 이 곳 정치인들을 만나고 초대를 받으면서 관계가 좋아지고 있습니다.

한인회관은 카운슬 소속이에요. 여기서는 시드니 총영사 여권발급이나 기타 영사업무를 합니다. 한인회관은 엄격한 룰이 있어서 한인회관에서 음주나 비도덕적 행위, 범죄행위가 일어날 경우에 한인회관 사용권은 바로 박탈이 됩니다. 호주는 95%가 룰이에요. 높은 사람도 걸리면 벌금 몇백 불내는 게 비일비재합니다. 저희는 그 룰 자체를 실현하고 있는 거죠. 회관의 사용료는 없어요. 교민활동인 줌바 댄스, 영어 노래교실을 봉사해 주시는 분들이 사용하고 싶다고 하시면 사용하게 해드립니다. 피아노 레슨이나 상업적으로 한인회관 사용하시는 분들도 계세요. 그 분들이 레슨 공간을 렌트하기 어려우니까 저희가 임대료를 싸게 받고 아이들을 가르칠 수 있는 환경을 만들어 주기도 합니다. 회관 사용은 예약제로 되어 있어서 정기적으로 쓰시는 분들께 키를 드립니다.

28년 이어온 한국 참전 용사들의 전우애, '가평 데이'

호주 퀸즐랜드 골드코스트 전주한 한인회 회장 | 1966년, 서울특별시
민창희 부회장 | 1954년, 서울특별시

골드코스트는 '시민이 50만 명이면, 관광객이 50만 명'이라는 말이 있을 정도로 휴양지로 유명한 도시이다. 1996년 8월 21일 태동한 한인회는 현재 12대 회장단이 이끌고 있으며 '세대가 단절되면 다른 세상'이 되는 것을 방지하기 위해 이민 1세대와 후세들의 가교 역할을 하며 즐거운 교민 사회를 만드는 데 앞장서고 있다.

매년 교민들이 다함께 어울리는 한인의 날 행사와 한인 어르신 경로잔치를 열고 있으며 무엇보다 한국전쟁에 참전한 용사들에게 감사를 표하는 보훈 행사를 크게 열고 있다. 보훈 행사는 1992년부터 시작하여 올해 28년째 진행 중이다. 호주 한국전쟁 참전 용사회는 골드코스트에 거주하는 한인 청소년들을 위해 장학금 1만 달러를 내놓기도 했다. 골드코스트 한인회와 참전 용사들의 특별한 유대는 이 한인회의 자랑거리이기도 하다. 올해 보훈 행사는 정전협정 66주년을 기념해 7월 27일 캐스케이드 가든스에서 열리며 참전 용사와 가족들, 교민들이 한 자리에 모여 감사의 마음을 표하는 기념식을 진행할 예정이다. 공원에는 한국전쟁에 참전했던 이들을 기리는 비석이 세워져 있는데 이 비석은 경기도 가평에서 기증하였으며 한국의 국가보훈처와 호주 퀸즐랜드 주 정부의 지원과 교민들의 성금으로 세워지게 되었다. 비석에는 '영원히 잊지 않으리'라는 문구가 새겨져 있으며, 한국과 호주, 서로를 기억하기 위한 이 발걸음에 골드코스트 한인회가 자리하고 있다.

'형님, 아우' 하는 한인회

호주는 땅덩이의 크기에 비해서 각 주에 한인회가 하나밖에 없어요. 저희 한인회가 태동이 된 거는 1996년이고요. 퀸즐랜드 주에 브리즈번 한인회 하나밖에 없었어요. 골드코스트 한인 수가 6,000~7,000명 되는데 케어가 잘 안돼요. 선배님 말씀으론 한인회가 무보수다 보니까 골드코스트 한인사회에 무슨 일이 있어서 브리즈번에 연락해서 '어려운 일이 있어서 좀 도와 주십

쇼' 하면 브리즈번에서 이쪽으로 신경을 써 주는 게 상당히 어려워졌대요. 행사 같은 게 있으면 골드코스트로 왔다갔다 하기도 힘들고요. 퀸즈랜드주 같은 경우에도 한인회가 2개 있으면 불협화음도 날 만한데 저희는 형님, 아우 하면서 잘 지내고 있습니다. 호주 한인회는 세계 어느 한인 사회보다 우정이 좋아요. 지난주에도 시드니에 대양주 한인 총연합회 회장단 모임 있어서 갔는데 유일하게 대한민국에서 근심이 없는 한인 사회가 여기예요.

아무래도 관광 도시다 보니까는 골드코스트는 즐기러 오시는 분들이 많으세요. 크리스마스 중심으로 1월 달에 휴가들이 많은데 시드니나 딴 데에서도 휴가철이 되면 이리로 온대요. 여기 사람들이 하프 밀리언$^{50만 명}$이다 그러면 오는 사람 수가 하프 밀리언이 된대요. 휴가철 되면 복잡하다고 그래요. 골드코스트로 이민 오신 분들은 이미 경제적으로 어느 정도 다 여유가 되셔서 즐기러 오시는 분들이 많이 계시고 한인 사회에 잘 나오지 않으세요. 리타이어 하신 분들은 시드니나 멜번 이런 데서 열심히 살다가 이쪽으로 오신 분들 있으시고 한국에서 바로 골코로 이민 오신 분들 중에서는 조상을 잘 만나신 분이나 능력이 좋으신 분들도 있고 연예인, 정치하시는 분, 생업에 종사하시는 분 다 계시죠. 골드코스트하고 시드니하고 집값이 3배 정도 차이가 납니다. 다른 주에서 부동산 값 때문에 오시는 분들도 많으세요.

한인회 내부에는 교회, 성당 종교단체와 테니스, 축구, 볼링 등 스포츠 단체가 있습니다. 한인회관을 만든 건 저희 염원 사업인데 추진하고 있습니다. 임대를 받으려면 어느 정도 자기 자본이 있어야 되는데 현재 건립기금이 2만 불 넘게 모인 상태입니다.

얼마 전에는 한인들한테 도움을 줄 수 있는 행사를 해보자 해서 학부모님들과 전문 교육기관에서 일하시는 분들을 모시고 대학 입시 제도 변경되는 부분 설명회를 했어요. 굉장히 좋은 반응이 있었어요. 시드니나 브리즈번은 여기보다는 교민들이 많고 좀 크니까 저희가 큰 쪽으로 눈을 돌리고 있죠. 골드코스트에서 한번 이뤄 봤으면 하는 몇 가지를 구상하고 있습니다.

28년째 이어지는 보훈 행사 '가평 데이'

매년 한국전쟁 참전 용사자 보훈 행사인 가평 데이와 11월 한국 문화의 날 행사를 크게 합니다. 골드코스트에 한국전쟁에 참전하셨던 분들이 많이 계세요. 한인사회가 주관이 돼서 보훈행사를 합니다. 대한민국 보훈처라든지 시드니 총영사관에서 관심을 많이 갖고 도와주십니다. 참전 용사들과 그분들의 가족들, 정관계 인사들 해서 300명 정도가 참여를 하세요. 식사도 하고 장기자랑도 합니다. 1992년 권상규 목사님이 있던 교회에서 처음 시작을 했는데 그게 28년째 내려오고 있어요. 올해는 7월 27일날 한국전 참전기념비가 있는 공원에서 할 건데 저희 한인회에서 하는 골드코스트에서 하는 행사가 제일 크고 저희 골드코스트에 자랑입니다.

1951년도 가평에 중공군이 내려왔을 때 300명 정도 전사하신 걸로 알고 있습니다. 호주는 4월 25일이 안작 데이라고 해서 현충일 같은 날인데 그 전날 가평 데이 행사를 합니다. 보훈행사는 보통 6월 25일 전후로 했었어요. 참전 용사들이 80대 후반, 90대시고 7월 27일 정전 기념식을 굉장히 크게 생각하세요. 그래서 가평 데이 기념식하고 정전 기념식은 매년 4월 달, 7월 달에 합니다. 참전 용사들이 연로 해지셔서 거동이 힘드세요. 브로드 비치에 캐스케이드 가든스에 한국 참전비가 있어요. 거기서 7월 27일에 정전 기념식을 할 예정입니다. 그리고 기념식이 끝나면 출장 뷔페로 진행을 할 예정입니다. 매년 저희 한인회에서는 장례식 가기가 바빠요. 저희가 1세대인 이민 초창기 세대들하고 후세대들하고 커넥션을 해주는 역할이 굉장히 중요하다고 생각을 했거든요. 세대가 단절이 되어버리면 '다른 나라 다른 세상'이

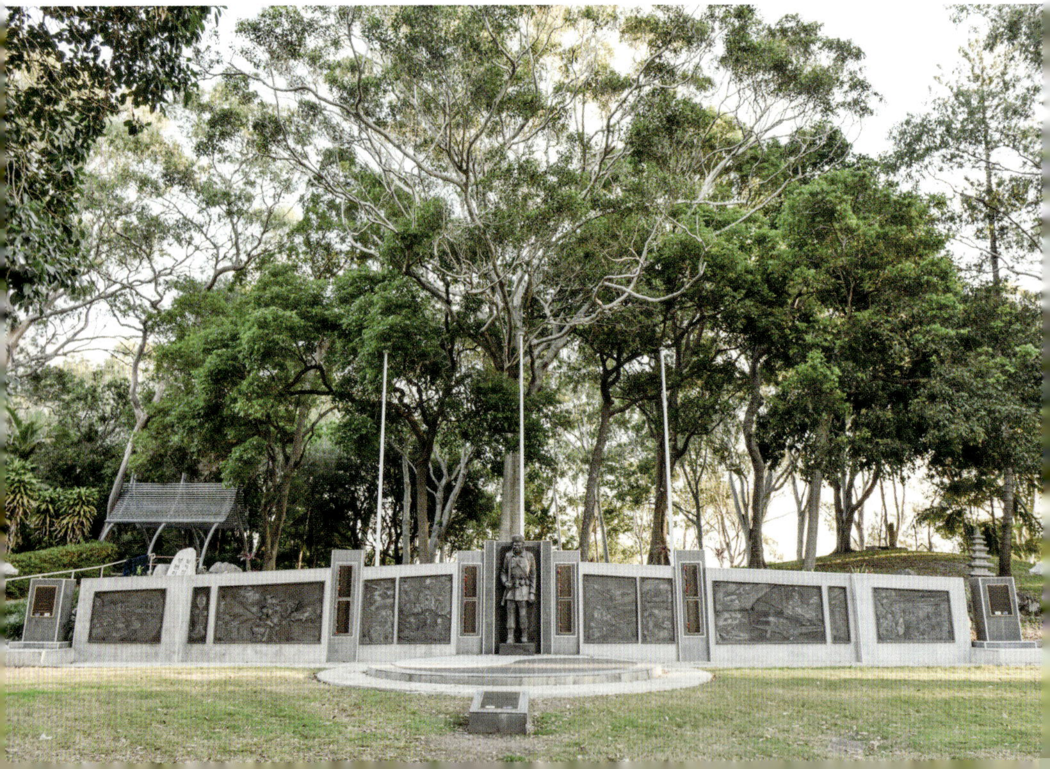

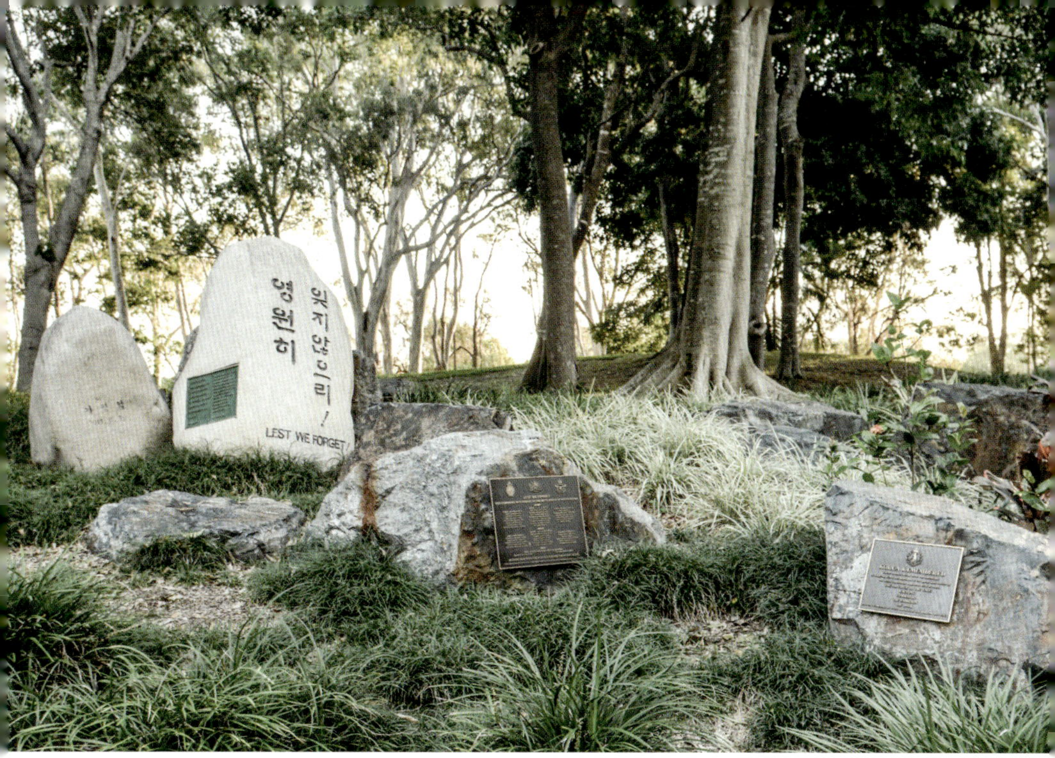

영원히
잊지않으리!
LEST WE FORGET

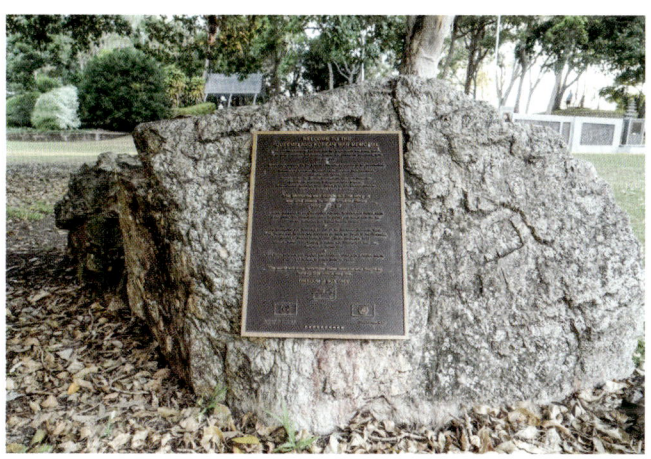

돼 버리거든요. 1.5세대들, 2세대들을 한인 사회와 한인회에 참여시키려는 노력을 많이 합니다. 봐야지 느끼는 거예요. 그걸 방지하기 위해서 저희들은 참전용사의 가족도 계속 초청을 하는 거예요.

살기 좋고 공부하기 좋은 도시

골드코스트는 살기도 좋지만 교육환경도 굉장히 좋은 도시입니다. 사립학교에 아시안도 있지만은 대개 호주 사람들 자녀도 많이 있습니다. 호주 사람도 돈 있는 사람, 배운 사람들은 아시안 부모 못지않게 자식에 대한 교육열이 굉장히 높습니다. 수학, 영어 시간당 150불짜리 200불짜리 과외 시켜요. 골드코스트는 사립학교가 그나마 좀 싼 축에 들어가요. 영주권자나 시민권자들은 1년 학비가 보통 2만에서 2만 5천 불 정도 들어가죠. 골드코스트에는 2개의 대학이 있는데 유일한 사립학교인 본드 유니버시티, 공립대학교는 그리피스 대학이 있습니다. 호주에 있는 한국 대학생들은 그리피스 대학교 동문회까지 열린다 할 정도로 유학생이 많은 걸로 알고 있습니다.

앞으로 한국과 호주가 많은 관계를 맺고 한인들이 여기서 뿌리를 내리고 살 수 있도록 하고 싶어요. 아무래도 젊은 1.5세나 2세대들이 정계를 나가는 게 굉장히 좋은 방향이라고 생각해요. 젊은 친구들에게 '더 공부할 수 있으면 공부해라. 그래서 이 호주에서 정계로 진출을 좀 해라'고 조언을 많이 하죠. 젊은 층이 영어도 잘 되고 많이 학식 있는 친구들을 자꾸 발견해서 인볼브^{연계}해서 나아갈 수 있도록 뒷받침 해 주는 게 굉장히 중요하다고 생각을 하거든요.

제대로 돈 써야 제대로 잘 살 수 있는 나라

시스템 자체가 돈을 쓰면서 살아야지, 살 수 있는 비자를 받기 전까지 절대 돈을 벌게 해 주지 않아요. 학비도 많이 내야지, 의료비도 많이 내야지 10년, 20년 되셔도 영주권 없이 남몰래 속으로 앓고 사시는 분들 많으세요. 작년에 한 분 한국으로 돌아가셨어요. 일을 하시다가 스폰서가 없으니까 유학비자로 있다가 결국은 나갔어요. 제일 힘들어하시는 분들이 영어가 안 되는데 한국에서 박사학위 따 가지고 오신 분들이에요. 그분들은 진짜로 힘든 일도 못 하시고 자존심도 상하고 그래요. 영어가 되시면 괜찮아요. 헤어 드레서미용사, 용접하시는 분들은 월요일부터 금요일까지 땀 흘리면서 일하죠. 워터 프론트바닷가에 있는 집에 사시고 주말 되면 벤츠타고 쫙 나가세요. 그런 분들은 좋은 잡 좋은 보수 받으면서 하실 수 있어요.

처음이자 마지막이 된 '사이먼 케이스'

전주한 | 1966년, 서울특별시

친구들과 처음 왔던 호주는 생각했던 것보다 근사했다. '한국하고 호주하고 비교하면 아무래도 호주가 더 낫지 않을까?' 라는 생각이 그의 머리를 떠나지 않았다. 3주 만에 관광 비자를 발급받아 가족들을 데리고 다시 호주행 비행기에 올랐다. 2001년, 당시 35살이었던 그는 가서 '부딪혀 보자'는 패기 하나로 '무모한 이민'을 선택했다. 한국인이 운영하는 도매업체에서 하역작업을 하다 컨테이너에서 추락해 다리에 핀을 16개를 박을 정도로 심한 부상을 입기도 했다. 관광 비자로 근무한 탓에 보험금을 제때 타지 못했지만 이후 타게 된 보험금마저 사기꾼에게 속아 날려버렸다. 다치고 사기당한 게 억울해서 호주를 떠날 수 없었다.

　이 상황을 알게 된 그의 아버지는 그에게 마지막 희망이었다. 그는 골드코스트에서 베이커리와 카페 사업을 펼쳤고 퇴근 후 땀만 털어내고는 침대에 쓰러지는 날들의 연속이었다. 하루 4시간의 쪽잠을 자면서도 커나가는 딸들을 보며 버텼다. 매일 아침이면 그의 가게 앞에는 커피를 즐기려는 금발머리들이 길게 늘어서 있었다. 누구보다 열심히 살던 그에게 어느 날 한 통의 편지가 왔다. 비자가 만료됐으니 나가라는 추방 재판 통지서였다. 부부는 무거운 공기가 내려앉은 재판장에 섰고 늘 조용했던 아내는 재판을 맡은 올든 판사에게 호소했다. '네가 우리 가족을 한국으로 돌려보내도 좋다. 가겠다. 만약 우리가 한국에 돌아간다면 이 남쪽으로는 쳐다보지 않을 것이다' 진심이 통했을까? 얼마 뒤 부부는 호주에서 살아도 좋다는 연락을 받았다. 담당 변호사는 '이번이 처음이자 마지막 케이스일 것이다' 라며 축하해 주었다. '살고 싶은 날보다 죽고 싶은 날들이 더 많았던' 호주 생활이었지만 그는 아내와 세 딸을 보며 호주에 온 것이 잘한 결정이라 여긴다.

10개월 만의 프러포즈

66년 말띠고요. 태어난 곳은 서울이지만 제 본가는 충청북도 영동입니다. 외대 경영대학원에서 석사 졸업했습니다. 한국에서 전자랜드 기획실에서 일 했었고 현재 제 사무실에서 부동산 중개인을 하고 있고요. 능력이 좋아서 딸만 셋입니다. 큰애 6살, 둘째 3살 때 데리고 왔고 막내는 2003년에 여기서 낳았습니다. 호주에 처음으로 가족들이랑 입국했을 때 제가 영어를 제일 잘 했거든요. 제가 가방끈이 길다고 이미그레이션^{출입국관리소} 통과하고 그랬는데 우리집에서 지금 영어를 제일 못해요.

호주에 2001년도에 왔으니까 이민 온 지 한 18년 되어 가네요. 35살에 이민을 결심하게 된 동기는 앞으로 50년 뒤에 한국이 지금보다 나아질 수 있을까? 한국하고 호주하고 비교했을 때 어느 나라가 더 나을까? 한국에서 사는 거보다 좀 더 기회가 있지 않을까? 아무래도 호주 쪽이 더 낫지 않겠냐고 판단했어요. 가장 큰 이유 중에 하나는 애들 교육이에요.

처가는 대구고, 아내는 71년생 이혜원, 효성여대^{대구가톨릭대학교} 일어일문학과를 나왔어요. 호주의 그리피스 대학에서 간호학을 전공해서 간호사로 일을 하고 있습니다. 아내 친구가 저도 아는 친구였어요. 제가 95년도쯤 대학원 다닐 때였는데 송별식을 서울에서 했어요. 그때 처음 부인을 보자마자 '난 저 여자랑 결혼해야 되겠다' 했어요. 아내가 키도 크고 미인이에요. 한 번 보고서 10개월 동안 못 봤어요. 우연찮게 연락처를 알아 가지고 전화해서 속된 말로 꼬셨죠. 10개월 후에 만나고 길거리에서 프러포즈를 했습니다. 뭔 사단을 내서라도 꼭 내 여자 만들려고 그랬어요. 그 마음이 안 변해서 결혼을 한 거 같아요. 제가 행동으로 먼저 저지르고 해결하는 스타일인 거예요.

40년 고생을 압축한 4년 이민생활

저는 조금 특이한 케이스인데 무모한 이민을 했어요. 친구들하고 호주에 와서 보니깐 너무 살고 싶어서 부모님 허락받고 가족들 데리고 나오는데 2~3주밖에 안 걸렸어요. 관광 비자로 와서 고생을 상당히 많이 했어요. 제가 몸이 먼저 가는 스타일이다 보니까 영주권이라는 개념도 없고 '가서 부딪혀 보자!' 하는 심정이었어요. 비자에 문제가 생기고 친구들도 비슷한 문제가 있었어요. 친구들은 한국으로 돌아가고 저는 몸까지 다치니까 너무 억울해서 못 가겠더라고요. 영주권 받는데 4년 정도 걸렸는데, 이민 오신 분들 40년 동안 하신 고생을 콤팩트하게^{압축해서} 다 겪었어요.

처음에 영어가 안 되니까 한국 사람 밑에서 한국식품을 수입해서 디스트리뷰트^{유통} 하는 도매회사에서 딜리버리^{배달}했었어요. 하역작업을 하다가 컨테이너 반 정도 실었는데 갑자기 기울기 시작하는 거예요. 꽤 높았는데 깔리면 죽을 거 같아서 본능적으로 뛰어내렸죠. 운이 좋았죠. 왼쪽 뒤꿈치가 박살

이 나서 지금도 핀이 16개 박혀 있거든요. 결국은 회사에서 쫓아내더라고요. 당시에 제가 관광 비자였기 때문에 불법이라 나중에는 보험처리가 됐죠. 그리고는 사기꾼이 다리 다친 보상금을 홀라당 먹고 튀어 버렸죠. 사기꾼이 골드코스트 좋은 동네라고 와서 비즈니스 하면 된다고 해서 골드코스트로 올라왔죠. 사기를 쳐 줘서 제가 여기서 살게 돼서 고마워한다니까요.

아빠, 바다가 뭐야?

아침에 선 라이즈^{일출} 보면서 밥 먹는 게 호주 애들 낭만이에요. 브랙퍼스트^{아침}가 우리 주메뉴였는데 한 10불, 12불, 커피는 3불 했어요. 근데 업체들이 많아 가지고 브랙퍼스트 5불, 우리는 1불이나 남을까. 1년 매출이 거의 100만 불 가까이 됐었어요. 엄청 바빴을 때에요. 저희가 운영한 그 자리가 옛날에 작은 쇼핑센터였는데 지금은 골드코스트에서 두 번째로 높은 빌딩이 올라가있어요. 아무것도 없는 상태에서 시작을 하다 보니까 사기도 당하고 비즈니스 과정에서 영어도 안 되지. 영주권 받아서 서퍼스 바다 앞에서 베이커리 카페를 3년 동안 했었거든요. 처음에는 24시간으로 했어요. 호주 사람 몇 명을 고용해야 하고 매출은 얼마가 돼야지 되는 조건들이 있었거든요. 호주 사람 백인 10명 정도를 고용한 비즈니스를 인수를 했어요. 제가 처음에 영어를 한 마디도 못해서 교민사회에 통역하시는 분을 고용했어요. 그분은 호주 스태프들 등쌀에 오래 못 버티고 나가셨어요. 주방일 하시는 크로아티아에서 이민 온 데니카 할머니가 계셨어요. 집사람을 딸처럼 생각해 주셔 가지고 우리를 굉장히 많이 도와주셨어요. 호주에 살면서 감사하게 생각하는 사람이 세 분이 있는데, 한 분은 시드니에 있을 때 정신적으로 도움을 주신 분, 한 분은 비자 해결해주신 이민 법무사 또 한 분은 주방장 할머니예요.

별일이 다 있었어요. 베이커리 할 때 밤 12시쯤에 퇴근해서 다음날 새벽 4시 30분에 출근을 해야 되거든요. 호주 사람들은 부지런해서 4시 반에

가도 아침 식사 달라고 서 있어요. 베이커는 주인 없는 틈을 타서 약도 팔았어요. 베이커리는 접고 카페 비즈니스만 했는데 카페 비즈니스도 보통 아침에 한 4시 반쯤 출근해서 오후 10시, 11시 반쯤 퇴근해요. 집에 가면 씻고 3~4시간 쉬고 365일 쉬는 날도 없고 3년 동안 그렇게 장사했어요. 30m 앞에 바다예요. 정신적인 여유가 없었고 길만 건너면 바단데 둘째가 6살 땐데 '아빠 바다가 뭐야?' 했어요. 바다에 손을 한 번도 담가본 적이 없다니까요. 너무 벅차서 애쉬모어라고 로컬로 들어가서 카페를 만들어서 2~3년 더 하고 남동생한테 가게를 주고 저는 부동산 쪽으로 넘어왔죠.

최초이자 마지막인 '사이먼 케이스'

집에 와서 누우면 살고 싶은 날보다 죽고 싶은 날이 더 많았다고 하는 게 그것뿐만이 아니에요. 여기에서 살기 위해서 별 노력을 다 했거든요. 부친이 제가 잘 살고 있는 줄 알았는데 비자도 엉망이니까 집안에서 난리가 났죠. 아버지가 마지막으로 도와주시겠다고 해서 비즈니스를 시작하게 된 거죠. 카페를 인수할 때 집세가 1년에 6만 불 정도 됐어요. 근데 한 달 지나고 32만 불 내라고 해요. 6배가 오른 거예요. 전 주인은 좋게 한 거예요. 여기는 비즈니스를 인수 하면은 전 주인을 하던 리즈계약를 고대로 안고 가는 거거든요. 처음엔 잘못 보낸 줄 알았어요. 시세가 그랬어요. 그런데 비즈니스 오너가 그걸 알고 있었는데 몰래 나한테 팔아먹은 거예요. 한국 살 때 한 번도 재판을 안 해봤는데 여기서 2번 했어요. 재판해서 변호사 비용으로 다 나가고 결국 15만 불선에서 조정이 많이 됐어요. 다쳐서 왔지 빚도 있지 사기도 당했지. 사기 당해서 마지막으로 아버님한테 부탁드리고 죄송한 맘에 사업을 했는데 또 그 꼴이 난 거예요. 그렇게 살았음에도 비자 다 됐으니 나가라고 추방령이 내려왔고 재판까지 갔어요.

웬만한 정신 가진 것 아니면 모르겠습니다. 처음에 제가 아버지 케어 하는 비자로 신청을 했어요. 이민국에서 아버지가 양로원으로 갔기 때문에 저한테 비자를 못 준대요. 검사가 판례를 보니까 양로원이 퍼스트 케어가 되고 저는 세컨드가 돼요. 세컨드한테는 비자를 준 적이 없대요. 판사 앞에 가서 저희 스토리를 쭉 얘기했죠. 집도 사고 비즈니스도 하고 몸도 다쳤고 사기도 당했고 애들은 학교도 다니고 막내는 여기서 낳았지. 제가 여기서 나쁜 짓을 한 것도 아니에요. 마지막으로 할 얘기가 없냐고 똑같이 통역해달라고 했어요. 집사람이 판사한테 '나와 내 가족들을 한국으로 보내도 좋다. 가겠다. 근데 만약 우리가 한국에 가면은 우리는 어떤 경우가 있어도 이 남쪽으로 쳐다도 안 볼 거다' 그렇게 얘기했어요. 집사람이 그렇게 얘기할 성격이 아니거든요, 절대로. 깜짝 놀랐어요. 판사가 '니네들 살아라' 그러더라고요. 이런 사

람을 추방한다는 건 인도적인 측면에서 말이 안 된다고 판단을 하신 거 같아요. 호주 이민성에서 영주권을 줄 때, 대리해 준 변호사가 올든이라고 호주분이셨어요. 제 영어 이름이 사이먼인데 사이먼 케이스는 예전에도 없었고 앞으로도 없을 거고 이번이 처음이자 마지막일 거라면서 영주권을 줬다고 하더라구요. 그래서 여기서 살게 됐습니다. 영주권 받고서 첫 여행으로 타스마니아를 갔었던 거 같아요.

비자 때문에 나가면 못 돌아와서 10년 넘게 한국을 못 갔어요. 무식이 용감이라고 다시 와서 그렇게 하라고 하면 절대로 못 합니다. 포기합니다. 한 번도 걸어보지 않은 길이라서 몰라서 간 거지 알았으면 절대로 못 갔을 거예요. 그렇게 고생하고 지금까지 이민 온 거에 대해서 한 번도 후회한 적은 없어요. 제가 한국에 있었으면 어쩌면 경제적으로, 사회적으로 더 좋은 자리에 있었을지는 모르겠지만 우리 애들보고 우리 가족 보면 참 잘 결정했다고 판단합니다.

4장
대자연이 빚어놓은 키위의 도시 놀이터, 오클랜드

남태평양 최대의 도시 오클랜드는 뉴질랜드 문화와 역사의 중심지답게 다양한 예술과 유럽 문화와 융합된 마우리 원주민의 문화, 새로운 이주민인 아시아인 등이 한데 얽혀 이 도시만의 독특한 색깔을 빚어내고 있다. 아름다운 자연과 도심이 공존하는 도시 곳곳에서 코발트블루의 바다색을 심심찮게 볼 수 있다.

마오리어로 '신성한 물'[wai] 이라는 뜻의 와이오타푸[wai o tapu] 는 마오리 문화의 심장부라고도 불리는 뉴질랜드 북섬의 화산지형으로 수많은 온천과 간헐천이 있는 곳이다. 땅속 깊은 곳에서부터 솟아나는 화학물질로 인해 다양한 빛깔을 띠게 되었다는 이곳은 환태평양 '불의 고리' 가운데에서 지열활동이 가장 활발한 곳이기도 하다. 구름 속 같은 희뿌연 수증기가 바람에 날려 하늘 위로 걷어지면서 물감을 풀어놓은 듯한 '예술가의 팔레트'가 불현듯 펼쳐진다.

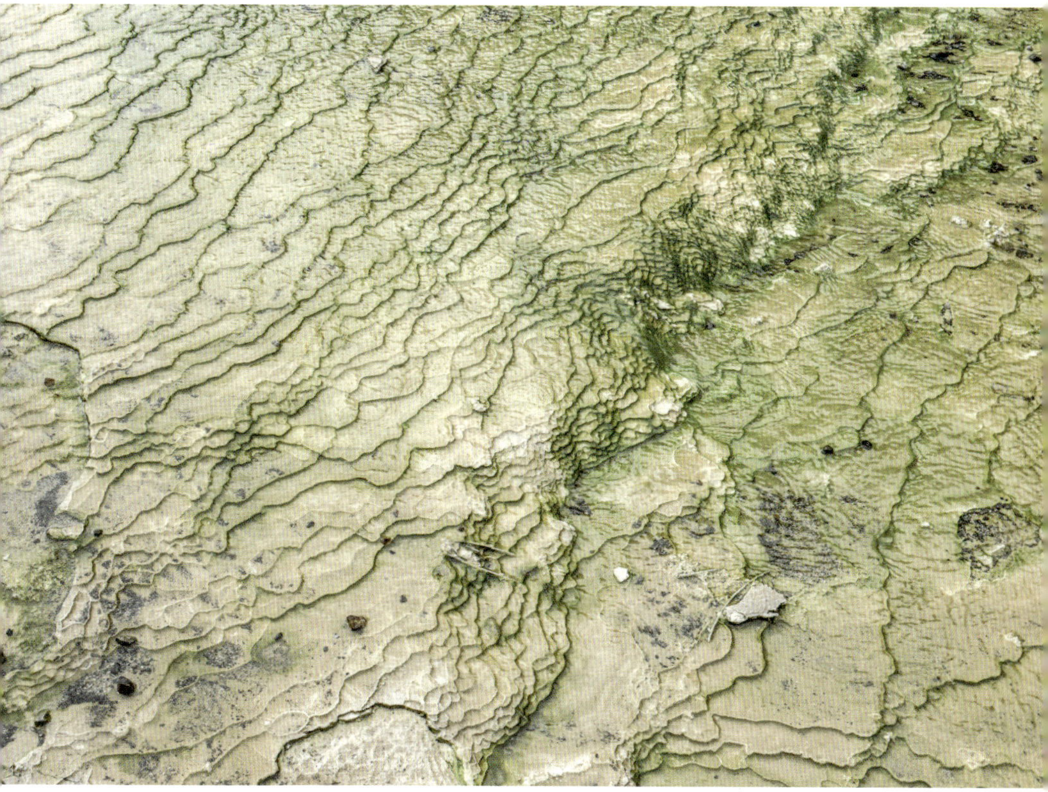
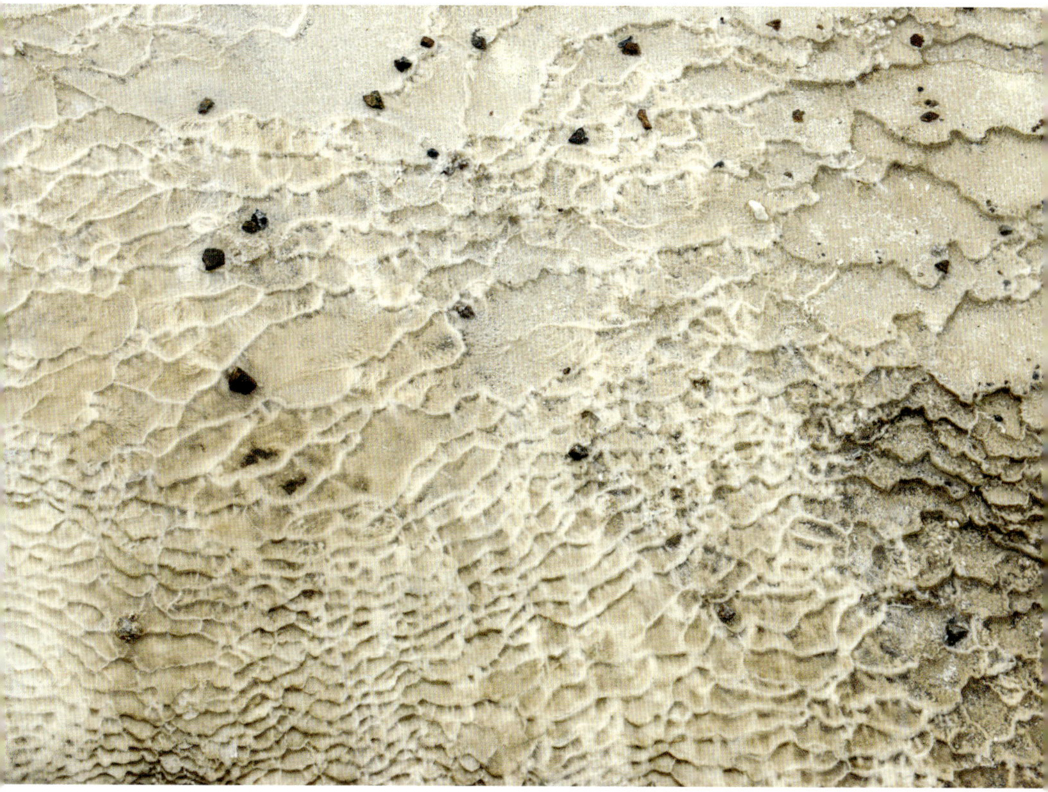

마오리족의 전통마을, 와카레와레와 Whakarewarewa

엄격한 신분제도를 가진 마오리족은 특정한 마을에 모여 살면서 그들만의 고유한 전통방식을 고수하고 있다. 독특한 내세관을 가지고 있는 마오리족은 그들이 살고 있는 마을 안에 무덤을 만든다. 묘비 대신 얼굴을 새긴 나무 조각상을 세워두는데, 나무 조각상에 그려진 세 개의 손가락은 삶과 죽음 그리고 탄생을 의미한다.

발효 김치를 닮은 빵, '더 게토 하우스'

김보연 | 1953년 12월 29일, 경북 안동시 서후면 저전리
유성자 | 1958년 7월 25일, 경북 안동시 풍산면 광덕동

부드럽고 달콤한 그 맛에 부스러기라도 놓칠까 카스텔라 밑지까지 씹어 먹던 어린 시절의 기억은 빵과의 인연이 시작된 순간이었다. 부산 수산대학부경대학교 식품공학과에 진학하여 본격적으로 빵을 공부한 후 삼립식품에 입사했고 공전의 대히트를 친 '보름달'과 '달나라' 빵을 만들었다. 삼립에서 베이커리 브랜드인 '밀탑'을 만들면서 그는 빵으로 유명한 프랑스, 독일, 스위스 등 세계 각국을 돌며 제빵기술과 기계를 한국에 들여왔다. 직장 생활에 비전이 보이지 않았던 그는 16년간 몸담았던 회사를 뒤로 하고 1995년 가족들과 뉴질랜드로 떠났다.

이민 올 때 빵을 다시 할 생각이 전혀 없었다. 그는 8톤 트럭 운전을, 아내는 재봉틀을 배웠지만 결국 부부가 돌아온 곳은 빵이었다. 부부는 오클랜드에 런치바간이음식점를 차렸고, '남의 나라' 와서 일자리가 있다는 것만으로도 감사했던 아내는 아침마다 기도를 하고 일을 시작했다. 이후 한인 식품점에 빵을 만들어 납품했고 어느 정도 자리를 잡았을 때 주문식 케이크를 주력으로 베이커리를 시작했다. 그는 '더 게토 하우스'라는 간판을 내걸고 현재 뉴질랜드 전역에 7개의 베이커리를 운영하고 있으며 밀가루, 계란, 치즈와 같은 재료를 아끼지 않고 많이 투자하여 '먹을수록 땅기는 빵'으로 마니아를 확보하고 있다. 욕심내지 않고 빵만 보며 걸어왔던 40년, 아들에게 억지로 회사를 맡기기보다 전문 경영 체제로 운영할 계획을 갖고 있다. 그는 맞선을 통해 지금의 아내를 만났다. 안동이 고향인 부부는 1981년 10월 부산에서 처음 만나 1년도 채 되지 않아 결혼했다. 그는 부산에서 아내를 만났을 때 받은 40년 전의 전화번호 쪽지를 보관하고 있었다.

가족사항 칸이 모자라

제 이름은 김보연이고요, 1953년 12월 29일 해가 꽉 찬 해에 당시 경상북도 안동군 서후면 저전리에서 태어났습니다. 외가는 학가산 밑에 아름다운 한두실 마을이었는데 대두서동으로 바뀌어 버렸습니다. 제가 태어난 고향과 외가는 20리 길 정도 돼서 어릴 때는 외갓집에 한 번 가는 것이 1년 행사였어요.

아버지는 1925년생 김재구, 어머니는 김정희라는 존함이에요. 아버지는 젊은 나이에 6·25를 겪으면서 삶의 굴곡이 많았어요. 해방 직후에 초등학교 선생님이랑 철도 경찰을 쪼끔 하셨어요. 낙향하셔서 어머니랑 농사를 지으셨어요. 어머니는 시부모 모시고 우리 아버지 내조 하면서 안동 말로 표현하면 '나는 괜찮다, 나는 괜찮다'는 삶을 사셨어요. 자식들은 부모 도움 많이 받으면서 생활 했었죠. 형제가 5남 2녀입니다. 제일 큰형님, 밑에 형님, 누님, 제가 있고, 밑에 남동생 둘, 여동생 하나예요. 제가 한가운데였는데 제일 큰형님이 결혼해서 형수가 오고 조카가 태어나고 한때는 할머니, 할아버지, 아버지, 어머니 식구가 15명 정도 된 거 같아요. 숟가락 놓기도 바빴어요. 가족사항 적으면 칸이 모자라는 거야. 그 당시에 대가족이었죠.

밑지에 붙어있는 카스텔라

학남초등학교 때 줄반장을 했어요. 학교 가서는 여학생하고 내외하고 대화를 안 했어요. 초등학교 1학년 때 개울 2개 건너서 학교를 가는데 비 오면 위험해서 결석을 한 달 했어요. 내 밑에 동생들이 다닐 때만 해도 반이 2개 더 생겼는데 산업화와 맞물리면서 다들 도회로 떠나갔는지 이제는 학교가 폐교된 것 같아요. 공부의 압박 없이 자연에 뒹굴면서 생활했죠. 봄에는 진달래꽃 따고 신록의 계절인 여름에는 개울에서 붕어, 버들뭉치도 잡고 가

을에는 꿀밤 줍고 버섯도 채취하고 겨울에는 눈 쌓인 데서 토끼몰이도 하고 그랬죠. 앉아서 타는 씽씽이, 자치기, 연날리기, 소품들 톱질 같은 것도 내가 다 했죠. 우리 마루 틈새에 판때기 하나 놓고 톱질하다 톱이 그 마루를 깎아 먹어서 집에 그 구멍이 남아 있더라고요. 산이 많다 보니까 우리 동네는 리어카가 제가 중, 고등학교 때 도입됐어요. 도시생활에서 많은 부분 잊혀지고 있지만 좋은 경험, 풍요로운 삶 속에 살았고 그 삶이 제 생활 속에선 굉장히 도움이 되었다 봐요.

안동 시내 전방^{가게}에서 쪼끄마한 빵인 카스텔라를 팔았어요. 카스텔라 하나 사서 하굣길에 가면서 먹는데 얼마나 맛있는지 나중에 카스텔라 밑지에 붙어 있는 그거까지 알뜰히 다 떼어서 먹은 기억이 나요. 카스텔라를 흔하게 먹은 건 아니었죠.

중학교 진학률이 그렇게 높지가 않았어요. 저는 어떻게 복을 받아서 안동중학교를 가게 되었어요. 우리 제일 큰형님이 사범학교를 다니고, 둘째 작은형님은 학교를 못 나왔어요. 그때는 누구 하나 공부하면 둘째는 못 하고 우리 누님도 여자라고 못했죠. 내 밑에 여동생도 초등학교, 중학교밖에 못 나왔어요. 중학교 때 우리 여동생한테 내가 슬쩍 물어봤어요 '아버지가 우에 중학교 보내 준다 하더나?' 하니까 안 보낸대요. 왜 아버지한테 어필을 못 했냐는 후회가 계속 들더라고요. 우리 형제들뿐만 아니라 그 시대를 살아가는 모든 사람들한테도 그런 부채의식을 느끼면서 학교 생활을 했죠. 자기가 뭘 잘하는지도 발견 못 하고 예비고사 성적순으로 학교를 가는 경향도 많았죠.

삼립에서 만든 보름달빵

1972년도에 부산 수산대학^{부경대학} 식품공학과에 갔죠. 통조림 정도 만드나 했지. 실용 학문의 베이스는 기초과학이잖아요. 과학은 재미있었고, 물리, 화학, 생물에 되게 관심을 가졌었어요. 1978년 대학교 졸업 전에 들어

간 데가 부산에 '삼립'이라고 보름달, 달나라 같은 빠다 크림빵을 만드는 회사였어요. 공장에 가니까 컨테이너 벨트에 카스텔라 같은 것이 3층에서 줄줄이 내려오더라고요. 1979년부터 정식으로 일을 했는데, 당시에 제과점은 서울 '풍년제과'나 안동 '맘모스제과' 정도로 대량 생산 빵이나 제과점이 많이 없었어요. 1980년대 중반쯤 한국 소득 수준이 높아지면서 제과점이 많이 생기더라고요. 삼립에서 베이커리 사업부인 밀탑을 만들면서 부산, 대구 쪽에 80개 정도 점포가 생기고 대구 동아백화점 안에 성공적으로 진출했는데 그 파트를 제가 가게 됐죠.

1984년도에 삼립에서 제과점을 만들려니까 우리 회사에 도입을 해야 되겠다 하는 오븐이나 장비가 일본, 프랑스, 이태리, 스위스에 많지요. 일본만 해도 오사카부터 홋카이도까지 유명하다는 제과점은 짧게는 보름, 길게는 한두 달씩 가게 됐죠. 우리 회사가 기계 회사한테 바잉 파워^{기업 구매력}가 있으니까 바로 다 패스가 되더라고요. 당시에는 케이크가 일제의 전통방식이나 유러피언, 프랑스풍으로 대입을 했구요. 쿠키를 냉동해서 업소에 공급하면 업소는 잘라서 철판에 굽기만 하면 되는 인스턴트 쿠키도 개발했구요. 외국 가서 배우기도 하고 우리 회사에 라인도 갖고 와서 처음으로 한국 마켓에 정착을 시킨 역할을 했었죠.

초기 4~5년 빼고는 밀탑 사업본부에 있었고 마지막 해는 식품연구소에서 신제품 개발일하고 삼립은 16년 정도 근무했죠. 이민 오기 1년 전에는 저도 부장으로 올라갔어요. 올라갈수록 피라미드고 내가 잘하든 못하든 한계가 있잖아요. 감투가 중요한 게 아니라 비즈니스만 팽창되고 나머지는 분위기가 안 좋더라구요. 당시에 제가 40대 중반 직장인이 나가면 할 수 있는 건 배운 기술이 제과니까 제과점을 차리거나 딴 데 들어갈 입장은 아닌 거예요. 내 사업을 해야 되는데 한국에서는 리스크^{위험}가 너무 큰 거예요. 외국을 많이 다녀서 외국에 대한 두려움은 없었어요. 더 늦기 전에 내 삶을 찾자 해서 43살에 이민을 왔는데 2년 뒤에 IMF가 터졌어요.

생활비도 안 되던 슈퍼마켓 빵 공장

　1995년에 이민 올 때 이민 전성기였어요. '가자! 최소한 경제적으로 실패하더라도 자식 교육 만큼은 자유롭게 시키겠다 뭐든지 하겠다'고 생각했어요. 이민 올 때 빵을 다시 하겠단 생각도 없었어요. 외국 가면 트럭 운전이 좋다 해서 8톤 트럭 한번 올라가서 뒤를 보니까 끝도 안 보이는 거야. 후진하려고 하는 순간에 이건 아니다 하고 진작 포기했죠. 부인은 동대문 시장가서 재봉틀까지 사고 옷을 수선할 정도로 몇 달 배웠죠. 이삿짐 나를 때마다 재봉틀이 처리가 곤란해서 나중에 버렸죠. 실무적으로 써먹을 수 있는 단젼지 몰라도 이민 오면 다들 금방 뭐 하나 갖고 시작해요.
　당시에 뉴질랜드 이민은 주안점이 대학을 졸업하고 직장 생활 10여 년 한 젊은 사람을 최우선으로 뽑았어요. 이공계 전공에 대학원을 하면 점수를 더 주고 그랬죠. 어느 날은 몇 점 이상 오면 받아 주겠다 해서 저는 바로 영주권을 받아 온 셈이었어요. 직장 생활했으니까 갖고 온 돈도 별로 없었어요. 와서 슈퍼마켓 안에 빵 만드는 회사에 어플라이^{지원}해서 들어갔어요. 바닥일이고 몇 달 했어요. 우리집 사람이 그나마 제가 빵 공장에 취직한 거를 되

게 자랑스럽게 여겼는데 그 월급 갖고는 렌트비 내고 나면 생활비가 안 돼. 가져온 돈 계속 까먹는 거지. 직업을 가졌다는 걸로 룰루랄라예요. 우리집에서 옆집 팩스를 받아줬는데, 부동산에서 팩스가 왔길래 보니까 런치바 임대료가 쫙 오는 거예요. 우리보다 늦게 이민 왔는데도, 런치바 보고 다니는데 부인이 '우리도 이거 보러 다니자' 그랬는데 제가 알았다고 하고 한 2주 동안 계속 출근을 했어요. 이 나라는 법적으로 그만두겠다는 걸 3주 전에 노티스 통보를 줘야 되거든요. 집사람이 사표 냈냐 묻다가 어느 날 오늘 사표 안 내면 오지 마래. 집에 들어가자마자 부인이 그만뒀냐고 묻더라고. 그 후로 매일 가게 보러 다닌 거죠. 빵 했으니까 애기도 너무 어리고 부동산 에이전트가 런치바가 5일 근무니까 이거하라고 하더라고요. 내 사업을 해야겠다 해서 부인이랑 런치바를 차렸죠.

케이크 전문 '더 게토 하우스'

98년도 현지인 빵을 하던 사람 거 '퍼스트 메이트 베이커리'를 그대로 받아서 손에 좀 익었을 때 한 달 후에 한국 빵을 했어요. 노스지역에 사람이 많이 사는데 웨스트하버에 차려놓으니까 아무도 안 오는 거예요. 부인이 장 보러 다니면서 우리가 빵집을 할 건데 나중에 빵 갖다 놔도 되냐고 묻고 다녔어요. 그때 떡은 한국 식품점에 이미 들어가 있어서 우리는 빵을 위탁 판매하는 거죠. 웨스트하버에서는 트렁크가 넓은 왜건(화물칸이 있는 승용차)으로 박스를 차곡차곡 쌓아서 부인이 배달을 했죠. 빵을 만들어서 아시안 식품점 한양, 제일, 킹스, 모더니 한 7~8군데 공급했어요. 부인이 수첩 들고 다니면서 아시아 식품점에 '빵 몇 개 내려놨습니다' 하고 사인 받고 그랬어요. 타카푸나에 빵집이 하나 있었는데 잘 됐지. 근데 우리가 떡하니 나타난 거죠. 그 후에 타카푸나 빵집 주인이 자기 빵이 안 되니까 우리를 찾아와서 우리보고 식품점에 빵을 넣지 말라고 하더라고요.

한국인에게 우리 빵은 이미 식품점으로 광고가 됐고 도미니언 가게를 지나다가 중국 이민자가 많은 데가 어디냐니까 도미니언 마운틴이라고 해서 그쪽에 급하게 계약을 해서 2002년부터 오클랜드 도미니언 로드에서 '김보연 제과' 영어로는 '베이커스 프라이드'를 운영했습니다. 김보연 케이크의 효시라고 할 수 있죠. 한국적인 케이크를 하면 괜찮겠다 해서 주문 전문 케이크로 교민 신문에 광고를 내면서 팔기 시작했죠. 어떤 날은 하루 1개, 2개 주문이 와요. 배달 갔다 와 봐야 택시비 정도밖에 안 되는데 진짜 기분 좋더라고요. 말이 전문 제과점이지 종업원이 집사람하고 저하고 둘이었어요. 욕심 안 내고 한 단계씩, 한 단계씩 했어요. 주머니가 꽉 차가지고 이게 삐져나올 때 되면 겨우 하나를 내고 그랬죠.

동쪽에 남동생네가 빵집을 차렸는데 빵 배달을 갔는데 딱 마주친 거죠. 타국까지 와서 경쟁하는 게 싫더라구요. 어렵다는데 줘야 안 되겠나 싶어가 동쪽은 다 때 줬는데 저희 매출액의 1/3이었어요. 그 이후로 전쟁터처럼 식품점에 빵들이 다 들어오는 거예요. 우리는 현지인 상대로 빠져야 겠다 해서 식품점에 납품하던 걸 뺐어요. 2005년부터 '더 게토 하우스' 라는 이름으로 베이커리를 냈죠. 안면 있는 닥터 부부가 두세 평 정돈데 영업이 안 된다고 내보고 사래요. 벅차다 해서 사양했지요. 잊고 지내다가 이 친구가 공장을 그만두고 퀸 스트리트에서 카페를 하는데 내보고 인수하래서 2008년부터 케이크 샵을 냈어요. 웬걸 한 달에 종업원이 1명씩 바뀌어요. 손님이 없어서 심심해서 못 있겠대. 유럽풍으로 세계적으로 앞선 디자인으로 케이크를 하니까 이게 먹혔는지 많이 알려지게 됐어요. 두 번째 브런치는 현재 문을 닫았고, 세 번째는 뉴마켓이라는 브로드웨이에 분점 내고 보타니, 알바니에 자리 잡으면서 7개로 넓혀나갔어요. 인연이 묘하더라구요. 도미니언 메인 점포를 하다가 규모가 커지니까 감당이 안 돼서 공장을 계속 찾고 있었어요. 한 3년 전에 계란을 공급해주던 사람이 바뀌었다고 연락 받았는데 다른 사람이 왔더라고요. 크리스마스여서 제가 인사한다고 가서 계란 배달을 하냐니까 공장 안 필요하냐고 해요. 인수받다보니까 그게 지금 저희 보타니 공장이에요.

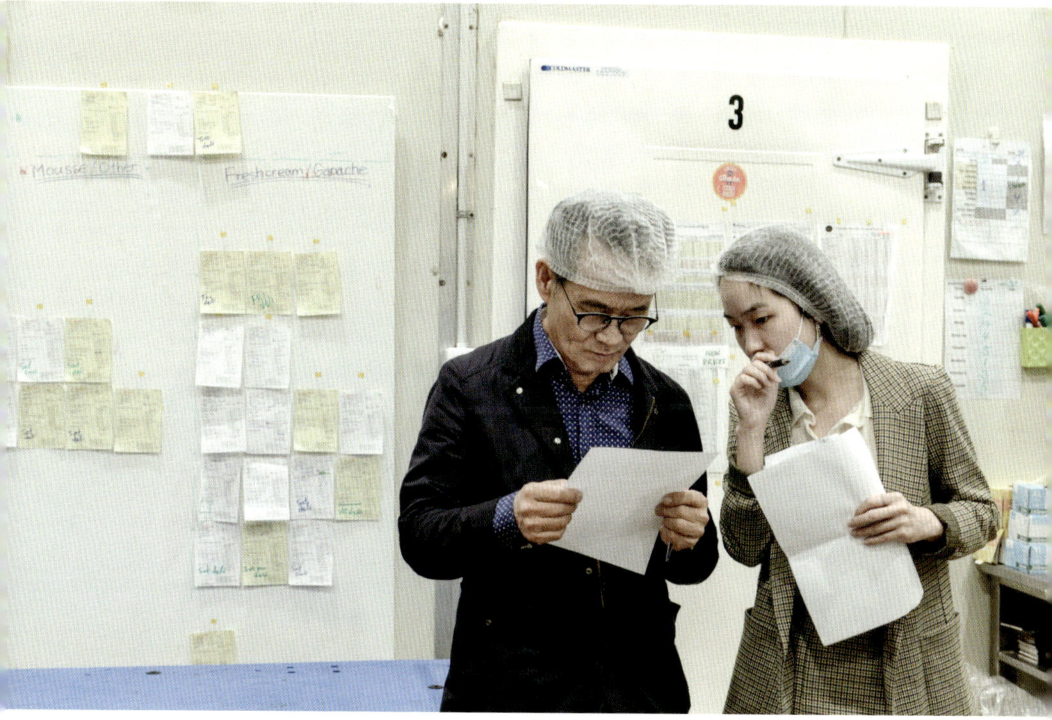
Mousse / Other
Freshcream / Ganache
3

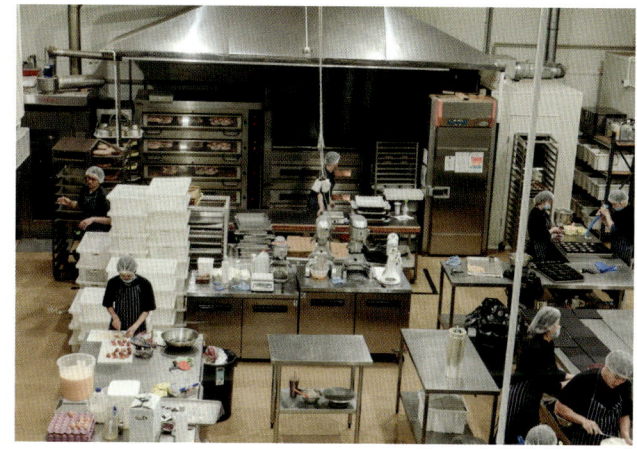

발효과정에서 나오는 자연스러운 향과 맛

　남이 안 하는 니치마켓틈새시장에 치중했어요. 디저트용 케이크도 있지만 셀러브레이션축하 케이크, 노블리티 케이크라고 해서 행사에 주빈이 되는 케이크가 있어요. 한국 분들은 케이크를 잔칫상 가운데 두잖아요. 저는 셀러브레이션축하 취지는 살리지만 너무 기교에 치중하지 않고 터프하고 심플하면서도 품위를 올려주는 디자인을 추구했어요. 일본의 화과자는 눈으로 먹듯이 아름다운 건 좋지만, 손이 많이 들어가는 건 '너무 예쁘다' 하고 손은 안가죠.
　이 사람들한테는 빵, 케이크가 한국의 시루떡, 송편, 절편 같은 거잖아요. 너무 전통만 고집해도 안 되지만 케이크도 스펀지에 크림에 다 전통에 기반을 둔 것들이거든요. 70, 80년대만 해도 칼라, 장식처럼 기교 위주였어요. 옷에 디자인도 바뀌듯이 케이크도 패턴, 트렌드가 반드시 존재해요.
　같은 밀가루지만 영국은 굉장히 부드러운 풀만빵식빵의 한 종류, 프랑스만 해도 겉은 딱딱하고 속은 말랑한 바게뜨를 먹지요. 독일만 넘어가도 속까지도 흑빵처럼 샤워링합니다. 시대나 지역에 따르는 게 있어요. 저는 내가 친숙했던 프랑스 케이크를 기반으로 전개를 했죠. 미국이나 영국 베이스인 뉴질랜드는 프랑스 빵을 좀 생소하게 여긴다 할까요. 나중에는 우리 케이크를 가장 좋은 거로 인정을 하더라고요. '가장 한국적인 것이 가장 세계적이다' 말이 있듯이, 내가 좋고 맛있고 필이 가는 제품은 남들도 좋더라 이거죠. 안동 간고등어가 여기 슈퍼마켓에서도 나오거든요. 이 사람 대단한 사람이다, 누군가가 스토리텔링을 해서 안동 간고등어 자반에 가치를 부여했잖아요. 마케팅 쪽으로는 귀재라고 여겨지는데 저도 제품에 이야기가 덧붙여지고 풍요로워지는 것을 가미해야 된다고 봐요.
　우리 빵은 너무 달지도 않고, 먹을수록 땅긴달까? 겉절이가 있고 김치가 있잖아요. 김치는 발효식품이잖아요. 겉절이를 금방 하고 김치를 흉내낸다고 식초를 넣는다고 신맛을 낸다던지해도 그건 익은 김치가 아니거든요. 빵은 발효과정에서 자연스러운 향과 맛이 나오는데, 발효과정 없이 바로 팽

창제를 넣어서 부푼다든가 하면 그 맛이 안 나거든요.

계란이 워낙 비싸서 보름달 카스텔라가 밀가루 100이라면 계란 20, 우리 빵은 밀가루 100에 계란이 200이 들어갑니다. 10배가 더 들어가요. 굉장히 부드럽고 맛이 있죠. 기술이 다가 아니고 결국은 좋은 원료예요. 저희가 20년 동안 운영하지만 안 바뀐 게 많아요. 밀가루 최상, 마가린이나 버터 있다면 버터를 쓰고 치즈도 이미테이션 있지만 리얼 치즈를 쓰고 내추럴 바닐라 빈^{천연 바닐라 콩}에서 나오는 걸 써요. 재료를 최상으로 픽스^{사용}를 하다보니까 맛도 희한해지고 제가 재료를 잊어버리고 다른 데 집중을 할 수 있죠. 우리는 의외로 마니아가 많아요.

빵은 피안의 세계

　　1982년도 삼립 근무할 때는 회사에서만 매달린 시간이 13~14시간, 2교대 근무를 했어요. 누구 만날 시간도 없었어요. 고향 형님 소개로 선 아닌 선을 보게 됐죠. 저는 부끄럼도 많이 타고 해서 말도 잘 못했는데 부인이 대범하고 얘기도 잘하고 잘 받아 줘서 그런지 대화가 되고 물론 외모도 이뻤고요. 첫눈에 반했다고 할까? 좋아서 빨리 결혼을 추진했죠. 당시에 맞벌이 구해라는 말이 많았는데 저는 그 소리가 듣기 싫더라고요. 저 지론에 결혼은 생활 도구 구하는 것도 아닌데 자기 좋아하는 사람 만나야 되지요.

　　x축, y축 합하면 대각선이 나오잖아요. 자식한테도 부부 간 의견을 잘 들으라는 이야기를 해요. 우리 한국적인 남성상에 내 말 들어 이런 게 있잖아요. 그러면 그 사람 x축밖에 안 나와요. y축이 쪼끔 거들어도 벡타의 합으로 대각선 더 길어지잖아요. 부부의 x, y축 합치면 엄청 힘이 세져요. 같이 결정하면 누구를 원망하겠어요. 모든 걸 같이 결정했다 보니까 원망할 것도 없고 둘이 열심히 산 셈이죠. 소박한 꿈으로는 아들이 와서 사업을 물려받았으면 좋겠는데 잘 안 되더라고요. 제가 물리적인 시간을 인볼브^{관여} 안 돼도 되게끔 전문 경영인은 너무 거창하고 저희는 전문 관리 체제로 많이 가고 있어요. 빵은 피안의 세계였는데 제과 비즈니스를 하다 보니까 문득문득 어릴 때 꿈꾸던 것이 지금은 내 생활 속에 있구나 하는 생각을 해요.

양복 꼬리잡고 비비틀던 남편과의 1박 2일 첫만남

저는 안동에서 1958년에 태어난 유성자입니다. 이룰 성, 아들 자를 쓰는데 위에 언니가 둘이라 부모님이 아들 낳으라고 성자로 지었대요. 원래는 7월 25일이 생일인데 주민등록에는 8월 26일이에요. 옛날에는 몇 달씩 늦게 등록했잖아요. 위에 오빠는 미리 홍역 하면서 죽고 9살, 6살 차이나는 언니 둘 있고 저는 셋째 딸이에요. 아버지는 사업하시다가 다 털고 딴 데로 가시고 어머니는 제 밑에 남동생을 챙겨서 대구로 가셨어요. 저는 안동에서 자취하면서 직장 생활하고 있었어요. 세탁소가 골목 입구에 있었는데 세탁소 가서 세탁하고 다림질하는데 얼마냐니까 이웃집 아저씨가 '시집이나 가지?' 이래요. 제가 '좋은 사람 있으면 가죠' 이랬더니 조금 뒤에 오토바이 타고 어떤 분이 왔어요. 둘째 아주버님 친구 분이었던가 봐요. 저를 아래위로 쳐다보더니 한 번 만나 보래요. 그 무렵에 제가 남친이랑 헤어지고 마음이 힘들 때고 또 부산이라는 거예요. 가서 바다 구경이나 하고 오자. 이름도 모르고 뭐 하는 사람인지도 모르고 그냥 간 거야.

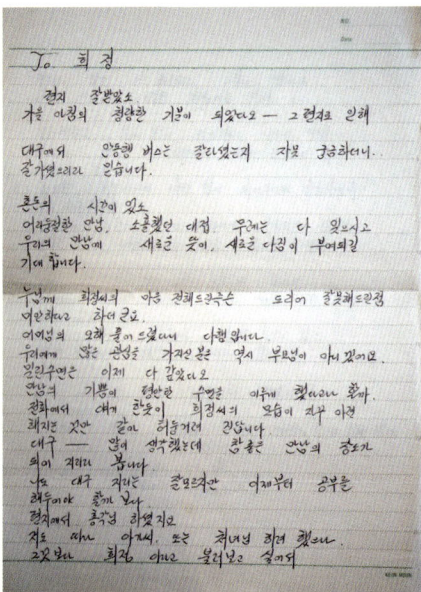 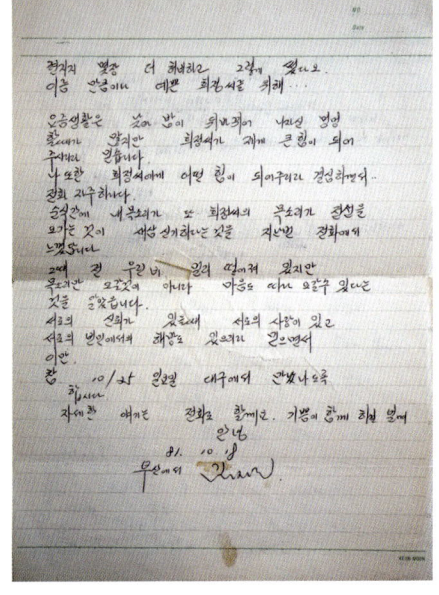

남편은 얌전한 모범생이었어요. 만났는데 부끄러워 가지고 양복 꼬리를 잡고 어쩔 줄 몰라가 비비 틀더라고요. 부산에 중앙선이 새벽기차가 있고 오후에 한 번 가는 거밖에 없어요. 집에 갈 때가 됐는데 지금 출발해서 고속버스 타고 대구 가도 안동을 못 들어가는 시간인 거예요. 갑자기 가슴이 두근두근하고 '큰일났다 어떡하지?' 고민하는데 남편이 걱정하지 말라고 자기는 야간 근무로 들어가니까 자기 방에 내 혼자 있으라고, 내일 하루 더 놀다가 가래요. 저는 낯선 방에 있고 입고 온 채로 잤어요. 집에 가 봐야 아무도 없는데 토요일, 일요일이고 해서 하루 더 있었어요. 남편이 다음날 와서 잠깐 자고 일어나겠대. 남자가 자는데 어떻게 또 거기 있어. 나와서 골목 걷다가 다시 들어가니까 남편 누님이 오셔서 '우리는 뭐 아무것도 안 본다'고 사람만 좋으면 된다 그래요. 다음날 남편이 부산 서면에 친구들 만나는데 같이 가자고 그래. 나를 여자친구인 것처럼 소개하길래 기분 나빠서 '우리 어제 첨 만났어요' 했어요. 터미널에서 헤어지면서 전화번호를 달라는데 전화가 없다니까 계속 물어서 우리 동네 안쪽 집 전화를 적어줬어요. 그때 만나가 적어준 걸 남편이 코팅해서 아직도 갖고 있어요. 이젠 너덜너덜해졌어.

제가 부산 갔다 온 걸 어머니가 아시곤 외박했다고 난리가 났어요. 자초지종을 설명을 하니까 부모님 생각은 또 다른 거예요. 가세는 다 기울었지 시집갈 딸은 있지. 며칠 뒤에 안집 전화를 받아 보니까 저 사람인 거야. 첫마디가 보고 싶대. 아니 언제 봤다고 보고 싶냐 그랬어요. 어머니가 남편을 한 번 보자고 해서 만났더니 이목구비도 괜찮다는 거야. 그쪽 어르신 보는 날에 약혼을 하고 가래는 거야. 81년 10월 9일 한글날 만나서 두 달 만에 약혼하고 다음해 3월 7일 날 결혼했어요.

개소주 두 마리 먹고 얻은 딸

부산서 6년 살고 회사가 서울에 시장을 개척하러 가면서 저희도 수원으로 옮겼죠. 막상 이민 가려니까 남편이 조금 겁이 났나 봐요. 신체 검사하고 1년 유예기간이 있는데 그 사이에 부산에 내려온 거예요. 이민 신청하는 데서 연락이 와서 수속한 돈 안 받을 테니까 뉴질랜드로 가고 싶으면 가라고 했어요. 그때 막둥이가 뱃속에 있어서 엑스레이는 안 찍고 나머지 검사하고 그러고 왔죠. 첫애 놓고 몸조리를 못 하고 원래 몸이 건강 체질은 아니었던가 봐요. 밥숟가락만 놓으면 톡 쓰러지고 잠만 잤어요. 또 바람이 들었는지 바늘로 온 몸이 찌르듯이 아픈데 애 키우느라고 힘들어서 몸살인가 하고 몸살 약, 감기약을 먹었는데 제가 면역이 다 떨어지면서 돌아가면서 안 아픈 데가 없는 거야. 물 외에는 못 먹는 거야. 먹으면 다 토해버리고 애도 열 달 내내 먹지도 못하고 애기는 크지도 않았고 열 달 견딜 자신도 없고 이래서는 뱃 속에 애도 정상적이지 못할 거라는 생각에 유산을 했어요. 이기적인 생각을 한 거죠. 몸이 계속 안 좋아서 애기를 안 가졌어요. 한번은 결핵까지 온 거죠. 딸이 죽게 생겼으니까 친정어머니가 시장 다니면서 물어가 개소주를 두 마리를 해 줬어요. 먹으니까 일어나더라고요. 내가 돌아보면 해 놓은 게 자식 농사밖에 없을 거 같은 생각이 들더라고요. 그래서 늦게 둘째를 가진 거예요.

'뉴스페이퍼' 대신 '페퍼' 내주던 5일 런치바

뉴질랜드 올 때는 겁이 없어서 '사람 사는 덴데 갑시다!' 그랬어요. 폭삭 망했다 해도 저는 시장에 가서 배추장사라도 할 자신 있었거든요. 1996년에 쪼끄마한 런치바 하는데 새벽 4시에 일어나서 준비하고 오픈해야 돼요. 샌드위치도 만들고 커피랑 티도 하고 남의 나라 와서 일자리가 있다는 게 감사해서 그 새벽에 일어나서 묵주기도 5단하고 일하러 내려갔어요. 그때는 몸이 간당간당허약거려서 몸살 약, 감기약을 지어서 냉동해 두고 일했어요. 일해야 되는데 새벽 되면 막내가 쫓아 내려오니까 업고 일했어요.

남편이랑 같은 공간에서 24시간 붙어 있으니까 안 맞는 게 너무 많은 거야. 손도 안 맞는데다가 일머리도 달라. 손님들한테 주는 냅킨이 없으면 저는 잠깐 기다리라 하고 통째로 갖다 놓고 시작하는데 남편은 손님이 냅킨 찾으면 한 개 집어다 주고 또 찾으면 또 하나 집어다 주고 그랬어요.

샌드위치 손님이 오면 서브웨이샌드위치 전문점처럼 재료가 쭉 있고 손님이 재료를 뭐, 뭐 달라고 불러요. 근데 한국말이 아니니까 번역을 해서 기억을 해야 되는 거예요. 재료 3가지만 넘어가면 기억을 못 하는 거야. 남편도 손님 받고 나도 손님 받는데 손님이 햄, 치즈, 파인애플 시키면 속으로 외우면 되는데 남편이 '햄, 치즈, 파인애플, 햄, 치즈, 파인애플' 옆에서 주문을 외우고 나는 헷갈리는 거야. 남편이 헷갈리니까 제가 주문받는 소리 안 들으려고 자기 들은 거 잊어버렸다고 나보고 뭐라 그랬냐고 묻고 그랬죠. 손님이 와서 뉴스페이퍼신문 달라는 거를 페퍼후추 로 들어서 후추 갖다 주고 그랬어요. 한국 돈은 10원, 20원, 여는 1불 50처럼 센트가 붙으니까 계산도 틀리고 내가 봐도 틀린 거 같아서 손님 가고 나면 '당신 얼마 내줬어?' 근데 가격이 얼마였어. 잘못 준 거야. 잘못 줬다고 뭐라 하고.

6개월을 해보니까 이거 아닌 거야. 이거는 1년 이상을 해도 절대로 매출액이 안 오르겠고 하다가 팔자고 노래를 했어요. 몸과 마음이 다 힘들어서 한국 가겠다니까 혼자 가라고 했나. 이웃 엄마한테 가게 맡기고 여긴 크리스마스 연휴랑 애들 방학 합치면 휴가가 길어서 애들 둘 데리고 저는 한국 갔어요. 자기한테 가게 팔라고 해서 남편이 등 떠밀려가 가게를 팔고 한국 가니까 IMF가 터진 거예요. 환율은 뻥뻥 오르지 남편이 가만 생각하니까 한국 갔다 오면 자기는 뭘 해야 될지 모르니까 안 팔면 안 되냐고 그랬어요.

평범과 평균을 요구하지 않는 사회

옛날보다도 한국인들이 외국을 나갈 생각이 적어서 그런지 요즘은 뉴질랜드에 적게 들어와요. 다른 나라의 교민사회보다 뉴질랜드는 비슷한 연령대에 비슷한 교육수준, 비슷한 사고의 사람들이 있기 때문에 친하게 잘 지내고, 다양한 직종에 종사하는 사람이 많고 거주인구에 비해서는 왕성하게 대외 활동도 잘 하는 편이에요. 뉴질랜드는 개인에 대한 자유, 권리가 굉장히 존중되지만 같이 무엇을 추구하는 건 약해요. 그렇지만 이방인 입장에서 살기는 굉장히 좋은 체제입니다. 자기에게 불리하게 터치하는 사람이 없고 사회 안에서 각자의 지분을 갖고 살 수 있기 때문에 할 것만 꾸준하게 하면 좋은 평가를 받아요. 교육에서는 자유분방한 면을 존중하고 모난 돌이 정 맞는다는 식의 평범과 평균을 요구하지 않아요. 모든 개성을 존중하는 문화라서 그림 잘 그리는 애, 노래 잘 부르는 애가 모두 공존할 수 있는 사회가 뉴질랜드 않나 싶어요. 200개의 언어, 150개의 인종이 살고 있다할 정도로 멀티컬츄럴^{다문화}한 사회가 되었거든요.

270개 LED로
오클랜드 밤하늘을 밝힌 안동 촌놈

유광석 | 1971년 1월 7일, 경북 예천군 하리면 송월2리 230

경북 예천이 고향인 그는 삼형제 중 장남으로 태어나 묵묵히 자신을 밀어 주셨던 부모님 덕분에 초등학생 때부터 태권도를 배울 수 있었다. 그는 중학교 3학년 때 이미 2단이나 되는 유단자였고 1,000명이나 되는 학생들을 세워 놓고 태권도를 가르치기도 했다. '강감찬 장군도 내 나이에 500명을 거느렸을까' 라는 나름의 기개가 차고 넘치던 시절이었다.

고등학교를 졸업하고 무작정 서울로 올라간 그는 돈을 벌기 위해 경기도의 한 족발 공장에 발을 들였다. 꽝꽝 언 얼음박스에서 돼지 발을 꺼내 하루 3,000여 개의 돼지 발톱을 뽑고 토치로 털을 그을렸다. 이후 그는 인쇄소와 돌에 사진을 새기는 수석 사진 회사를 거치면서 지금의 아내를 만날 수 있었다. 퇴근해서 '불이 켜진 집에 들어가고 싶다'는 그의 소원이 이루어진 것이다.

2000년 친한 형님의 일을 돕기 위해 들른 뉴질랜드에 반해 다음해 가족들과 뉴질랜드로 이민을 왔다. 당시 이미그레이션^{입국} 이란 단어도 모르던 그였다. 오자마자 당장 입주할 집이 없어 호텔에서 돈만 까먹었고 한 달 보름 동안 밥에 참치와 계란 프라이만 비벼 먹었다. 할 줄 아는 게 광고 일밖에 없던 그는 뉴질랜드 전역에 3,000장의 명함을 뿌리며 인쇄 일을 시작하게 되었다. 인쇄보다 더 돈이 되는 간판 제작으로 눈을 돌려 혼자 집에서 책을 보고 연구했다. '해본 적 없지만 한다고 했던' 간판 제작까지, '일을 두려워하기보다 일이 들어오면 무조건' 뛰어들었다. 왼손잡이였던 아버지의 손재주를 닮아 손으로 하는 것은 무엇이든 잘했다. 운이 좋게 호텔 간판 제작 일을 따게 되었고 한국과 뉴질랜드를 오가며 2년에 걸쳐 오클랜드 'SO호텔'의 간판을 제작하게 되었다. 그가 만든 간판은 호텔의 랜드마크로 어두운 밤 오클랜드 도심을 환히 비추고 있다.

왼손잡이 아버지와 마음 넉넉한 어머니

저는 유광석입니다. 1971년에 지금은 은풍면으로 바뀐 예천시 하리면 송월리에서 태어났어요. 삼형제 중에 장남이다 보니까 부모님께서 제가 하고 싶다는 것은 웬만하면 다 들어주셨어요. 자전거가 귀할 적에 아버지가 자전거도 멋있는 거 하나 사 주시고, 남부럽지 않게 큰 것 같아요.

아버지 성함은 유용태이시고, 체격이 크고 힘이 좋고 손재주도 좋은 분이었어요. 아버지가 왼손잡이셨는데, 낫은 왼손으로 풀베기가 어렵잖아요. 아버지가 마을 풀베기 대회에 나가시면 꼭 상을 타 오셨어요. 왼손잡이가 손재주 좋다고 하잖아요. 당신 집도, 기둥도 손수 다 만드셨어요. 어머니는 황정순 여사님이에요. 어머니는 불쌍한 사람들을 잘 도와주셨어요. 어느 날 우리 마을에 경남 진주에서 60대 한 분이 어떤 분을 찾으러 오셨는데 결국 못 찾으셨대요. 그분이 어쩌다 저희 집에서 일주일 정도 기거를 하셨어요. 어머니가 일주일 동안 그분에게 밥을 내주셨어요. 둘째, 셋째 동생은 예천에서 꽃 재배도 하고 판매도 하고 있어요.

기술과 지도력, 고등학교 기숙사 생활

동네 5~6개 학생들까지 친구 먹고 끌어모은 적이 있어요. 초등학교 5학년 때 봄소풍을 갔다 온 다음날이었어요. 저는 학교 갈 때 자전거를 타고 다녀서 그날 학교를 좀 일찍 갔어요. 학교에 애들이 없어서 소풍 다녀온 다음 날이니 오늘 학교가 없는 날^{수업없는 날}인가 하고 돌아가는 길이었어요. 그런데 애들이 깃대 하나 들고 줄서서 학교로 내려오는 거예요. 당시에는 한명이 깃대를 들고 다 같이 동네에서 모여서 학교를 갔잖아요. 제가 나쁜 놈이었죠. 친구들한테 오늘 학교 안가도 된다면서 30명을 한 줄로 끌어모아서 동네 산으로 다 데리고 갔어요. 그날 숨바꼭질하고 싸온 도시락으로 점심 먹고 놀다

가 집으로 갔어요. 다음날 학교 갔는데 난리가 난거죠. 애들이 학교를 단체로 안 왔으니까요. 선생님들이 애들한테 '어제 왜 학교 안 왔냐?'고 꼬치꼬치 물었는데 애들이 오늘 학교 노는 날이라고 제 이름을 댄 거예요. 그 후로 중개_{중간학교개} 라는 별명이 붙었어요.

초등학교 6학년 때 태권도를 시작했어요. 살던 마을 하리에서 예천 시내까지 버스를 타야 태권도를 배울 수 있었어요. 중학교 3학년까지 태권도 다니면서 2단을 땄어요. 발차기도 하고 무술인이니까 친구들이 저를 조금 경계하기도 했어요. 1987년도에 대구에 있는 대중금속공업고등학교에 들어갔죠. 그 시절엔 기술을 배워야 한다고 했잖아요. 군 면제 특례가 되는 학교였어요. 면접을 보러 집에서 예천까지 1시간 예천에서 대구까지 3시간 40분 걸려서 갔죠. 경례하고 관등성명하고, 교장 선생님은 별이 2개고 학교가 완전 군대식이었어요. 1학년은 태권도를 무조건 해야 돼요. 2, 3단 자격이 있으면 태권도 사범 자격증을 받을 수 있었는데 저는 태권도 2단이라 사범을 했어요. 약 1,000명의 전교생을 운동장에 세워 두고 훈련을 시켰죠. 제 말 한마디에 학생들이 다 따라 움직이고 하니까 우스갯소리로 '강감찬 장군도 그 시절 내 나이에 한 500명 거느렸을까?' 그랬어요. 고등학교를 기숙사에서 지내면서 공동체 생활을 하다 보니까 단결, 지도력을 많이 배웠어요.

3,000개의 발톱과 알통

고등학교 졸업을 앞두고 1989년도 6월에 경기도 안산에 있는 금속 열처리 회사인 삼천리 연철에 실습을 나갔어요. 그때 월급이 14만 원 정도였고 한 달 내내 3교대로 일했는데 22만 원을 주더라고요. 15년 근속하는 분들도 월급이 60~70만 원밖에 안되는 거예요. 비전이 떨어져서 졸업하고 6개월 근무하고 그만뒀어요. 새로운 일을 찾으러 1990년 무작정 서울로 올라갔어요. 서울 성수동 한 칸짜리 온돌방에서 월 9만 원에 자취를 했어요. 석유곤로에 된장찌개, 김치랑 해서 밥 먹고 그렇게 2년을 살았죠. 나이가 어리니까 취직이 힘들었어요. 하루는 이력서를 넣고 힘 없이 집으로 오는 길에 전봇대에 '로얄식품 직원급구'라고 써 있더라고요. 훈제치킨, 족발을 만드는 데였어요. 거기 가면 족발이랑 치킨도 먹을 수 있겠다 싶어서 일하게 됐죠.

하루 종일 돼지발톱 빼는 일을 했어요. 첫 월급이 45만 원이었어요. 아침 8시부터 저녁 7시까지 완전히 생 노가다예요. 냉동차에 꽝꽝 얼어 있는 발톱 있는 돼지고기, 내장이 그대로 있는 치킨이 노란 플라스틱 박스에 담겨져 와요. 일단 물에다가 노란 박스 10개를 쏟아 부어요. 1시간 정도 지나면 얼음하고 발톱 붙어있는 게 떨어져요. 그러면 그거를 다 뜯고 가야 돼요. 갈고리에 돼지 발을 걸고 발톱을 빼야 하는 거예요. 발톱이 잘 빠지지도 않고 잘 찢어져요. 빼고 나면 토치로 돼지털을 다 구슬러야^{태워야} 돼요. 그걸 한 1년 했죠. 그때 알통이 많이 생겼어요.

IMF로 대박 난 인쇄업

제대하고 수석 사진 회사에서 영업일을 했어요. 돌에다가 사진을 붙이는 게 한동안 유행했어요. 수석 사진 1만 원짜리를 해 오면 30%를 수당으로 떼 줬어요. 1~2년 된 사람보다 제가 더 많이 가져갈 때도 있었어요. 앞으로 평생 발품, 임시직으로 경험 좀 더 쌓는다고 생각하고 했죠. 그만큼 제가 발로 많이 뛰었어요.

그러다가 충무로에서 인쇄광고 회사를 운영하시던 작은아버지 회사에서 일했어요. 처음엔 청소 오만 거 말 그대로 시다바리 1년을 했어요. 기술을 가르쳐 주는 것도 아니고 제 짧은 생각에 발전이 없는 것처럼 보여서 그만두겠다니까 작은아버지가 영업을 해봐라 해서 영업을 시작했어요. 당시 작은아버지 회사에서 높은 분이 하던 대우전자 사보 제작을 제가 하게 됐어요. 대우전자 들락날락하면서 대우전자에서 나오는 일은 제가 다 연결되는 거예요. 모든 일에 다 저를 찾아요. 1년 반 정도 중추적인 역할을 했지만 성이 안 차서 제 일을 찾아보겠다고 또 떠났어요.

96년에 인쇄에 관련된 일이 모든 일의 중심이 된다고 생각해서 '코아그래픽'을 만들었어요. IMF 때 이민, 유학 회사가 굉장히 잘됐어요. 신문을 보는데 이민 회사랑 이민 세미나들이 많은 거야. 제가 먼저 캐나다 이민을 전문적으로 하는 데 문을 두드렸어요. 세미나에 사람들이 몇백 명씩 오고 사람들한테 미국, 호주, 캐나다, 뉴질랜드 나라별로 누런 봉투에 인쇄물을 주는 거예요. 제가 이걸 다 만드는 거죠. 이민 가는 사람들이 없는 돈 탈탈탈 끌어다 이민 가니까 이 회사들이 캐시가 풍부하죠. 저한테 현금으로 주는 거예요. 그 회사가 잘 돼서 새끼 쳐서 나간 회사들이 저를 찾는 거예요. 이때 인쇄소가 엄청 많이 망했어요. 기계를 다 리스^{임대}로 달러에 사왔는데 돈이 안 들어오고 달러는 천정부지로 올라가 있고 회사들이 감당이 안 되는 거예요. 당시에는 현금이 최고였죠. 저는 감당이 안 될 정도로 돈이 생기는 거예요. 한 달에 한 번 브로슈어^{전단}를 3~4,000부씩 찍는데 세미나가 일주일에 2~3번씩 있으니

까 브로슈어 소진이 굉장히 빨리 되는 거예요. 그때 순수하게 5,000만 원 이상 현금을 벌었어요.

　인쇄 거래처 경리가 집사람을 소개시켜 줬어요. 처음에 딱 만났는데 아주 그냥 시골스러우면서 때가 안 묻은 순수한 사람이구나 하고 점찍어 놨죠. 놓치기가 아쉬운 거예요. 당시 부인이 송파구 삼전동 현대자동차 영업소에서 계출 업무를 하는데 항상 바빴어요. 인쇄소 경리를 통해서 집사람 만날 수 있는 일을 만들었죠. 그래서 저녁도 같이 먹고 26살에 만나서 1년 정도 사귀었어. 혼자 자취하니까 맨날 제 손으로 집에 불을 켜야 하는데, '이 불을 내가 안 켜고 불 켜져있는 집에 들어오면 좋겠다' 했어요. 1996년도 말 27살에 결혼했어요.

이민 와서 한 달 보름간의 모텔 생활

뉴질랜드에 2000년에 친한 형님이 세미나 자료를 만들러 가자고 해서 처음 왔어요. 만나는 사람마다 더 젊어서 오지 못한 것에 후회를 많이 하더라고요. 2001년 10월 한국에서의 생활을 정리하고 장기 사정 비자로 뉴질랜드에 오게 됐어요. 그때는 상식적인 정보밖에 없었어요. 공항에서 가족들에게 '5년 뒤 돌아오겠습니다'하고 룰루랄라 해서 왔어요. 오클랜드 공항에 딱 내리니까 짐 보따리는 또 얼마나 많이 들고 왔는지. 저는 몇 개 메고 아기 엄마는 적은놈 유모차에 싣고 양손에 짐 들고, 애는 가방 하나 등허리에 맸어요. 입국 통로를 따라서 나오는데 내가 저것들을 어떻게 먹여 살려야 할까 거기서 한 짐이 확 오는 거예요. 공항에서 어디로 나가야 되는지 정신이 하나도 없고 5분 걸어 나오니까 영어가 막 쓰여 있었어요. 이미그레이션^{입국}이 뭔지도 몰랐어요. 이민관이 뭐 물어도 제가 영어가 안 되니까 얼마나 답답했으면 그냥 나가라 했어요. 입국 심사장 딱 나오니까 이민, 정착서비스, 부동산, 보험, 사무실 직원, 다섯 분이 저희 가족을 반겨 줬어요. 밥도 안 먹었는데 당일에 매매하는 집을 보여주는 거야. 모르는 상황에서 당장 사기는 힘들고 생각해보자고 했어요. 부동산 하시는 분이 보여준 집은 가든이 있는 굉장히 좋은 집이었는데 지금 생각하면 저를 뽑아 먹으려고 하는 사람들인 거예요. 처음 이민 오면 자동차를 사면 보험도 들어야 하고 집을 사면 보험도 들어야하고 다 해야 하는 거야. 아는 게 아무것도 없는데 선뜻 해야 되는 줄 알고 오자마자 3일 만에 차를 샀어요.

기거할 데가 없었어요. 집을 사려고, 보는 집마다 다 사고 싶어. 다섯 집 보고 결정을 내렸어요. 오늘 집을 사면 내일 들어갈 수 있는 줄 알았어요. 막 서둘러서 파는 집이 하나 있었는데 그게 한 달 보름 뒤에 들어갈 수 있었어요. 그때 호황이라 빈집도 없었어요. 모텔도 빈방이 잘 없어서 당시에 모텔 하룻밤에 120불씩 줬어요. 한국에서 가지고 온 음식들은 우리 셋, 넷이 먹어 재끼니까 일주일도 안되어서 동이 나더라고. 있는 게 냄비 하나에 밥그릇, 접

시 몇 개니까 반찬을 해먹을 수 있는 게 아무것도 없었어요. 옆에 푸드 타운이 있었는데 영어를 모르니까 안에 뭐가 들었는지도 모르고, 참치 통조림은 알겠더라고요. 맨밥에다 계란 후라이 해가지고 참치, 고추장 비벼 먹는 게 일이었던 거야. 그걸 한 달 보름 했어요. 모텔 생활을 끝내고 이사를 갔어요. 주인이 일본 사람인데 집에 있는 상세하게 노트에 다 적어서 하루 종일 1개씩 다 가르쳐 주는 거예요. 그런 대접은 지금까지 태어나서 처음 받아 봤어요. 그 집을 팔 때 나도 받았던 것 그대로 그 사람세입자한테 설명을 해 주는 거예요. 그게 관례인 거예요. 한국에서는 상상도 할 수 없는 그런 상황이죠. '역시 다르구나' 그런 생각을 했죠.

일주일 만에 돌린 명함 3,000장

할 줄 아는 일이 광고 일밖에 없으니까 이 나라 인쇄소 일이 만만해 보이더라고요. 나도 가서 충분히 할 수 있겠다는 마음이 확 생겼어요. 한국에 돌아가서 장비 준비하고 명함도 3,000장을 제가 팠어요. 막상 뉴질랜드 들어오니까 그때 봤던 거랑은 또 틀리더라고요. '여기 이런 데구나' 했어요. 일에 접근이 힘들어요. 길도 모르고, 어디에 누가 사는지 뭔 가게가 있는지도 모르고 제가 택시 기사 한 명을 섭외했어요. 그 사람이 정말 일주일 동안 한국인 가게마다 구석구석 저를 데리고 다녀주고 저는 명함을 뿌렸어요. 얼마 전에 호주로 갔는데 하도 고마워서 지금까지도 왕래하고 지냈어요. 그때까지만 해도 한국 교민 중에 방문을 해서 '일을 주십시오' 하고 영업하러 다니는 사람은 한 명도 없었어요. 제가 처음이었던 거예요. '이런 사람도 있네?' 뉴질랜드 사람들도 황당한 거야. 전화가 오고 명함을 뿌린 효과가 나타나더라고요. 여기서는 그게 먹혔던 거지. 2003년부터는 한인회를 두드렸어요. 운 좋게도 2004년도 가이드북을 제작하게 됐어요. 그 일로 인해서 한인회에 발을 들여놓기 시작했죠.

오클랜드 랜드마크 'SO 호텔'

　간판 달면 저희는 디자인비 100불 받고 간판회사는 3,000불 버는 거예요. 디자인이 남 좋은 일만 시켜 주는 것 같더라고요. 제가 간판을 안 해봤고 아는 지식이 하나도 없어서 엄두를 못 냈었죠. 간판이 도대체 어떤 거길래, 이거 뭐 나도 해볼까 해서 간판 일을 받아서 간판회사에 일을 넘겼어요. 간판이 오늘 오후 3시에 된다고 하면 아침 10시에 가서 어떻게 만드는가 하고 지켜봤어요. 보고 와서 간판을 만들어 봤는데 되더라고. 2004년부터 간판 일을 시작해서 거래처가 생겼어요. 간판은 다 응용이에요. 실력도 실력이지만 아이디어는 제가 더 많이 가지고 있다고 생각해요. 기술은 거의 비슷하고 수준이 1부터 10까지 있으면 응용이 5, 나머지 5는 노력이에요. 머리에서 나오는 아이디어, 접목. 그거는 제가 5%를 더 가지고 있다고 봐요.

　아크 그룹은 알 만한 호텔을 다 갖고 있는 회사예요. 저희가 삼성 밴드 회사라고 하니까 콘트랙을 열어줬어요. 쇼핑몰 공사인 샵 인테리어 비즈니스를 추가로 하게 됐어요. 아크그룹이 쥔 20만 불 정도 되는 금액의 SO호텔 벽면 LED 공사였어요. 호텔이 8층인데 16층까지 익스텐션^확장 시켰어요. 위, 아래 콘크리트 강도에 따라서 볼트, 구멍을 뚫는 굵기도 틀려져요. 간판은 스트럭처^구조기 때문에 건물과 한 몸이에요. 저는 공부를 무지하게 많이 했어요.

LED에 들어가는 전기 계산, 스트럭처^{구조}, 프레임틀, 브래킷$^{벽에\ 붙이는\ 조명기구}$을 다 한국에서 제작했어요. 뉴질랜드는 카운슬에서 인증허가를 받아야 하는데 인장시험, 구멍 뚫는 시험, 부러지는 시험, 완공까지 한국하고 왔다 갔다 하면서 총 2년이 걸렸어요. 오클랜드 하버 쪽으로 내려가면 제가 만든 게 'SO호텔' 랜드마크로 움직이고 있고 오클랜드에 불을 환하게 밝히고 있어요.

저는 일을 두려워하지 않아요. 저 정말 무식하거든요. 뉴질랜드 업체 미팅을 하면 제 영어가 센텐스^{문장}는 안 맞지만 내가 듣고 지끼고 자신감 있는 모습을 많이 보여 줬어요. 인테리어도 전공도 아니고 해본 적도 없고 할 줄도 모르는데 일이 오면 저는 한다고 해요. 인지도가 생겨서 뉴질랜드에 50여 개 쇼핑몰 인테리어 공사일은 다 했어요.

고국에 대한 그리움은 '한 가지 낙'

많은 사람들이 싫증난다고 이야기해요. 내가 어떻게 생활하고 받아들이느냐에 따라서 차이가 있다고 생각해요. 이 나라 와서 후회 해본 적이 없어요. 처음 뉴질랜드 올 때 한 5년만 살다가 가야지 했는데 좋아서 안 가고 있어요. 살아 보니까 여기가 더 편안하고 취직이라든지 학벌 따지는 게 없어요. 고국을 자주 가서 이렇게 그리워하는 것도 좋은 것 같아요. 거리가 조금 더 멀어졌다 뿐이지 저는 그것도 한 가지 낙이라고 생각하고 살고 있습니다.

퀸즈 메달의 영광, 금산 인삼 집 맏딸

변경숙 | 1952년, 충남 금산군 금산읍 중도리 403

충남 금산에서 인삼 농사를 크게 짓는 집안의 맏딸로 태어난 그녀는 어린 시절부터 아버지의 특별한 교육을 받으며 자랐다. 맏이가 아들이길 바랐던 그녀의 아버지는 태권도와 웅변 같은 '완전한 아들 교육'에 관심을 기울였다. 그녀에게는 통금 시간이 없었고 남학생들과 캠핑을 하러 갈 때도 믿고 보내 준 아버지의 기대 속에서 그녀는 결코 비뚤어질 수 없었다. 고작 부모님 몰래 친구네 학교 수학여행을 따라간다든지, 시험 날 백지 답안지를 내는 게 전부였다.

미대를 가고 싶었던 그녀는 아버지의 뜻대로 유아교육과에 진학했고, 졸업 후 '한국일보'의 '어깨동무' 편집 기자로 입사하여 어린이 학습 교재를 만드는 일을 하기도 했다. 이후에는 우연한 계기로 마산의 부동산 사무실에 근무하기도 했다. 당시 한국과 뉴질랜드를 오가며 원양 어선을 타고 있었던 친구의 남편은 그녀에게 이국의 낯선 남자를 소개해주었다. 그의 소개로 나이도 모른 채 이름만 알게 된 영국계 키위뉴질랜드인와 편지를 주고받으며 결혼을 결심했다. 국제결혼이 낯설던 당시 주변에서 모두가 결혼을 반대했지만, 그녀는 오기가 생겼고 얼떨결에 40대 금발의 총각 로이 윌슨에게 운명을 맡겼다.

1980년 5월 '지도에서 없던 뉴질랜드'의 웰링턴 공항에 도착했고, 이후 남편 로이 윌슨과 함께 물심양면으로 웰링턴 부둣가에서 원양 어선 선원들을 보살폈다. 그 일이 '봉사가 아닌 당연히 해야 할 일'이었던 그녀는 영국 여왕으로부터 퀸즈 메달을 수여받았다. 뿐만 아니라 그녀는 공인통역사와 치안판사로 활동하며 이민자들이 문화 차이로 갈등을 겪지 않도록 뉴질랜드 사회에 봉사하고 있다.

하루 일하는 사람만 100명씩 오던 인삼밭

저는 변경숙입니다. 1952년에 2남 3녀 중 맏이로 태어났구요. 아버지는 변상배이시고 남한에서 태어나서 6·25 동란 때 평양에서 학교를 다니셨어요. 평양이 공부 열이 좀 셌다고 하셨어요. 어머니는 금산 분이고 최영순이에요. 엄마는 아버지하고 정반대 스타일인데 전형적인 한국 어머니의 상이랄까요. 제가 자라면서 한 번도 언성을 높이거나 자녀들한테 어떤 지시하는 걸 본 적이 없었어요. 항상 양보하는 성격이시고, 우리 남편하고 엄마랑 비슷해요.

저희 아버지는 인삼을 많이 하셨어요. 인삼밭을 삼장이라고 그래요. 금산에 있을 때는 인삼에 대한 기억이 가장 많이 남아 있어요. 인삼을 할 때는 한 곳에서 인삼을 재배하고 나면 몇 년 동안 어떤 작물도 재배가 안 돼요. 우리집에 일하는 사람도 많았어요. 애기 보는 언니, 부엌일 하는 언니, 인부들이 많잖아요. 하루에 100명씩 오고, 일하는 아줌마들이 항상 3명 있었어요.

아버지가 인삼 수출 사업도 더 늘리고 명동에다 사무실도 두고, '경작만 해서는 안 된다, 이걸 홍콩이나 딴 나라로 수출을 해야겠다'고 생각하셔서, 서울 흑석동에 우리 건물이 있었는데 아버지가 요즘 말로 약간 기러기 아빠였던 거 같아요. 아버지는 서울에 사무실을 두고 왔다 갔다 하시고 엄마는 계속 금산을 지키고 계셨고요.

남자 옷, 남자가방만 맸던 학창시절

'맏이가 바른길을 가고 잘돼야 동생들이 그다음에 그대로 따라간다' 그래서 항상 맏이라는 것을 강조하셨어요. 제가 잘되지 않으면 동생들이 다 잘못된다고 생각해서 아버지가 하라는 대로 할 수밖에 없었어요.

아버지 아들이 첫 자녀로 태어나기를 바라셨기 때문에 저한테 완전히 아들 교육을 시켰어요. 공부를 굉장히 강조하셨는데, 자기가 이루지 못한 꿈을 저를 통해서 실현하고 싶은 게 많았던 거 같아요. 어릴 때부터 웅변 과외, 글짓기, 주산, 영어 그런 공부를 했어요. 아버지는 과외 공부도 남학생들과 하도록 시켰어요. 아버지가 하라고 하는 대로만 했고, 운동도 아령, 태권도, 줄넘기, 수영을 배웠어요. 충청남도 해양 훈련을 하는데 제가 금산여중학교 대표로 갔어요. 수영을 한 번도 해본 적이 없는데 아버지는 수영을 배워 오라고, 굉장히 스파르타식으로 가르쳤어요. 고등학교 때까지 거의 치마를 안 사주고 남자 옷 비슷한 거에 가방도 남자 가방만 사주셨어요. 시집올 때까지도 부엌에는 근처도 못 오게 했어요. 여자들이 밤에 10시까지 안 들어오면 아빠한테 혼나는 시대였는데, 아버지는 유난히 자기가 캠핑 세트 다 싸 주면서 남학생들이랑 놀러 가도 의심을 안 했어요. 밥 먹을 때마다 술도 의무적으로 한 잔씩 먹으라고 그랬어요. 아버지가 나를 믿고 신뢰하는데 제가 삐뚤어질 수가 없잖아요. 그런 부분이 특이한 교육을 시켰다고 집안에서도 그래요.

아버지에 대한 반항심으로 선택한 2차 고등학교

금산여중 때부터 학교에서 무언의 반항을 했어요. 심심하니까 선생님 골탕 먹이려고 백지동맹 했어요. 시험 칠 때 저는 이름만 쓰고 나오는데 애들도 그러기로 했는데 나중에 보니까 선생님이 저만 교무실로 와서 손들고 벌 서라고 해요. 선생님이 나를 알았지? 했는데 나중에 보니까 애들은 무서워서 다시 답을 살살살 쓰고 나온 거예요. 그니까 제가 주동자인 걸 알았죠.

고등학교부터는 서울에서 다녔습니다. 1차 떨어지고 처음으로 실패를 겪잖아요. 나중에 아버지가 말씀하시길 이게 지방에서 와서 차별 이런 게 있었대요. 부모님이 회비 같은 걸 듬뿍 가져가면 티오가 약간 있었나 봐요. 아버지가 교복만 맞추면 된다고 좋은 학교라는 데를 들어가라고 하더라고요. 저는 굉장히 반발심이 났어요. 나는 돈과 아버지 힘으로 들어간다는 게 너무 자존심이 상해서 싫다고 그랬어요. 아버지가 교복을 맞춰줬는데 학교에 안 갔어요. 2차로 종로구에 있는 학교를 갔어요.

　　수학이 좀 싫어서 수학 앞 시간까지만 공부하고 수학 시간에 땡땡이를 친 거예요. 학교에서는 선생님이 계속 불량 학생으로 기록했더라고요. 벌칙으로 청소하기가 늘어나는데 선생님하고 저하고 무언의 싸움을 계속했어요. 저는 땡땡이를 치고 바로 집으로 와서 도서관으로 갔어요. 학교에서는 제가 어디를 갔는지 의심을 해요. 어디에 갔다는 말을 끝까지 안 했어요. 여자니까 담배를 핀다던지 누구랑 싸움할 수는 없었고, 남학생이었으면 불량 학생이 되기가 쉬웠겠죠. 요즘 말로 하면 무단결석이에요.

　　금산여중 다닐 때 친했던 친구들이 수학여행 갈 때 따라갔어요. 금산여고 선생님이 허락 맡았냐 해서 내가 다니는 학교에서 허락해 줬다고 거짓말했어요. 다니던 학교에서는 제가 무단결석하니까 난리가 났죠. 뉴질랜드 같았으면 그대로 퇴학을 맞았을 텐데 퇴학은 안 맞았어. 저희 때는 예비고사가 있었어요. 선생님한테 1번만 다 찍고 나왔다 그랬더니 100% 떨어졌다고 그러더라고요. 예비고사에서 떨어지면 대학을 갈 수가 없잖아요. 다행히 과락이 없어서 안 떨어진 거 같아요.

편집 기자에서 부동산 업자까지

　　아버지가 권하는 거는 무조건 하기가 싫었어요. 아버지는 여성은 선생님을 하는 게 가장 좋다고 생각을 하셔요. 제일 안정적인 직업이래. 미대를 가고 싶은데 가정과를 가서 가정 선생님을 하래는 거예요. 결국은 유아교육을 갔어요. 아마 그때 4년제는 중앙대 하나뿐이었어요. 학교방송국에 PD로 4차까지 시험을 봤어요. 선배들하고 같이 음악 공부를 하러 다방에 갔고요. 연대 남학생들과 미팅 같은 거 하고 경희대 방송국, 연대 방송국이랑 친선 모임도 가지고 아주 재미있게 생활을 했어요.

　　한국일보에 육영재단에 '어깨동무'라는 잡지에 편집 기자를 모집하는 기사가 났었어요. 75년도에 졸업하고 편집 기자로 들어가서 3년 정도 일했어요. 유아교육 전공이니까 '꿈나라'가 유아 파트예요. 유치원 선생님이 볼 만한 책이 별로 없었어요. 유치원 선생님이나 부모들이 애들을 가르칠 때 같이 보는 텍스트 북^{학습서} 플러스 엑스사이즈 북^{응용서}을 만들었어요. 애들은 세모꼴이 뭔지 모르잖아요. 이파리가 삼각형인 나무들이 있거든요. 나무 쉐입^{모양}을 보면서 수학을 가르칠 수가 있어요. 어른들이 응용해서 가르칠 수 있게끔 미술을 가르칠 때 나무를 초록색 그리고 가을이라고 하면 브라운^{갈색}이 들어가는 거예요.

항상 안 해본 거 하는 거를 좋아했었어요. 77년도에 마산으로 내려와서 부동산을 해보지 않겠느냐고 친구한테 제의가 왔어요. 부동산 하면 나이든 할아버지들 복덕방 개념이었어요. 서울은 이미 맨션, 아파트 붐이 좀 나기 시작했는데 지방 분들은 아직 몰라요. 건설회사가 아파트를 판다고 하면 이상하니까 건설회사가 사무실을 차려 주지만 저 같은 사람이 앞에서 일하고 실제로 자본은 건설회사가 댔어요. 용마맨션, 삼익맨션 그런 맨션아파트를 처음 짓기 시작했어요. 앞으로는 부동산 일하는 사람들도 자격증 시대가 온다고 했어요. 부산에는 코스가 있었어요. 매 주일마다 부산에 부동산 공부하러 다녔었어요.

3번 오간 편지로 맺은 부부 연

친구 남편이 원양 어선 선장인 캡틴 송이에요. 송 선장이 서양 사람을 사귀었는데 착한 것처럼 보이는데 그 사람 집에 가 보니까 혼자 살더래요. 송 선장이 몇 마디 하고 나면 밑천이 짧으니까 할 말이 없어서 '왜 부인이 없어요?' 물었대요. 남편이 '좋은 여성을 못 만나서 그러겠죠'라고 얼버무렸대요. 완전히 그때부터 커뮤니케이션이 완전히 다 틀려져 가고 있는 거예요. 송 선장이 부인한테 전보로 좋은 여자 소개해달라고 하니까 저보고 부인은 그런

여자 없다고 편지 써다주라는 거예요. 제가 영어 편지 쓰기 어려워서 건설회사에 연대 영문과 나온 분한테 '이런 여자 없다고 써 주세요' 했는데 그분이 거절했어요. 결국 영어편지를 써야 되는 상황이 됐어요. '제 이름은 변경숙입니다. 저는 마산에서 일을 하고 있고 가족들은 서울에 살고 있어요' 본론에 가서 '당신이 찾고자 하는 그런 여성은 없다. 민족 주체 사상에 없는 여자다'는 내용을 쓰고자 했어요. 제가 말하는 민족 주체 사상은 외국 남자한테 시집가는 여자를 나쁘게 생각하는 거예요. 대학교 때 파고다공원을 갔는데 아빠는 빨간 머리에다가 엄마는 한국 엄마예요. 애가 머리는 빨갛고 다민족 가정에 사는 애야. 걔를 보니까 너무나 이상해서 '저런 여자들은 분명히 돈을 바라고 갈 거야' 그리고 미국 남자랑 결혼을 한 걸 보고 '가난해서 자기를 팔다시피 하고 돈을 보고 따라 간다'고 생각했었어요. 저는 국제 결혼을 한 번도 생각 안 해봤어요. 근데 남편은 제가 자기한테 관심 있어서 편지를 보냈다고 생각을 했어요. 다 뒤죽박죽이 돼서 자기 사진하고 영어 필기체로 깨알 같이 여섯 페이지를 손으로 써서 저한테 보냈어요. 해석할 길이 없어요. 건설회사 영문과 직원이 '편지 상으로는 선한 사람인가 봐요' 했는데 저는 진짠 줄 알았어요.

　영어로 쓰기도 어렵고 '에라, 모르겠다' 힘들어서 한국말로 썼어요. 편지가 3번밖에 오고간 게 없어요. 송 선장이 남편 나이를 물어보니까 1932년 8월생인데 우리 친정엄마랑 나이가 똑같아. 저보다 20년 이상이 더 연상이에요. 송 선장이 미안하다고 했어요. 나는 그때 굉장히 반발심이 났어요. 내가 청개구리 같은 게 있었잖아요. '나는 관심도 없는 사람을 자기가 좋은 사람이라고 해 놓고 왜 나이 많다고 사람을 매도하지?'라면서 '다 좋고 선하고 나이 한 가지만 나쁘면 내가 그걸 감수하겠다'고 했어요. 제가 남편을 알아서 아니면 좋아서 그렇게 결혼한 게 아니에요. 우리 엄마, 아버지한테는 나이 이야기를 안 했어요. '내가 외국으로 시집을 가겠다' 그러니까 친구들이 전부 저보고 돌았다고 그랬어요. 반항심이랑 한 가지가 더 있었어요. 저는 재단을 만들어서 가난한 곳에 기부도 하고 싶었어요. 국제 결혼하면 '국제' 자가 들어가

니까 국제적인 사업을 할 수 있겠구나 했어요. 근데 남편은 공무원 생활만 하고 사업하고는 완전히 거리가 먼 사람이더라고요.

　　패스포트 수속 ^여권 발행 밟는 그 날부터 엄마는 밤마다 울었어요. 김포공항을 떠날 때 '부모들이 얼마나 슬퍼할까?' 저는 그런 생각을 못 했어요. 우리 아버지가 'US달러로 비상금 줄 테니까 만약에 못 살 거 같으면 이 돈 가지고 다시 한국으로 와라' 그러더라고. '성공 안 하면 바닷물에 팍 빠져 죽고 말지, 실패해서 돌아오지는 안 할 거야. 걱정하지 마' 하고는 김포공항을 떠났어요. 갈아입을 옷 2개랑 블라우스 2개, 핸드백 하나, 신발 신은 거 하나만 갖고 왔어요.

'코리안 씨 맨' ^sea man 들을 보살펴 온 영국 공무원

　　원양 어선을 타고 뉴질랜드 와서 일 년에 쿼터^3개월 조업을 하고 한국이나 일본으로 가져갔어요. 누가 뉴질랜드 원양 어선 타면 어떤 서양 사람이 어려운 걸 도와준다고 그랬대요. 남편은 영국에서부터 공무원으로 시작을 했어요. 공무원들은 의무적으로 캐피털 시티^뉴질랜드의 수도, 웰링턴에 퇴직 때까지 일을 해요. 남편이 일하는 건물 포스트 뱅크^국책은행 바로 앞 워프^부두에 한국 배들이 정박하게 허락을 해 준 거예요.

　　우리는 봉사를 했다는 그런 단어가 없어요. 그냥 해야만 되는 일이에요. 한국 트롤쉽^원양어선 한 배에 33명이 타요. 원양어선은 2년 내내 바다에 떠 있어야 해요. 한 배가 들어오면 3일 정도 있어요. 어떨 때는 웰링턴 시내에 선원들이 몇 백 명이 깔려요. 이 사람들이 아프기도 하고 어려움이 많아요. 한 달 배에 있을 동안 먹을 비상약이 있어야 된다 해요. 남편이 선원들을 내 사촌이라고 해서 가정 의사한테 데리고 가서 배에서 먹을 수 있는 약들 타 주고 했어요. 어떤 때는 전신 3도 화상 이렇게 죽을 정도 되는 환자들도 있었고 헬리콥터가 오고 그런 사건들이 많아요. 코리안 씨 맨^선원이 또 왔네. 전화가 없

으니까 '나, 살아 있다' 라고 전보를 쳐야 돼요. 우리는 봉사를 했다 그런 단어가 없어요. 그냥 해야만 하는 일이에요.

키위들은 바람 좀 불면 무서워서 안 나가요. 한국인들은 그야말로 죽기 아니면 까무러치기로 나가요. 출렁이는 바다에 작은 배가 떠내려가는데 사고도 많이 나고 얼마나 무서운지 몰라요. 우리는 전보 오면 입항 때 계속 손을 흔들어 주고, 손을 흔드는 게 이분들한테 돈으로 줄 수 없는 어마어마한 용기와 표현할 수 없는 안정을 줄 수가 있어요. 제가 응접실에 태극기 큰 거를 오랫동안 붙여 놨더니, 어느 분이 응접실에 태극기를 걸어 놓는 여자가 어디 있냐고 해요. 나는 한국을 생각하고 태극기만 보면 그렇게 눈물이 나는데.

달력 숫자로 물어본 나이

저는 한복을 입어야 되는 줄 알고 한복을 입고 김포공항에 엄마, 아버지, 저, 여동생, 송 선장 이렇게 나왔어요. 우리 엄마는 서양 사람을 가까이에서 본 적이 없는 거야. 엄마는 키가 조그맣고 저희 남편은 키가 크잖아요. 엄마는 민망해서 제대로 얼굴을 들지를 못해. 눈만 내리깔고 있으니까 엄마는 저희 남편 콧구멍만 본 거예요. 남편이 비닐 가방 같은 걸 하나 메고 왔는데 엄마는 외국에서 온 사람은 비싼 가방을 들 거라고 생각을 했나 봐요. 엄마가 외국에서 온 사람이 저런 가방을 들고 오냐 그랬어요.

저는 뉴질랜드 오기 전에 패스포트 만든다고 서류하느라 바쁘잖아요. 내가 졸업증명서 끊으러 가서 남편이랑 엄마가 몇 시간 같이 있었어요. 엄마가 영어는 한마디도 못 하잖아요. 엄마가 캘린더에 아라비아 숫자를 하나하나 짚어가면서 남편 나이를 묻는 거 같더래요. 1920년부터 엄마가 계속 손을 짚어 내려가서 1932년이 나와서 남편이 여기라고 했더니 엄마가 나보다 4살 밖에 안 많다고 말해버렸대. 엄마가 저한테 두 번 다시 나이를 안 묻더라고.

시댁에서 제가 큰절을 했더니 시어머니는 깜짝 놀라는 거죠. 남편은 엄마를 '맘', 아빠를 '대드' 라고 부르더라고. 큰맘 먹고 '맘' 불렀더니 시어머니가 '난 네 엄마가 아니란다. 내 아이들은 셋 뿐이야' 이러는데 나를 동양인이라고 무시하는구나. 너무 충격 받아서 울고 그랬어요. 시어머니 이름이 루시니까 자기를 루시라고 부르래.

우리 엄마가 수삼을 독한 술에 담가서 홈 드레스랑 시어머니 갖다 드

434

리라고 했어요. 한국식으로 인사하는 거잖아요. 뉴질랜드 가져와서 싸고 또 싸서 시어머니한테 택배를 보냈죠. 다시 우리한테 돌려보낸 거예요. 나는 너무 충격이었어요. 나를 며느리로 인정을 안 하는구나. 나는 걸핏하면 울기만 해요. 남편은 왜 내가 왜 우는지를 몰라요. 중간에서 설명을 해주면 되잖아요. 시어머니는 인삼을 먹어 본 적도 없고 또 비싸다던데 자기 못 먹을 바에는 차라리 딴 사람이 유용하게 먹어야 된다, 드레스도 안 입고 걸어놓으면 낭비라고 생각한 거예요. 그런 부분들이 내가 이해하기가 어려웠고 시어머니가 해 준 음식을 내가 하나도 못 먹겠더라고요. 감자를 삶았는데 우리 엄마가 삶은 거랑 똑같애. 나머지는 다 틀려. 아침에 시어머니, 시아버지, 남편, 내가 아침, 저녁으로 산책을 가요. 나는 먹은 게 없으니까 너무 배고프고 힘이 든 거예요. 한국 떠날 때 40kg였는데 39kg가 되더라고요. 내가 죽을 거 같으니까 남편이 어느 날 한국 배 있는 곳에 데리고 가서 선원들이 한국에서 가지고 온 어른^{얼어 있는} 김치하고 김하고 된장국을 줬어요. 저는 그 음식이 최고 맛있다고 생각해요.

널뛰기 선수로 다시 밟은 한국 땅

뉴질랜드 살면서 1995년 8월에 한국에서 하는 세계한민족체육대회 1회에 널뛰기 선수로 나갔어요. 의무적으로 한복을 입고 널을 뛰어야 되는 거예요. 이홍구 국무총리 땐데 의무적으로 몇 팀이 한국 가야 된다는데 내가 그럼 가겠다 했어요. 처음 우리 큰아들 준오 윌슨을 데리고, 뉴질랜드 팀으로 저하고 이덕남 씨하고 어떤 분하고 이향래 씨하고 4명이 갔어요. 해외 동포한 4~5,000명이랑 대통령이 오는데 저보고 답사를 하래요. 아버지는 제가 영어를 잘하는 게 자기의 소원이었어요. 우리 아버지는 막 걱정이 돼서 호텔로 왔더라고. 나 안 가르쳐 줘도 다 할 수 있는데 아버지가 무조건 읽어 보래요. 자기는 뜻도 모르면서 막 연습을 하래. 답사가 마지막 피날레^{마무리}라서 굉장히 중요한데 행사 사람들이 '쟤가 잘 못하면 어쩌지?' 걱정을 했었대. 영어 한국말 못하는 이민 4세, 동포들이 제 답사를 들으면서 막 울더라고. 잘해서 그런 게 아니라 네 설움 내 설움이 고조되어 있을 때야. 다행히 감동적으로 끝났다고 나중에는 칭찬을 받았어요.

　우리 엄마는 첫뻔에 딱 보고 제 손이 너무 거칠어졌다고 깜짝 놀라는 거예요. 그 나라 가서 엄청 고생을 했구나 생각하더라고. 요즘은 기저귀도 디스포저^{일회용기저귀} 하잖아. 그 시대에는 키위식^{뉴질랜드식}으로 융 기저귀 이만한 걸 접어야 돼요. 그때 애들이 4명이니까 빨래가 하루 세 대야씩 나오는 거예요. 제가 거의 10년 동안 앉아서 밥을 먹어본 적이 없어요. 맨날 서서 밥을 조금 먹다 말고 하니까 거의 제가 밥을 서서 먹어요. 지금도 그게 습관이 돼서 편해.

청렴과 공정으로 존경받는 J.P치안판사

93년부터 점수 이민이 시작됐어요. 그전에는 한국인이 영주권을 딸 길이 없었어요. 특별한 경우, 국제 결혼이나 태권도로 딴 사람들 있고, 점수 이민 포인트 시스템이 생기면서부터 영주권 따기가 너무너무 쉬웠어. 문화적인 갈등, 실수를 이미 남편하고 사이에서 많이 겪어 봤잖아요. 이민 온 사람은 경찰하고 문제, 집을 살 때 문제들이 생기기 시작하는 거예요. 밤마다 나갔어요. 음주운전에 걸렸다, 교통위반에 걸렸다, 부부싸움을 했다는 일들이 거의 밤에 일어나요. 수술 환자들 식구가 영어를 다 잘해요. 그런데도 불러요. 항상 수술할 때 '당신은 이 수술로 인해서 1,004의 1의 찬스^{확률}로 죽을 수도 있다, 과다출혈 할 수도 있다' 이런 거 통역을 하라고 그래요. 가족들은 막 펄쩍펄쩍 뛰죠. '우리는 영어 못 알아들었다, 우리는 안 하려고 했는데 선생이 하라고 해서 했다' 이런 사태가 발생해요. 병원 측이 자기네들이 방어하기 위해서 일부러 또 불러요. 그 방을 나오면 가능하면 잊어먹을라고 하고 일부러 기억을 잘 안 해. 공인 통역사가 지켜야 될 룰이 있어요. 자기 생각을 넣으면 안 되고 지가 변호하듯이 하면 절대로 안 돼. 철저하게 지켜야 돼.

저스티스 오브 더 피스^{J.P치안판사}는 리걸 스터디 코스^{법학코스}를 공부해야 돼요. 그리고 자기 범죄경력, 나쁜 소문이 있는지 뒷조사를 다 해요. 프로세싱^{과정}이 1년 정도 걸려요. 합격하면 라이센스^{자격}를 주는 거예요. 한국 같으면 '졸업장을 끊겠다' 그러면, 교무처서 원본은 그 학교에 있고 습자지 같은 데 끊어서 성적을 못 고치게 셀로판 테이프로 싹 붙여 주더라고. 한국에는 이걸 원본이라고 그래요. 엄밀히 말하면 원본은 아니에요.

뉴질랜드는 모든 인쇄물이 J.P 공증을 안 하면 이 글이 그야말로 지라시야. J.P 도장을 찍으면 인쇄물이 살아있게 되는 거예요. J.P를 안 거치면, 원칙적으로는 소법원을 가야 돼요. 얼마나 일이 많겠어요. J.P가 커버하는 영역은 무지무지 많아요. 원본 대조가 가장 기본적인 거고 예를 들면 내 찬데 내 친구를 빌려줬더니 쟤가 가서 교통사고를 냈다면 J.P 앞에 와서 운전자는 나

였다 이런 거. J.P 일을 할 때는 여기가 변경숙이 아니고 하나의 소법원인 거예요. 모든 중요한 서류들 컬리피케이션^자격(증)은 분실할 수도 있고 졸업장 같은 건 1장밖에 끊어주시 않아요. 그내를 대비해서 미리 J.P 공증을 받아 놔. 원본과 똑같은 효력이 발생해요.

J.P는 돈을 받아서는 안 되고 1센트도 커피 한 잔도 공짜가 없어요. 그만큼 청렴하다는 소리예요. 크리스마스 때 밥 사는 거 없고 우리가 한번 크리스마스 때 디너 투게더^식사자리 한 번 하려면 55불 선금 내고 먹어야 해요. 키위들은 너무나 답답하리 만큼 봉사라는 게 전혀 자랑하기 위한 봉사가 아니에요. 90% J.P들은 존경을 받아요. 만약에 제가 범죄를 하거나 서류에 도장을 잘못 찍었거나 사람이 내 앞에 안 왔는데 공증해 주거나 걸리면 자격을 박탈당해요. 그렇지 않는 이상 죽을 때까지 해 줄 수 있어요. 2006년부터 했는데 1년에 800건 이상을 해줘요. 너무너무 행복해요. 물질하고 돈하고 아무 관계가 없고, 이 나이에 어느 키위가 제가 이쁘다고 '윌슨 부인, 너무 고마워요' 인사를 하겠어요. 제가 필요하면 키위 박사^뉴질랜드 박사도 J.P가 아니면 저한테 와야 돼요. 그럴 때 제가 보람을 느낀다는 거죠.

퀸즈 서비스 메달

헬렌 클락이 수상일 때 집에 빨간 레터가 도착을 했어요. 깜짝 놀라서 이상하다, 죄지은 것도 없는데 하고 남편하고 불안감이 들었어요. 열어 보니까 콩그레츄레이션^축하합니다 막 써 있어요. 2004년 12월 31일에 레터가 오면 서부터 야당, 여당 지도자, MPs^하원, 각계 각층 정부인들의 레터를 거의 40통 받았어요. 'QSM'이 '퀸즈 서비스 메달'이라고 오랜 세월 봉사를 해야 줘요. 이민 초기에 선원들에 관한 일들을 제가 오래 했잖아요. 1년 전에 저랑 식구 아무도 모르게 제 뒷조사를 다 한 거예요. 수여식은 웰링턴에 총독 관저가 있어서 거기서 해요. 처음에 '왜 상장 위에다 낙서를 했지' 했어요. 나중에 보니

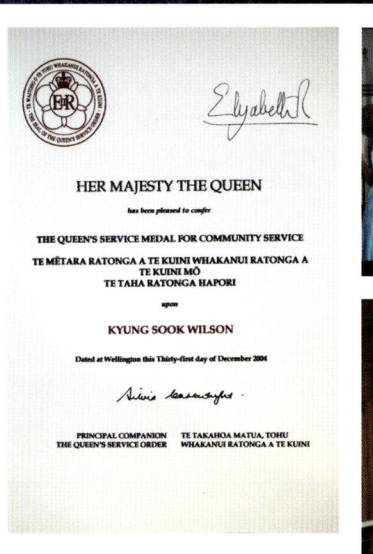

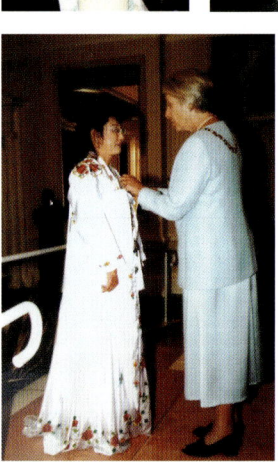

까 여왕이기 때문에 오른쪽 위에 사인을 하더라고. 일반인은 사인을 밑에다 하거든. 훈장을 다는 것도 제가 살아 있을 때는 '왼쪽에 위에서 몇 센티에 달아라' 라든지 제가 죽으면 자녀들한테 훈장을 물려줄 수가 있는데 '자녀들이 부모로부터 물려받은 건 오른쪽에 달아라' 이런 룰이 있어요. 지금 저희 남편 건 제가 오른쪽에 달았잖아요.

원리 원칙으로 통하는 나라

외국을 한 번도 간 적이 없고, 비행기 타 본 것도 처음이고 외국은 하늘도 하늘색이라고 생각을 안 했고 잔디도 딴 나라는 초록색이 아니라고 생각을 했어요. 그런데 오니까 잔디 색깔도 똑같아요. 하늘도 똑같은 블루칼라예요. '이상하다. 뉴질랜드 잔디 색깔은 똑같네?' 했어요. 사회 공부 시간에 뉴질랜드가 지도에도 나오지 않았어요. 웰링턴 퍼톤은 과일나무가 많고 잔디가 있고 아무데나 가면 바다가 있고 동화책에 나오는 풍경이더라고요. 웰링턴은 작은 도신데 사람을 볼 수가 없고 오로지 일주일에 한 번 쓰레기를 내놓을 때 쓰레기만 집집마다 나와 있더라고요.

오클랜드에서 멀티 컬쳐 어드바이저 에듀케이션^{다문화 교육자문가} 일을 했어요. 뉴질랜드의 문교부 소속 키위 선생님들을 가르치는 일이었는데 키위 선생님들이 어떻게 동양 학생들을 가르치는지 몰라요. 동양인을 대하는 방법, 테크닉을 가르치면 키위 선생님들이 참고하고 숙지해서 동양인 핸들링^{대하는}할 때 플러스가 돼요. 키위 선생님들은 학생이 잘못하면 아주 조용한 음성으로 부드럽게 얘기를 해요. 만약에 학생이 지각을 했다, 벌칙을 어겼다면 컴퓨터에 정확하게 몇 월 며칠 몇 시까지 다 체크를 해. 1번 경고, 5번쯤 됐을 때는 부모랑 저 같은 멀티 컬쳐 에듀케이션 어드바이저를 같이 불러서 미팅을 해요. 스마일을 하면서 '내일부터 집에 있을 거죠?' 이래요. 퇴학인 거예요. 한국 부모들이 처음에는 못 알아들어요. 너무 쇼킹하죠. 원리 원칙대로 해요.

50% 영국인, 50% 한국인, 100% 키위

　　한국은 우리 조국이고 항상 마음속에 있어요. 많은 한국인들이 '이 나라, 이 나라' 항상 그런 표현을 해요. 저도 오랫동안 그랬어요. 당신이 사는 여기가 우리나라가 되는 거니까 이제는 제발 이 나라라고 하지 말자 이 나라라고 그러면 아직도 완전히 내가 뉴질랜드인이 안 되어 있는 상태예요. 이것도 세월이 많이 가야 그렇게 돼요. 아이덴티티^{정체성}도 굉장히 중요하잖아요. 한국 선수하고 뉴질랜드 선수하고 운동게임을 하잖아요. 영국인하고 뉴질랜드인하고 운동할 때가 있어요. 그러면 누구 편을 들까. 남편한테 물어봤어요. 난 한국인 응원 한다 그랬는데 남편이 자기는 말 못 한대요. 저는 그동안 한국을 먼저 응원했어요. 제 마음이 조금씩 변해서 약간 이퀄^{같은}이 되더라고.

　　큰애가 준오 윌슨, 둘째가 에릭 윌슨, 대니 윌슨, 코리아나 윌슨 이런데, 저하고 우리 밑에 아이들하고는 얘들은 아무래도 서양 사고가 많아요. 큰아들은 저보다 더 한국화가 되어있어요. 문화적인 갭을 공유하는 게 참 행복해. 큰아들하고 카카오톡을 할 때는 내가 한국말로 길게 써요. 큰아들 준오 윌슨이 한번 인터뷰할 때 '당신의 정체성은 무엇인가요?' 질문을 받으니까 '저는 50% 영국인, 50% 한국인이지만 100% 키위예요' 그랬어요. 그 아들은 지금 한국 승인동에 살고 한국 직장에 다녀요. 한국 아가씨랑 결혼했는데 여자 친구 사귈 때도 키위 아가씨는 안 사귀고 한국 아가씨만 사귀겠대. 큰아들 준오 윌슨의 딸은 완전히 한국 애처럼 생겼어요. 자칭 한국 엄마하고 영국인 키위 아빠 사이에서 남자아이로 태어난 건 자기가 1호라고 생각해요. 그래서 내가 '너 그거 문헌에 나와 있냐?' 했더니 자기는 그렇게 생각한대. 준오는 그냥 한국 모든 걸 좋아해요. 자기는 뉴질랜드를 많이 홍보해야 되는 책임감이 있대요. 제가 스물 몇 살에 한국을 떠났는데 얘는 그 나이에 여기를 떠났어요.

대륙을 이끄는 K문화를 만드는 방송 외교가

김운대 | 1950년 2월 8일, 경북 안동시 서후면

그는 안동의 외딴집에서 태어나 학교와 집이 멀리 떨어져 있는 탓에 친구들과 어울리기보다 집에서 놀 거리를 찾는 일이 많았다. 벽지 대신 붙어 있는 한국 교과서와 일본 책들이 그의 선생님이자 친구였다. 어느 날 아버지가 사 오신 일본 트랜지스터 단파 라디오는 그의 유일한 취미 생활이 되었고, 북한, 중국, 일본 등 세계 각국의 방송을 접하며 자연스레 외국어를 익히고 전 세계를 돌아다니는 외교관을 꿈꾸기도 했다.

고등학교 시절, 그는 남몰래 좋아하던 여학생에게 '가슴에 품고 다닌 영어로 쓴 편지'를 끝내 전해주지 못할 만큼 수줍음 많은 소년이었다. 이후 KBS 아나운서가 되어 방송을 진행하면서도 늘 해외로 나가고 싶었던 그는 뉴질랜드 이민 광고를 보고 1993년 불현듯 한국을 떠나왔다.

뉴질랜드에서도 그가 선택한 건 방송이었으며 2000년 5월 월드TV를 설립하여 한국의 방송을 호주에서도 시청할 수 있도록 했다. MCTV7를 운영하며 뉴스, 시트콤, 다큐멘터리 등 장르를 불문하고 다양한 프로그램을 제작하고 있다. 현재 제작 중인 다큐멘터리 '봅을 찾아서'는 한국전쟁에 참전했다가 시신을 찾지 못한 뉴질랜드 군인 '봅 마치혼'의 유해를 찾는 내용이다. 한국에서도 뉴질랜드에서도 방송이 삶인 그는 일흔이 가까운 나이지만 아직 다양한 콘텐츠로 더 많은 시청자와 만나기 위해 직접 현장을 뛰고 있다.

'내셔널 트랜지스타' 단파 라디오

저는 김운대입니다. 1950년 2월 8일, 음력으로는 정월 열사흘에 태어났습니다. 부모님이 10년 동안 일본에서 살다 오셨어요. 위로 형님 한 분, 여동생 2명이 있는데 여동생들은 일본에 살고 있어요. 학남국민학교를 다녔어요. 마을을 지나서 와야 하는 외딴집에 살아서 동네 친구도 잘 못 만났어요. 옛날에 벽지도 잘 없었잖아요. 벽에 시골 교과서, 한국 책, 일본 책을 벽지 대신에 바르고 그랬어요. 한글도 그거 보고 배웠어요. 학교 가서 선생님이 한글을 부르는 대로 쓰라길래 쓰니까 바로 2학년에 넣어 줬어요. 집에서 6년 동안 안동중학교, 안동고등학교를 자전거로 통학했어요. 왕복 24km 정도였는데 이때 기른 체력을 지금 다 까먹어 가고 있죠. 아침에 일어나면 학교 가기 바쁘고 집 오면 깜깜했어요. 친구들은 하숙이나 자취를 해서 시간이 있었겠죠. 고등학교 때 외교관이 돼서 전 세계 다니면서 우리 한국을 좀 알리고 싶다 생각을 했어요.

부모님이 '일본 사람 친절하고 일본은 깨끗하다' 같은 얘기들을 많이 해 줬어요. 저는 일본에 대한 동경이 있었어요. 마을에 라디오도 몇 대 없었어요. 아버지가 일제 내셔널 트랜지스타 AM, SW가 나오는 단파 라디오를 사 왔어요. 방송을 돌리다 보니까 '여기는 평양입니다'하면서 평양방송, 자유중국, 일본 NHK, 호주 ABC, 미국 VOA, 영국 BBC도 나오고 했어요. NHK 제2라디오에 15분 간격으로 하는 외국어 교육프로그램이 있었는데 6시부터 6시 15분까지 하는 영어 회화를 제일 즐겨 들었어요.

재수할 때 안동 MBC를 들으면서 '방송' 더럽게 못하는구나 내가 해도 저거보다 잘하겠다'는 생각을 많이 했어요. 그리고 새벽 3시부터 5시까지 도쿄문화방송도 자주 들었어요. '달려라 가요'走れ歌謡曲라고 밤새도록 운전하는 사람들을 위한 프로그램이 있어요. 목요일 진행자인 니와 다카코가 제일 마음에 드는 겨. 일본말로 내가 편지를 해서 코사카 아키코의 아나따당신를 신청했어요. '5월 25일 전후해서 목요일 새벽 3시부터 3시 반 사이에 내 희망

곡을 틀어 주쇼' 그랬어. 그날이 됐어요. 라디오 다이얼을 맞추고 니와 타카코가 3시 15분에 '오늘은 멀리 아주 멀리 한국에서 이 시간 애청자가 보내온 편지입니다' 그러면서 내 편지를 읽어주더라고. 내가 방송국에 희망곡을 신청한 처음이자 마지막이에요.

전하지 못한 영어편지, 세일러복 첫사랑

안동고등학교는 낙동강 다리 건너편에 있고 다른 고등학교는 전부 시내 쪽에 있어요. 다리 건너가는 학생은 전부 안동고 학생들이에요. 1968년 3월 5일 입학식 하는 날 아침에 자전거를 타고 가는데 법흥교 다리 중간에서 세일러복 스커트에 자주색 가방을 들고 있는 여학생을 만났어. 많은 학생 중에서 그 여학생이 딱 눈에 들어오더라고. 다음 날도 등교 시간이 비슷하니까 또 만난 거야. 고등학교 졸업 때까지 계속 만났어요.

제가 그때 수줍었어요. 많은 학생들이 다 이쪽으로 오고 있는데 말을 어떻게 해. 2년을 그냥 보냈어. 성도 이름도 모르는 그 여학생한테 영어로 편지를 썼어. 나의 이 영어를 해독하지 못하면 나하고 사귈 자격이 없다고 생각을 했어. 편지를 써서 봉해 가지고 교복 주머니에 넣고 '오늘 그 여학생을 만나면 앞에서 딱 떨어뜨리고 가야지' 해도 한 10m 전방에 오면 나는 고개를 이쪽으로 돌려서 갔어. 건네줄 용기도 없는 거야. 일주일 동안 넣어 가지고 다녔는데 결국엔 못 전해 줬어요. 시제가 달라졌잖아. 편지를 뜯어 가지고 없애고 다시 쓴 거예요. 방학 전에 꼭 전해 줘야지 하면서 지나가는데 또 못 전해 줬어. 우리 학교 졸업식이 됐어. 법흥교를 지나서 그 근처에서 여학생을 만난 거야. 난 전혀 마음의 준비가 안 돼서 깜짝 놀래서 그냥 보냈어. 지금도 그 여학생의 성도 이름도 주소도 나이도 아무것도 몰라. 그게 나의 첫사랑일 거예요.

30년간 계속 된 여학생과의 펜팔

중학교 2학년 때 '학원'이란 잡지에 펜팔이 있어서 일본 여학생과 펜팔을 시도했죠. 오래 못 가고 끊겼어요. 자주 듣던 NHK에 편지를 보냈어요. 일본의 여학생하고 펜팔을 하고 싶으니까 펜팔협회를 소개해 달라고 했더니 도쿄랑 나고야 펜팔협회 두 군데 주소를 가르쳐 줬어요. 도쿄는 최대 도시니까 사람들이 좀 닳아빠진 느낌이라 나고야가 더 낫겠다 해서 나고야 펜팔협회로 편지를 보냈어요. 근데 김운대 형이라고 딱 써놨어. 감이 안 좋잖아요. 여학생이면 좋은데 남자가 편지를 했나? 근데 일본말로 '형'은 '아니'あに는 오빠가 돼요. 뜯어보니까 여학생이야. 잘됐다. 고등학교 2학년 때부터 일본 나고야에 사는 한 학년 아래인 여학생하고 펜팔을 했죠. 뉴질랜드 와서까지 거의 30년간 계속됐어요. 1989년쯤 한번 만났어요. 동생이 일본에 있었기 때문에 일본에 가기 전에 그녀에게 전화했지. 그녀가 일본 와서 전화하래. 일본 가서 전화를 했더니 신칸센 티켓을 끊고 다시 전화하래. 나고야 역에 기차가 딱 서는데 바로 앞에 분홍색 원피스를 입고 서 있더라고. 같이 나고야 성이랑 시장 구경하고 오늘 교토로 간다니까 버스 타면서 악수 한 번 한 게 다야.

대한항공 다니면서 시험 친 KBS

70학번이고 딴 데 가려다 안 돼서 그쪽에 간 거지. 외교관이 되겠다는 꿈을 가지고 있었으니까 영문과나 라디오를 듣고 일본어를 배웠으니까 일어과로 갈까 하다 사정이 여의치 못했어요. 안전한 직업이라 생각해서 안동교육대학을 갔죠. 우리 동기들 보다가는 제가 많이 늦었잖아요. 젊을 때 나이 들어 그때 2년은 지금 2년하고 다르잖아요. 강의를 들으면서도 '내가 저 강의를 왜 들어야 할까?' 하는 생각을 많이 했어요. 대구에 가서 재수를 하면서도 시험에 나오는 과목을 많이 들어야 하는데 영어 회화학원을 다니기도 하

고 좀 웃겼죠. 제가 수학, 과학을 못해요. 숫자만 보면 머리가 아파져.

교대 졸업하고 76년에 대한항공을 들어갔어요. 서소문에 있는 사업부에 배치를 받았어요. 보통 사업부가 아니라 특수 사업부야. 대한항공에서 유일한 방위 사업체예요. 그때 미국 휴즈 헬리콥터 부품을 들여와 가지고 대한항공 김해 공장에서 조립하던 단계였어요. 방위산업 산업체니까 부품을 수입하려면 걸치는 데가 굉장히 많아요. 대한항공 사내에 외국어 능력 검정에서 영어하고 일어를 신청을 해가지고 영어가 됐어. 서류 가지고 따라와 그러면 산업은행도 가야 되고 한국은행도 가야 되고 공항도 가야 되고 정부 유관부서가 많잖아요. 영하 18도 되는데 등줄기에 땀이 나도록 돌아댕겼어요.

대한항공 무역파트에 3명이었는데 그날 마침 1명이 아프다고 안 나왔어요. 2명 남았는데, 오늘 마지막 시험을 갔다 올 테니까 선배에게 양해를 해달라고 얘기했어요. 마지막 3차 시험이 남았는데 시험을 평일에 보더라고. 부장이 나를 불러. '시험은 잘 쳤어? 진작 알았으면 사장한테 전화해서 떨어

뜨리라고 그럴 걸' 이러는 거야. 가슴이 철컥 내려앉는 거예요. 대한항공 다니면서 KBS 시험 친다고 그러면 좋아할 놈 한 놈도 없죠. 직원들이 저를 보면서 '저 놈은 나갈 놈이다' 날 보는 눈이 달라졌어. 어떤 일이 있으면 사직서를 내려고 가지고 다녔어. KBS 최종 발표 나기 일주일 전에 사표 냈어. 7개월 20일 만에 대한항공 퇴사를 했어요.

대한뉴스 녹음했던 아나운서 시절

하숙집이 대한항공 입사 동기 집이었어. 파김치가 돼서 집에 와 가지고 저녁을 먹는데, 그때는 흑백 테레비였어요. KBS 사원모집 광고가 나오는 거야. 내 친구한테 'KBS가 더 크냐?' 그랬더니 'KBS가 훨씬 낫지' 그래요. 대한항공이 승진도 아주 좀 느리고 짜요. 한 달에 8만 얼마 받았어. 이화여고에서 KBS 필기 시험을 쳤어요. 76년에 아나운서직만 8명을 뽑았는데 980명이 왔어. KBS 현관에 합격자 명단을 써 붙여 놨어. 가 보니까 된 거야. 남자 4명은 전부 지방, 여자는 전부 서울에 남았어요.

강릉에 2년 7개월, 부산에 11년 근무하고 서울에 3년 있었죠. 지방의 아나운서가 재미있어요. 80년에 부산에 FM이 생겼어요. 클래식 프로그램을 80년 첫 방송부터 90년 서울로 올라올 때까지 계속했어요. 서울은 워낙 분업이 잘 돼 있어가지고 재미없어요. 서울은 선곡하는 놈, 원고 써 주는 놈, 피디, 방송하는 놈 따로 있잖아요. 같은 프로그램인데도 피가 안 통해요. 지방 방송은 내가 선곡하고, 원고 쓰고 진행까지 다 해야 돼. 그때는 엔지니어가 LP판 돌리는 거 빼고는 판도 내가 맞춰 놓고 들어가야 해. 오늘이 베토벤이 태어난 날이다. 오늘 베토벤의 전원 교향곡을 왜 선곡했는지 이유가 나와. 좋은 핑곗거리가 되잖아요.

부산서 NHK 라디오를 잘 들었어요. 유진 올먼디^{지휘자}가 어제저녁에 폐렴으로 자택에서 별세했다는 뉴스가 나와요. 오늘 아침에 가면서 선곡을 다

바꿨어요. 유진 올먼디가 지휘하는 곡으로만 FM 2시간을 했어요. 유진 올먼디에 대한 이야기로 언제, 어디서 태어났고 어제 저녁에 폐렴으로 돌아가셨습니다. 지휘한 곡을 다 들려주는 거예요.

저녁 7시에 부산 시민회관에서 연주회가 있다 그러면, 녹음기 엔지니어 한 놈 불러 가지고 릴 녹음기, 마이크 2대 들고 스탠드 세워가지고 스테레오로 녹음해요. 나는 녹음기 앞에 앉아서 헤드폰 끼고 볼륨 조정해서 녹음해요. 오늘 아침 9시 방송에 내는 거야. 청취자들도 좋아하고 부산에서 11년 했어요. 부산에 있을 때는 진짜 세월 가는 줄 몰랐어요. 너무 재밌었어.

영화관에 가면 대한뉴스가 나왔어요. 입사 동기 박경희 아나운서하고 제가 대한뉴스를 녹음 했어요. 여의도에서 차를 타고 강남에 국립 영화 제작소 가서 일주일에 한 번씩 녹음을 하고 와요. 하루는 내 차를 타고 갔는데 녹음이 6시쯤 마쳤어요. 퇴근 시간이잖아요. 마치고 여의도까지 오는데 3시간 5분 걸렸어요. 지하철을 타고 갔다가 영등포역에서 내려서 KBS 오는 것도 있었는데, 1시간 5분이 걸렸어. '여기는 사람 살 곳이 아니구나' KBS에서 16년 근무하고 김영삼 대통령 취임식 중계 방송하러 청와대 들어갔다가 93년 3월 4일 사표 냈어요.

한국의 시골 기차역 같았던 오클랜드 공항

90년에 서울로 올라왔어요. 해외로 나가고 싶다는 생각을 많이 했어요. LA 한인방송이 간부직 사원을 모집한다고 해서 비디오 테이프를 보냈더니 소식이 없어. 해외 취직이 안 되면 아예 나갈 생각을 못했어요. 92년 이민을 결정할 당시에, 한국에서 내 세대에만 고생하고 자식 세대에는 좋아진다는 희망이 보이면 해외로 나갈 일은 없는데, 나는 '한국 정치, 경제, 사회, 문화, 교육에 희망이 안 보인다'고 생각했어요. 92년 동아일보에 뉴질랜드 이민을 모집한다고 광고가 나왔어요. 뉴질랜드는 따뜻한 남쪽의 나라, 거기다가 영어권이잖아요. 프랑스, 스페인어권 같으면 그 나라 말을 새로 배워야 되잖아요. 얼마나 거 힘들어. 1년 만에 영주권이 나온 거야. 내가 영등포 가서 미국에서 나오는 영어책 사서 저녁마다 중학교 1학년, 국민학교 5학년 된 애들 불러 놓고 영어 가르쳤어요. 우리는 뉴질랜드에 이민 갈 거라고 세뇌 교육을 했지. 나도 마누라도 사표 내고 갈 날이 정해졌는데 마누라가 가지 말자는 거예요. 난 애들 데리고 갈 테니까 서류 가져와 그랬더니 안 가지고 와. 3월 21일인가 뉴질랜드 왔어. 대만으로 싱가폴로 해서 오느라고 23일 도착했지. 93년 오클랜드 공항은 한국의 시골 기차역 같았어요.

한 달 만에 마누라가 향수병이 온 거야. 새벽 1시에 일어나서 가방에 뭔가를 주섬주섬 싸는 거야. 애들 자는데 문 딱 잠그고 나하고 마누라 둘이 택시 타고 공항까지 왔어요. 그다음에는 한국 가겠다는 소리를 안 하더라고. 지금 딸내미는 38살이고 해밀턴 근처 캠브리지에 살고 아들내미는 40살 호주 멜버른에 살고 있어요. 둘 다 한국인하고 결혼했어요.

다민족을 위한 독립채널 MCTV7

한국에서 방송만 해 왔잖아요. 방송을 계속할 것이냐? 아니면 관광 쪽으로 가 볼까? 아무래도 방송을 하는 편이 낫겠다고 생각했어요. 월드TV와 MCTV는 법적으로는 독립된 회사예요. 월드TV는 저하고 일본, 대만, 홍콩 친구하고 4명에서 25%씩 투자해서 설립했어요. 내가 스튜디오를 쓰고 싶다고 하면 언제든지 쓸 수 있고, 서로 행사도 주고받고 있어요. 월드TV는 2000년에 시작해서 위성 방송을 하다가 2016년에 인터넷으로 갔어요. 인터넷 방송을 하니까 우리 교민들, 미국, 한국, 호주 등지에서도 많이 봐요. 한국 채널을 그냥 송출하는 건 의미가 없다고 생각해요. 보고 싶은 시간에 보고 싶은 프로그램 누구든지 다 봐요. 뉴질랜드 정부에서 소수 민족을 위해서 준 라디오 프리퀀시^{주파수}가 있어요. 시간당 45불인가 내면 누구든지 방송을 할 수 있어요. 5시간 방송 신청을 했어요. 그때는 팩스도 텔렉스^{과거의 통신방식 중 하나}도 비싸서 뉴스 소스가 없는 거예요. 단파 라디오 NHK를 틀어서 녹음하고 뉴스 번역하기도 하고 KBS 라디오 방송 들으면서 하고 오늘날까지 왔어요. 우리는 한국의 콘텐츠 비즈니스고, 인터넷 비용, 직원들 페이^{월급}, 송출료 감당을 못하잖아요.

독립 채널인 MCTV7을 새로 출범시켰어요. 'MCTV'는 100% 영어로, '코리안TV'는 한국어로 제작을 하고 있는데 소수 민족이나 누구든 다 볼 수 있게 영어로 방송을 내보내고 있어요. 뉴스, 인터뷰도 하고 다큐멘터리, 음

악 프로그램도 할 예정입니다. MCTV는 소재가 무궁무진하니까 뭐든지 하면 될 거야. 우리 채널이 한국에 나가도 모니터 될 거예요. 한국어 채널은 우리 교민 소식에 프라이어리티^{우선순위}를 두고 제작하고 있어요. 방송 채널들이 소수 민족에 관해서는 전혀 관심을 안 가지는 경우가 많아요. 우리는 그걸 내보내 주는 거죠. 앞으로는 MCTV를 훨씬 많이 보리라고 생각해요.

호주에는 아직 이런 방송이 없어요. 뉴스 프로그램을 '뉴질랜드 위클리'에서 '오세아니아 위클리'로 타이틀^{이름}을 바꿨어요. 호주 뉴스, 뉴질랜드 뉴스도 나가고 태평양 섬나라, 필리핀, 중국까지 큰 뉴스, 교민 뉴스, 커뮤니티 소식 중에서 재밌는 것, 우리가 알아야 할 만한 뉴스는 내보내고 있어요. 예를 들어서 '오세아니아 위클리' 하고 인터뷰, 다큐멘터리 한 3~4가지만 고정 프로그램을 만들어 가지고 하루 2시간 12번 반복하면 24시간 되잖아요. 이번 달에는 2시간인데 다음 달에는 3시간 할 수 있다 그러면은 3시간을 8번 반복하면 되는 거예요. CNN, YTN, 연합뉴스 마찬가지예요. 24시간 똑같이 돌아가고 진행자만 바뀌지.

지금 제 나이가 70살이 다 됐지만 내 평생에 제일 잘한 게 이민을 결정한 거예요. 누군가가 큰 물줄기를 틀어 주지 않으면 불가능해요. 안동은 개울에서 멱 감고 고기 잡고 하던 좋은 기억들이 있는데, 지금 전부 아스팔트가 됐고 건물이 들어서고 예전 모습들이 하나도 없잖아요. 가고 싶지 않아요. 부산도 들어가서 11년 살았잖아요. 지금 부산 가면 동서남북 구별이 안 돼. 전부 빌딩 숲이여. 어디가 동쪽인지 서쪽인지 몰라. 참 낯설게 느껴지지.

지금 제작 중인 다큐멘터리는 '봅을 찾아서'예요. 뉴질랜드 군인 6,000명이 한국전쟁에 파병됐는데 45명이 숨졌어요. 그 중 한명이 17살 '봅 마치훈' 이라고 서해안에서 실종돼서 아직 시신을 못 찾았어요. 지금 한국에 6·25 참전용사 유해발굴단이 있는데 한국에 가서 단장을 만나서 인터뷰를 할 예정입니다.

이 세상이 제 집이죠

김민석 | 1998년생, 서울특별시

그는 이민 1.5세대로 더 나은 곳에서 살길 바랐던 부모님 의견에 따라 초등학교 때 부모님과 뉴질랜드로 유학을 오게 되었다. 한국에서 초등학교 다닐 때 공부를 곧잘 하던 모범생이었지만, 한국 교육 시스템에는 불만이 쌓여 있었다. 처음 계획했던 1년 유학을 마치고도 한국으로 돌아갈 줄 알았지만 뉴질랜드가 좋아서 가족 모두 이민을 오게 되었다. 한국을 떠나올 당시 한국만큼 공부하지 않아도 된다는 생각에 기뻤다.

기본적인 영어 대화만 가능했던 그는 학교에서 친구들을 사귀는데 어려움을 겪었다. 하지만 학습 진도가 느린 학생을 기다려 주는 뉴질랜드 교육 시스템 덕분에 점차 학교에 적응해 나갔고, 현재 오클랜드 대학교에서 상법, 회계, 철학, 인문학까지 4개의 전공 과목을 이수하고 있다.

정체성의 혼란을 겪었던 그는 한국인으로서 그리고 '여기 나라' 사람으로서 자신의 정체성을 알아가기 위해 스스로 인문학을 공부하기도 했다. 자신의 정체성에 대해 '한국인 1.5세로 어린 시절을 한국에서 보냈지만 한국 문화를 따를 것까지는 없다'는 것이 그가 내린 결론이다. 그래도 연애 편지는 한국어로 쓰고 영어로 번역한다. 영어가 지식의 언어라면 한국어는 감정의 언어라고 느끼고 있다. 자신의 정체성을 영토로 한정 짓고 싶지 않다는 그는, 대학 졸업 후 해외 비즈니스 업계에 진출할 순간을 기다리고 있다.

일주일 만에 결정하고 온 뉴질랜드 유학

이름은 김민석이고, 98년에 서울에서 태어나고 자랐습니다. 오클랜드에서 산 지는 10년 정도 됐어요. 오클랜드 대학교에서 인문학, 철학, 회계, 상법 4개를 전공하고 있습니다. 인문학, 철학은 제 정체성, 문화에 관심이 많아서 자연스럽게 선택을 했어요. 부모님 둘 다 경영대 쪽이셔서 자동으로 비즈니스에 관심이 많아졌어요. 저희 아버지는 전북 익산, 어머니는 정읍 분이세요. 아버지는 뉴질랜드에서 가게를 차리셨고, 어머니는 저를 낳은 후로 주부로 계세요.

한국에서 초등학교 때 회장도 하고 공부도 잘하고 그런 평범한 모범생이었던 것 같아요. 틀에서 벗어나지 않았지만 공부하는 방법이나 뭘 배우냐에 있어서 맨날 불만은 쪼끔 있었어요. 학원을 계속 다녀야 하고 성적도 받아야 하니까 불만을 표출 안 하고 맨날 쌓아가면서 지냈던 거 같아요. 저는 초등학교 3학년부터 '대학교에 가고 싶다' 그게 꿈이었어요. 한국 교육에 불만이 있어서 정말로 공부하고 배울 목적으로 대학을 가고 싶은 거지 점수 따려고 가는 것이 아니었어요. 아버지, 어머니가 저를 유학 한번 보내야겠다 하셨어요. 초등학교 6학년 때, 어머니랑 동생이랑 같이 왔어요. 제 의사 반영은 없었고요. 한국은 저희 어머니가 너무 경쟁적인 사회라 사람이 살 곳이 아니라고 해서 더 좋은 삶을 위해서 자연스럽게 이민을 오게 된 거 같아요. 부모님은 한국에서 공부했던 것처럼 뉴질랜드에서 똑같이 공부하면 더 잘되니까 여기로 오자고 한 것 같아요. 저는 속으로 '한국만큼 공부를 안 해도 되겠구나' 하고 일주일 만에 온 거죠. 유학을 온 거라 별로 슬프지 않았어요. 한국에 친한 친구가 한 명 있었는데 제가 다른 나라로 간다고 해서 절 떠날 사람이 아닌 거 같았거든요. 그때는 신났던 게 제일 먼저였어요.

처음에 시티가 아니라 폰손비에 살았어요. 거기는 2층 이상으로 건물이 없어요. 시골에 온 줄 알았어요. 시골이어서 여기서 어떻게 사나 했어요. 어머니도 여기 아무것도 모르시는데 저희를 돌보셔야 하니까 어머니는 패닉

이셨고 저희는 철없이 '풀이 참 많네?' 정도의 느낌이었죠. 1년 살아보니까 1년은 유학도 아니다 해서 1년 더 살게 됐어요. 뉴질랜드는 너무 좋고 문화 차이는 별로 못 느꼈어요. 너무 어릴 때 왔고 특히 우리 가족이 한국에서도 그렇게 전통을 따르며 살지 않아서 현지에 적응하는 데는 문제가 없었어요. 너무 적응하다 보니까 한국 문화를 알아 가는데 문제가 있었죠.

교육 스피드가 느린 나라

학교 가면 영어로 말하는 거더라고요. 실감이 안 나고 무섭고 떨리는 거예요. 한국에서도 영어로 안 했는데 이제 어떻게 살아야 하나 했어요. 그때는 영어 아무것도 못 했거든요. 영어 대화가 안되다 보니까 자연스럽게 친구들하고 못 어울리고 왕따를 당하는 그런 게 있었죠. 첫날 질문이 엄마 스펠링을 해보래서, 저는 미국식 영어를 배웠으니까 'mom'이라고 했어요. 근데 'mum'이라고 하는 거예요. 친구들이 그것도 모르는데 어떻게 할 거냐고 그때부터 자연스럽게 거리가 생긴 거 같아요. 처음에는 한국인 친구가 1명 있어서 같이 지냈어요. 영어로 하든 어쨌든 학교에서는 공부하고 집에 돌아오면 동생이랑 같이 시간을 보내니까 힘들지 않았던 거 같아요.

한국에서 초등학교 6학년이니까 이차 방정식 배우고 그랬는데 여기 오니까 분수를 배우고 있었어요. 깜짝 놀랐어요. 여긴 교육적으로 기다려 주는 게 많았어요. '1등을 만들자'가 아니라 많이 떨어지는 사람이 있으면 그 사람들을 돌보자는 식이에요. 교육 스피드가 아주 느린데 저는 거기에 적응을 못 했던 거 같아요. 여긴 초등학교 6학년이 공부를 빨리하지 않아요. 제가 영어랑 국어를 못해서 자연스럽게 적응하면서 문제는 없었어요.

한 달 동안 밥만 먹고 다닌 한국 방문

뉴질랜드서 한국 음식이 너무 그리운 거예요. 가족 다 같이 한국으로 밥 먹으러 갔어요. 한 달 동안 아침, 점심, 저녁 밥만 먹고 다녔어요. 백숙을 파는 음식점에 반찬이 너무 맛있는 거예요. 고기는 하나도 안 건들고 채소만 먹었어요. 그걸 여기서 못 먹으니까요. 한국 사람이 해도 그 맛을 따라올 수 없는 것 같아요. 비자 문제가 있어서 중간에 고등학교를 바꿨어요. 학교에 적응을 못 하고, 친구를 밖에서 찾았어요. 그때 소녀시대를 좋아했어요. 소녀시대 팬들을 만나는 행사에 갔다가 사람들과 자연스럽게 친해졌어요. 대학교 오면서 케이팝 동아리에 그 사람들을 부르고 했죠. 지금 그 동아리를 4년째 하고 있고 이제 회장이 됐죠. 임원은 16명 정도고 대학생, 고등학생이 제일 많은 거 같은데 직장 분들 한두 명 있어요. 이제는 댄스팀을 만들어서 공연하고, 올해는 케이팝 가르치는 걸 주로 할 것 같아요. 저는 밖에서 하는 일이 많아서 아침 8시에 나가면 자정에 들어와서 잠만 자고 바로 나가요. 부모님이 저보고 집에 좀 들어오라고 해요.

내가 정말 한국인일까?

15살에 정체성 혼란이 왔어요. 매일 '내가 한국인인가? 한국인은 아닌데 한국인 정서, 한국인 문화에 따르지 않고 그게 싫기까지 한데 한국인 아니고 싶은데?'라는 생각이 있었어요. 그때는 가족 빼고 한국인 친구, 한국에 아는 사람도 아무도 없었으니까요. 한국어로 공부하지 않고 영어로 공부하니까 다른 사람들은 저를 한국인으로 부르는데 제가 한국인이 아닌 거 같았어요.

인류학을 공부하는 친구와 한 번 앉으면 6시간 동안 정체성, 문화 이야기를 해요. 내린 결론은 저는 여기 나라에서 산 한국인 1.5세대인 거죠. 한국에서 태어나서 어린 시절을 보냈고 한국 문화를 이해하지만 따를 것까지는 없다는 거예요. 한국, 뉴질랜드 어디에 기여해야 한다는 생각은 없어요. 개인적으로 전 뉴질랜드 사람도 아니라고 생각하거든요. 한국 사람은 맞지만 한국에 가야 한다는 욕망도 없어서 한국과 뉴질랜드를 잘 만들자 이런 느낌은

없어요. 이건 '너의 길, 너만의 삶'을 찾는 것과 같은 거예요. 그건 본인에게 달린 거죠. 뉴질랜드는 개인주의적이고 자기중심적인 문화라 일리가 있는데 한국은 유교사회라 아마 이해가 안 될 거예요. 한국에서 다들 다른 사람들과 어울리고 맞추면서 함께 살아가니까요. 저는 한국의 섬 같은 데서 두세 달 살아 보고 싶어요. 메인 시티가 아닌 떨어진 외곽 쪽에서 살아 보면서 그 지역의 문화를 배우고 싶어요. 그 문화를 배우면서 제가 어떤 사람인지 알고 싶어요.

한국어는 감정의 언어

누가 어떻게 살아야 하는 게 맞다 틀리다는 말은 할 수 없어요. 한국 사람들은 센스 오브 비롱잉^{소속감} 이 강한 거 같아요. 특히 어릴 때 어느 아이나 어디에 소속되지 않다는 건 인류학적으로 안전한 느낌은 아니잖아요. 소속에서 자기가 누군지 더 쉽게 알 수 있다는 게 장점인 거 같아요. 2세대들이 특히 부모님의 나라에 꼭 가 보고 싶은 게 있는데 제 아이가 한국에 가 보고 싶다고 하면 데려갈 것 같아요. 제가 '나는 한국에서 태어났고, 뉴질랜드에서 자랐고, 이런 문화를 가지고 있고, 이 문화에서 왔다는 걸 알려주고 싶었어'라고 말할 것 같아요. 그런데 저는 한국어를 안 가르치고 싶은데…. 강요라고 생각하거든요. 언어는 강제로 배우면 느리기도 하고 그 과정이 너무 고된 걸 알기 때문에 안 가르칠 거 같아요. 그리고 어떤 언어든 배울 때 문화를 같이 가르쳐야 하거든요. 한국에서 살지 않는 사람에게 강요하고 싶지 않아요.

운동을 응원하는 건 별로 관심 없지만 편을 들라고 하면 한국 편을 들 거 같아요. 서양인답게 살고 있지만 아직도 감정 같은 거는 한국어가 감정으로 나타나거든요. 여기 소설 같은 거 읽으면 지루한데 한국 것은 감정이 맞아서 너무 재밌는 거예요. 연애할 때도 한국어로 편지를 쓰고 영어로 번역해요. 저한테 영어는 공부하는 언어, 지식의 언어인데 한국어는 감정의 언어예요. 노래도 한국말을 많이 듣고 텔레비전도 한국 방송을 더 많이 보는 거 같아요.

다문화의 아이콘, 오클랜드

오클랜드는 아시안들이 제일 많이 보이죠. 10년 전보다 외국 사람들이 많아졌죠. 다문화적이고 이미그레이션^{이민}이 제일 많은 도시거든요. 이민에서 나오는 수익이 없으면 돌아가지 않는 나라이고 정책, 문화적으로도 이민을 열어 놨기 때문에 닫는다는 게 말이 안 돼요. 더욱더 다문화 시티가 될 거 같아요. 마오리^{뉴질랜드 선주민}들도 있었고 유러피안이 와서 키위 파키야^{백인}가 됐는데 그런 문화가 있기 때문에 다른 나라에 문화에 대한 거리감, 거부감이 없는 거 같아요.

저는 한국 1.5세대랑 2세대는 많이 안 만나는데 다른 문화 애들 중국, 캄보디아, 필리핀, 유럽 1.5세대 애들을 많이 만나는 거 같아요. 일상적인 이야기나 옛날에 어렸을 때 정체성에 혼란이 와서 정체성 이야기들을 많이 했던 거 같아요.

한국인은 1.5세대나 2세대는 자기가 한국인이라는 정체성에서 도망가지를 못하기 때문에 한국 사람으로 살아야 하고 한국을 이해하고 한국어를 배워야 하는 사람도 있어요. 그럼에도 불구하고 여기서 태어났고 이 문화에서 자랐고 여기 나라의 사람이니까 '나는 한국 사람이 아니다' 라고 생각하죠. 한국의 아무것도 모르는데 어떻게 한국 사람처럼 살라는 거냐는 사람들도 많이 있죠. 한국 사람은 이래야 한다는 게 강하게 있기 때문에, 한국 2세대 대부분이 자기는 뉴질랜드 사람이라 그러죠. 반반이라고 말하는 사람은 많아도 한국 2세가 자기를 한국 사람이라고 하는 사람은 많이 없는 거 같아요.

이 세상이 제 집이 됐어요

비즈니스 쪽에서 싱가폴, 홍콩, 독일, 이탈리아 같은 외국에서 일하고 싶은 욕망이 있어요. 제가 생각하는 뉴질랜드는 '너무 작다'라는 게 제일 큰 거 같아요. 한국 땅에 소속되어 있는 한국인이 아니고 뉴질랜드에 소속되어 있는 뉴질랜드인도 아니기 때문에 이 세상이 제 집이 됐어요. 저는 땅으로 소속된 게 아니에요. 제 집이라고 부를 땅이 없어요. 뉴질랜드에서만 살면 제 집의 한 부분에서만 사는 거잖아요. 그게 너무 답답한 거예요. 이 세상이 모든 걸 볼 수 있는 곳이라면 다른 문화도 있고 다르게 사는 사람들도 있잖아요. 뉴질랜드나 한국에서만 살면 세상을 보는 게 너무 작은 것 같아서, 임매츄얼^{미성숙} 할 거 같아서 다른 곳을 많이 가보고 싶은 욕구가 있는 거 같아요.

저는 스스로 '뭘 좋아하나, 잘하나, 무엇이 되고 싶나?' 매일 물어보는데요. 어떤 사람이 되고 싶냐고 물으면 어떤 일을 하든 어떤 곳을 가든 저 자신에 대해서 부끄럽지 않게 자랑스럽게 그리고 사랑하면서 행복한 사람이 되고 싶어요.

비 온 뒤에 땅이 굳는다

오클랜드 한인회 회장 박세태 | 1960년 8월 3일, 대구광역시 동구

뉴질랜드의 북섬에 자리한 오클랜드는 뉴질랜드 중 동포가 가장 많이 사는 도시다. 뉴질랜드에는 총 11개의 한인회가 있는데 그중 오클랜드 한인회는 1974년에 1대 한인회가 출범하여 현재 14대 회장단까지 40년이 넘는 세월 동안 맥을 이어 오고 있다. 한인 커뮤니티의 대표 단체로서 오클랜드 한인들의 공익을 대변하고 한인 단체들의 구심점 역할을 하며 활동 반경을 넓혀 나가고 있다.

오클랜드 한인회는 '우리 땅 위에 우리가 스스로 건설하는 한인회관'을 짓기 위해 노력해 왔는데, 그 과정 중에 행정적인 문제로 어려움을 겪기도 했다. 이 일을 계기로 한인회 내부에 조정위원회를 꾸려 자생하는 계기를 마련했다. 한인회는 그런 위기를 성장통이라 여기고 협력하여 한인들의 복지와 편의를 위해 더욱 노력하고 있다.

한인회가 주최하는 행사는 한국과 뉴질랜드 문화교류의 장인 3월 한인의 날과 12월의 한마음 운동회가 대표적이다. 두 행사는 연중 행사로 어린이부터 어르신까지 모두가 참여하여 3대를 어우르는 화합의 장이기도 하다. 한인회는 정체성의 혼란을 겪는 1.5세대와 2세대를 어루만지기 위해 한국의 역사 교육으로 선대가 걸어온 길을 알려주려 애쓰고 있다. 올해 한국의 날 행사에서 한국 무용과 길쌈놀이, 사물놀이 등 뉴질랜드에서도 한국을 느낄 수 있도록 진행했으며, 문화, 법률, 취업 세미나를 운영하여 교민들의 정착 서비스에 힘을 쏟고 있다.

한인회로 이어진 순수 발룬티어^{자원봉사}

오클랜드 한인회장을 맡은 박세태라고 합니다. 1960년 8월 3일에 대구 동촌에서 태어났습니다. 서울과 용인에서 태권도장 운영했습니다. 태권도는 공식적으로 7단입니다. 한국에서는 미술학원, 속셈학원, 유치원도 운영했습니다. 뉴질랜드는 아이들 공부를 위해서도 그렇고 저도 공부를 좀 하려고 왔어요. 당시에 제가 한국에서 스포츠외교 석사를 하다가 논문만 남긴 상태였어요. 뉴질랜드는 2002년도 12월에 왔죠. 한국에서 학원을 많이 운영하다 보니까 정리가 원활하게 되지 않았어요. 비자 문제도 그렇고 어려움을 많이 겪었죠. 뉴질랜드에서 적응하고 미국으로 갈까 하다가 점점 뿌리가 내려지다 보니 쉽지 않더라고요. 6개월 정도 랭귀지 코스를 하다가 2003년 3월 20일에 마운트 알부트 지역에서 계약을 하고 학원을 시작했습니다.

오클랜드에선 매주 일요일마다 아본데일 선데이마켓^{벼룩시장}이 열려요. 중고물건, 농기구, 과일, 등을 파는 벼룩시장인데 우리 교민 분들의 삶의 현장이죠. 어려움을 겪는 사람들, 애환을 많이 보게 됐습니다. 목사님과 인연이 돼서 거기서 7~8년 정도 사인보드 들고 미션을 했습니다. 매주 목요일마다 적십자사에서 하는 도시락 배달인 순수 자원봉사를 3년 정도 했어요. 제가 우리 교민 사회에 나타난 건 2009년에 재뉴 대한체육회 협회장을 하면서부터입니다. 2011년 11대 한인회에서 행사 이사로 활동하고, 12대에 한인회 부회장을 13대에 자문위원회 자문위원으로 14대에 한인회장에 당선이 된 거죠. 서쪽에 있는 한국 학교, 다민족 학교에서도 봉사하고 로터리 클럽^{세계적 봉사단체}에서도 6년 정도 활동을 했죠. 봉사 활동들이 한인회장 하는데 많은 도움이 됐어요.

비 온 뒤에 땅이 굳는다

뉴질랜드는 역사적 문제로 오신 분도 있지만 한국 경제가 성장하면서 자발적으로 이민 오신 분들이 계십니다. 인구 대비로 본다면 미국, 일본, 중국 다음이고 현재 교민은 약 2만 5천명에서 3만 명 정도 됩니다. 청년 모임은 학교별 학생회, 청년부 클럽, 코트라, 옥타, 상공인연합회 등이 있습니다. 장년, 청년, 청소년부 결집은 아직 미흡합니다. 한인회는 노년부 참여율이 높고 청년부가 2순위, 3순위가 청소년부입니다. 장년부가 미약합니다.

우리 교민 자격으로 한인회관을 샀다는 것은 굉장한 업적입니다. 조직과 행사 규모로는 아마 재외동포 재단에서 한 5% 내에 들어가지 않을까 생각합니다. 앞으로 우리 땅을 구매해서, 거기다가 우리 회관, 학교, 체육관을 지어서 우리 교민을 위한 서비스 정착이 이뤄져야 할 것입니다. 1.5세대나 2세대들이 뉴질랜드에 녹아 들어가서 분야별로 두각을 나타낼 수 있도록 지원하는 것, 그게 미래 설계가 되겠죠. 그런 쪽으로 흘러가도록 준비를 하는 과정입니다.

2011년도 오클랜드 한인회 11대 홍영표 회장이 한인회관의 건립을 위해서 준비하고 있던 설계도가 있었어요. 타카푸나 그래머 스쿨 내 부지를 150년 정도 임대해서 한인회관을 짓고, 150년 후에 학교에 기증 반환하는 걸로 했어요. 홍 회장님이 계획을 수정해서 우리 교민의 모금으로 자립을 해서 우리 땅 위에 우리가 건설하는 취지로 모금을 시작했죠. 한인회 산하에 '건물 관리 위원회'가 있어요. 이 건물을 사면서 우리로 치면 내무부인 D.I.A에 조사를 받았어요. 우리가 미비했던 게 드러났고 수정, 보완해내는 한인회 내 '분쟁조정위원회' 제도 장치가 생겼어요. 어떤 문제가 생겼을 때 내무부 기관인 D.I.A에 바로 오는 게 아니고 분쟁위에서 1차로 여과하고 자체 순화할 수 있는 거죠. 해결을 해보고 안 됐을 때 상부나 법으로 가는 제도 장치였죠. 친목회에서 본다면 상벌위원회라고 볼 수 있죠. 비 온 뒤에 땅이 굳는다는 말이 있듯이 교민 사회가 굉장히 안정적으로 가고 있다고 볼 수 있죠. 시련이 때로는 고통과 힘겨움이 있었지만, 우리가 긍정적인 측면으로 나아가는 발전의 과정이었다고 생각합니다. 그 과정에서 상처를 받았다면 용서를 해야 하고, 다음 단계는 화해죠. 지금 그 단계에 왔다고 생각하고 앞으로 좀 더 나은 방향으로 갈 수 있었으면 하는 바람이죠.

교과서가 없는 창의적인 나라

뉴질랜드는 유러피안이 80%지만, 다민족, 다언어 국가입니다. 과거에는 문화가 일방적으로 간다고 했다면 이제는 융합 문화 쪽으로 흘러간다고 볼 수 있죠. 오세아니아지만 유럽계가 지배적이다 보니까 1.5세대나 2세대들이 이쪽에 현지화 된 부분도 있고, 그렇지 않은 부분의 친구들이 있다보니 서로 어려움이 있죠. 우리 언어, 오랜 역사와 문화를 가지고 있는데 이 나라에서 융합해 만들어내는 것에 초점이 있습니다. 1.5세대, 2세대들이 몰랐던 것을 일깨워 주는 것이 정체성 회복하는데 가장 빠른 길이라고 생각하거든요. 극복할 수 있는 건 결국 교육인데, 뉴질랜드에 한민족 학교랑 한글 학교가 있습니다. 한인회와 연관해서 우리 역사교육을 충실하게 지도해서 대한민국이 걸어왔던 길처럼 정체성을 일깨워 줄 수 있는 측면에 노력해야 할 것 같습니다.

뉴질랜드 유럽인은 봉사가 습관이 되어 있고 그 기쁨만 느끼도록 해요. 어떤 일을 할 때 아이 스스로 일하게끔 하고 철저하게 안전을 먼저 생각하고 몸에 배도록 해서 자발적으로 할 수 있도록 일깨워 줍니다. 한국 부모님 몇 분은 봉사 현장에 아이들을 데려갔을 때 아이가 스스로 판단하는 데 부모님이 약간 장애 요소가 됩니다. 부모님이 다 해줍니다. 아이 스스로 시행착오를 겪고 안전이 중요하다는 걸 일깨워주고 해야 합니다. 다는 아니지만 우리 교민이 순수한 봉사를 해서 삶의 기쁨을 깨우치는 거보다는 좋은 대학을 가기 위한 써티피커트^{증명서}에 포커스를 맞추다 보니 봉사가 항상 조건이라는 거죠.

뉴질랜드는 교과서가 없다는 말이 있어요. 한국은 천재든 바보든 평준화 교육이고 국가발전을 위해서는 평준화 교육도 중요하지만 우수한 애는 우수한 대로 부족한 애들은 부족한 대로 성장이 되도록 하는 시스템이 필요한데 잘난 사람이나 못난 사람이나 다 평준화하니까 어려운 거죠. 한국 애들이 수학은 굉장히 뛰어나요. 뉴질랜드 교육은 한 요소에서 그 영역을 배우고 다음 단계로 가면 원을 보는 확장성이에요. 5cm의 원을 배우고 그다음 7cm

로 그다음은 10cm 이렇게 확대되어 가요. 우리는 큰 영역을 받아버리니까 한 요소의 개념을 정확히 알지 못하고 광역화를 배워 버리는 거예요. 어떤 기본적인 원리에서 창의력이 다르게 나타난다는 거죠. 애네들은 수학을 배울 때 과정을 중요시하고 한국은 결과를 중요시해요. 급속도로 발전은 했는데 어느 정점에서 멈추고 창의력은 부족하다는 거죠. 여기는 번호판 달고 차를 변경해도 신고만 하면은 다 돼요. 집에서 자동차를 다 개조해요. 한국은 전문업체에 가서 받아야 되잖아요. 그게 다른 점이죠. 창의적인 부분에서는 여기가 분명히 좋은 환경이라고 봐야죠.

대한민국 경제발전을 위한 역할

재뉴상공인연합회 회장 오창민 | 1948년 12월 14일, 대구광역시 중구 달성동 167번지

'재뉴질랜드 상공인연합회'는 2003년 재뉴질랜드 상공회의소라는 명칭으로 창립되었으며 2012년 제5대 때부터 상공회의소에서 상공인연합회로 명칭을 바꾸었다. 현재 9대 회장단이 출범하여 뉴질랜드의 상공회 단체로 자리매김하고 있다. 뉴질랜드 전 지역 한인 상공인의 업무를 지원하며 생업에 종사하는 교민들의 권익을 보호하고 활성화하는 데 목적을 두고 있다. 회원들의 나이는 다양하며, 사업장을 두고 상공업을 영위하는 개인과 업체는 누구든지 정회원으로 가입이 가능하다. 젊은 상공인연합회의 임원들이 협력하여 상공업에 종사하는 교민들 간 교류를 확대할 계획이다. 오클랜드에서 사업을 준비하는 이들을 위한 창업 설명회와 바뀐 뉴질랜드 법안들을 설명해주는 경제 세미나를 개최하여 회원 뿐 아니라 교민을 위한 단체로 거듭나고자 노력하고 있다.

'섬유가 끝난' 한국에 불어 닥친 이민 바람

성씨는 해주 오씨에 이름은 창민입니다. 호적상으로 본적은 대구시 중구 167번지로 돼 있습니다. 대구에서 5살까지 살다가 서울로 왔고 이민 온 지 21년 됩니다. 저희 집안에는 공무원들이 많았죠. 부친이 공무원이셨는데 대구에 있다가 서울로 전근하시면서 서울에 안착했죠. 백부님은 대구서 전매청장으로 계셨어요.

한국에 있을 때 1974년부터 섬유 수출 산업에 종사했고 외국계 무역회사에서 유럽 담당 머천다이저^{구매담당}로 근무했어요. 본사가 홍콩에 있는 외국계 회사로 이직해서 지점장 생활을 합니다. 1984년에 한국에서 와이셔츠, 스웨타, 파카를 생산 못했어요. 모든 텍스터 바잉 에이전트^{섬유구매} 역할을 했죠. 잘하지도 못하는 영어였지만 선택의 여지가 없었어요. 젊은 나이에 열기와 패기를 가지고 구로공단에서 섬유 근로자들하고 포장도 하고 그랬죠. 우리 경제 발전이 이뤄져서 상당히 자부심과 보람을 가지고 있습니다.

1984년부터 한국 임금이 올라가고 부동산이 폭등을 했죠. 섬유는 한국에서 끝이다 해서, 저는 와이셔츠가 주종이기 때문에 방글라데시에 들어갔고 거기서 수출을 시작했지요. 1995년 되니까 중국, 인도네시아에서 생산은 했지만 수익이 안 남으니까 외국 본사지만 결국 철수를 당하게 됐어요. 이후 이민 바람이 불었어요. 미국도 생각을 하다가 뉴질랜드가 이민이 쉽게 받아들여졌으니까 신청했습니다. 이민 올 때 50살 무렵이었는데 남은 인생에 참 멋을 좀 찾아 보자 해서 오늘날까지 있습니다.

　동네에 유명한 공립학교에 교민 자녀 60명 정도 다녔는데 한국 학부모회가 없어서 학부모회도 만들고 학부모 회장도 하면서 2003년까지 5년 정도 봉사를 했죠. 잘하나 못하나 영어라는 무기가 제 나름대로 있기 때문에 우리 이민자들과 유학생들 분쟁이 났을 때는 제가 감히 나서서 해결도 하고 했죠.

상공회, 서바이벌에 나와 있는 사람들

　교민 사회에 봉사하자는 신념에서 상공인연합회를 맡아서 작년 7월부터 하고 있습니다. 2003년 재뉴 상공회의소라는 명칭 하에 1대가 구성됐습니다. 상공회는 속된 말로 서바이벌에 나와 있는 사람들이고, 분기마다 교민을 상대로 해서 노인잔치, 장학금 지원, 운동회 등을 하고 있습니다. 당시에 사단법인으로 등록이 돼 있고 정관에는 회비로 운영비를 충당한다고 되어 있지만 모든 경비는 2대 회장님이 충당하셨어요. 2012년 제5대 안기종 회장이 상공회의소에서 상공인연합회로 명칭을 바꿉니다. 현재 9대까지 왔습니다. 회장, 부회장을 비롯한 임원들과 분과별로 위원장들이 있습니다. 저희 활동은 우리 소상공인들, 자영업자, 사업하시는 분들의 권익과 이익을 보호하고 서로 협력하고 촉진하는 게 주목표입니다. 젊은 친구부터 시작해서 50대 미만이 회원의 주를 이루고 중장년층이 많습니다. 회원이 되려면 소정의 경비와 회비 가입비를 내야 합니다. 조금 재정적인 영향이 원래 하시던 분이 손을 놓고 돌아가셨어요. 작년 7월부터 인수인계를 해서, 연합회가 누워 있다가 기어간다 정도의 발전이 있다고 봐야죠.

회원은 누적 1,000여 명 이상 된다고 보고, 두 달에 한 번 행사할 때마다 100명에서 150명씩이 모였습니다. 회원 중에 연 매출 최고대는 뉴질랜드 달러로 한 6,000만 불정도 되시는 분들도 있습니다. 유학 쪽 학교 사업 하시는 분, 로터루아에서 관광 농장을 하시는 분이 계십니다. 한국인으로는 최초입니다. 뉴질랜드에서 간과하고 있는 비즈니스가 교육, 유학 사업입니다. 질 좋은 교육 할 수 있습니다. 공업 국가가 아니기 때문에 제품이 열이면 열 중 국제품입니다. 한국의 질 좋은 생활, 가전, 공업제품을 소개하면 좋은 결과가 있지 않을까 생각을 합니다.

십시일반으로 상생하기

재뉴 상공인연합회, 주한 키위상공회의소는 대사관 소속 민간 단체입니다. 주한 뉴질랜드 대사관에 무역 상무부도 들어가 있고 주한 뉴질랜드상공회의소가 있습니다. 주한 뉴질랜드상공회의소 회장은 토니 가렛이라고 고려대학교 경영학과의 교수이기도 합니다. 키위들이 한국에 와서 사업하시는 분들이 있어요. 비즈니스의 촉진과 촉매 역할을 하시는 거죠. 한국에 암참^{주한 미국상공회의소}이 있는데 위력 있는 경제단체의 하나라고 보시면 됩니다. 우정의 협약을 체결하자는 제안이 있어서 4월 22일 오후 4시에 주한 뉴질랜드 대사관에서 대사 임석 하에 상공회의소 회장과 협약 체결 사인을 했습니다. 서로 십시일반 정보 공유를 하고 상생하는 거죠. 목표는 '서로 협력해서 뉴질랜드, 대한민국 경제 발전에 조금이라도 일조를 하자'로 체결을 했죠. 꾸준히 조금씩 계획을 밀고 나가야 하지 않나 생각합니다.

내일 ANZ은행에서 저희 교민들을 상대로 하는 설명회가 있어요. 안티머니 라운더리^{돈세탁방지법}이 발표가 됐어요. 예를 들면 외국인이 부동산을 구

입을 못 하게 되어 있어요. 옛날에는 입금하면 은행에서 받아 줬는데, 지금은 돈의 출처를 밝히라고 해요. 외국인이 여기 들어와서 쉽게 은행에 가서 계좌를 열고 하는 거래가 원활치가 않습니다. 여러 가지 경제적으로 제약이 좀 있습니다. 우리 상공인연합회에 있는 회계사, 변호사, 부동산감정사 임원들이 그런 과정의 설명, 부동산 관련법, 바뀐 세법, 일상생활에 필요한 핵심만 설명할 예정입니다.

한국 54년, 다시 뉴질랜드 54년

뉴질랜드 한인사 편찬위원회 위원장 한일수 | 1941년, 전북 정읍시

저는 한일수입니다. 1941년 정읍에서 태어났어요. 고등학교 때 전주로 갔죠. 1961년에 서울에 대학을 와서 경영학을 전공했어요. 처음엔 직장생활을 하고 1980년대 기업 인력개발원을 설립해서 기업 교육 컨설팅, 기업체 강의, 커리큘럼 개발 일을 했죠. 당시에 한국은 산업화가 진전되던 때라 기업체가 확장되고 활성화되어 있을 때입니다.

1995년 12월, 한국에서 만 54년을 살고 새로운 인생을 설계해보겠다고 이민을 왔습니다. 평균 수명보다는 조금 더 오래 살아야겠다 해서 108세로 목표를 세우고 인생 설계를 했는데 한국에서 54년, 뉴질랜드에서 54년, 절반 절반인 거예요. 뉴질랜드로 오는 것은 가장 획기적인 선택이었습니다. 뉴질랜드 이민법으로 일반 이민은 55세 넘으면 안 받아 줍니다. 저는 제2의 인생을 출발한 거니까 처음부터 새로 시작한다는 마음이었습니다. 모든 분야에 경험을 다 했다고 생각을 했고, 이민은 기득권을 전부 포기를 해야 하니까 각오하고 왔습니다.

뉴질랜드 한인사 편찬회

이민 올 때부터 글을 쓰고 싶었어요. 오자마자 몇 달 있다가 현지 교민 언론인 '뉴질랜드 타임즈', '코리아 포스트', '한국신문' 등에 650여 회 칼럼을 연재했습니다. 교민 매체에 연재해 온 칼럼 시리즈를 정리해서 2018년 봄에 '108세에 이르기까지'를 출간했습니다. 한인회에서 고문으로 활동을 하다가 뉴질랜드 한인사 편찬위원장을 맡게 되었죠. 2003년 10월부터 뉴질랜드 한인사 편찬이 추진되었어요.

해방 당시에 뉴질랜드에 한국인이 4명이 살았다는 기록이 있는데 이름이 뭔지 어디서 왔는지는 전혀 몰라요. 한국인으로서 처음 뉴질랜드를 밟고 6개월 있다 가신 분이 한상원 씨인데 실제로 확보할 수 있는 기록이었고 그분이 산 증인이었어요. 그 양반은 한국은행에 다녔었는데 당시 국고부장

이었어요. 유엔 장학금을 받고 중앙은행제도 연수를 하기 위해서 웰링턴에서 근무를 한 사람입니다. 그 양반의 생한 증언을 들었는데 자기는 뉴질랜드 와서 훈훈한 대접을 받아본 걸 잊을 수가 없다는 거예요. 그리고 여기서 찍은 사진 뒤에다 몇 월 며칠, 누구와 찍은 사진이라는 걸 다 기록해놨어요. 그분이 수기도 써 주셔서 뉴질랜드 최초 한국인의 생생한 기록을 보존할 수가 있었습니다.

도움주신 분

시드니
문동석, 서정배, 문민정, 이경재, 김구홍, 고순관, 노현상, 윤영일, 이기선, 이재규

멜번
황용기, 김경혜, 오영열, 안중민, 김은경, 한광훈, 조춘제, 김진석, 이동호, 안형배

브리즈번
송진상

골드코스트
전주한

오클랜드
김보연, 유성자, 유광석, 변경숙, 김운대, 김민석

기관/단체
호주 시드니한인회

호주 빅토리아주 한인회

퀸스랜드주 한인회

호주 퀸즐랜드 골드코스트 한인회

오클랜드 한인회

세계한인무역협회 시드니지회

재호주 대구·경북향우회

재뉴질랜드 상공인연합회

뉴질랜드 한인사 편찬위원회

참고문헌

단행본

양승윤. 호주·뉴질랜드. 한국외국어대학교출판부. 2006

뉴질랜드 한인사 편찬위원회. 뉴질랜드한인사. 코아그래픽. 2007

호주 한인50년사 편찬위원회. 호주한인50년사. 진흥. 2008

주양중. 호주의 다문화주의. 박문각. 2011

연세대학교 동서문제연구원 호주연구센터. 현대 호주사회의 이해. 한국학술정보(주). 2013

서경식. 세계에서 만나다 : 디아스포라는 누구인가 이주의 삶과 경계를 증언하는 언어들. 현암사. 2013

김영찬 외. 미디어 문화연구의 질적방법론. 컬처룩. 2015

조일준. 이주하는 인간, 호모 미그란스 : 인류의 이주 역사와 국제 이주의 흐름. 푸른역사. 2016

신봉섭. 호주사 다이제스트100. 가람기획. 2016

마이클 킹. 뉴질랜드사. 경북대학교 출판부. 2018

논문

이재형, 「한국인의 호주 이민 : 이민의 역사, 현상, 그리고 발전방향」, 『글로벌정치연구』 2권 2호,
   2009, 127~161쪽

문경희, 「호주 한인 '1세대'의 이민에 대한 연구 - 이주체계접근법과 이민자의 경험을 중심으로」,
   『인문과학』 67권, 2017, 117~156쪽

이태주, 「오세아니아 원주민 문화와 식민주의 유산」, 『소통과인문학』 5호, 2007, 105~134쪽

기타

「재외동포현황」, 외교통상부, 2019

세계시민으로 사는 경북인, 지난 10년의 여정

| 2010 - 2019 |

2010 중국 — 중국 경상도 마을
▼
2011 사할린 — 사할린 강제징용동포
▼
2012 독일 — 파독 광부와 간호사
▼
2013 우즈베키스탄 — 우즈베키스탄 고려인
▼
2014 4개국 — 중국, 베트남, 인도네시아, 인도 경북인
▼
2015 브라질 — 브라질 경북인
▼
2016 일본 — 일본 자이니치 경북인
▼
2017 미국 — 서부 하와이, LA, 샌프란시스코 경북인
▼
2018 카자흐스탄, 키르기스스탄 — 카자흐, 키르기즈 고려인
▼
2019 호주, 뉴질랜드 — 호주, 뉴질랜드 경북인

사업성과

- **해외네트워크 구축**
  16개국 62개 도시 글로벌 네트워크 구축 및 1,055명을 인터뷰하여 경북인 중심 370명 생애 기록 (개인 876명, 단체 181개)

- **도서발간**
  12권 (연도별 스토리북 10권, 연계도서 2권), 약 10,000부 발행

- **전시회 및 북콘서트 개최**
  전시회 13회, 북콘서트 10회 개최

- **문화교류한마당**
  6회 (2010~2015)

- **초청사업**
  6회, 240명 참여

- **언론사 기획연재**
  총 30회 (2016~2019)

- **다큐멘터리 제작 및 방영**
  9부작, 30회 이상 방영

세계시민으로 사는 경북인 2011
사할린의 여름 하늘은 낮다

- 사할린 현지 4개 도시 취재 / 개인 112명, 11개 단체 인터뷰
- 〈경상북도-사할린 문화교류한마당〉 및 〈경상북도-흑룡강성 경상도마을 문화교류한마당〉 개최
- 대구MBC HD 특집 다큐멘터리 〈사할린 경상도 마을 사람들〉 방영
- 콘텐츠 전시회 〈사할린의 여름 하늘은 낮다〉 개최
- 콘텐츠 스토리북 『사할린의 여름 하늘은 낮다』 발간
- 고려인1세대 동포고국 방문 (122명)
- 국가기록원과 함께 동포 간담회를 추진, 이후 2012년 사할린 묘지 조사사업의 기폭제가 됨

경상북도와 (사)인문사회연구소는 2010년 시작한 해외동포 사업의 이름을 본격적으로 『경북의 혼을 찾아 떠나는 新실크로드 - 해외동포정체성찾기 사업』으로 바꾸고 2011년 러시아 사할린을 방문하였다. 사할린은 일제강점기 당시 강제징용으로 끌려간 약 15만명의 조선인들이 거주했던 곳으로, 이중 75%의 조선인들이 경상도 출신이다. 전쟁이 끝난 뒤에도 약 4만 3천여명의 조선인들이 고국으로 돌아가지 못하고 남아있었으며, 지금까지도 많은 동포들이 거주하고 있다.

　2011년 6월 현지 취재 기간 동안 (사)인문사회연구소 조사팀과 대구MBC 다큐멘터리 제작진은 한인들의 역사와 흔적이 남아있는 사할린 주 유즈노사할린스크, 브이코프, 코르사코프, 홈스크 4개 도시에 거주하는 경상도 출신 동포들을 방문하였다. 이를 통해 이주 역사와 사할린 동포들이 간직해 온 우리의 풍습과 문화, 그리고 점차 현지와 융합되어가며 바뀌어 온 삶의 일면들을 취재하였다. 2011년 7월13일 사할린 전역에서 온 200여명의 동포와 함께 한 〈경상북도 - 사할린 문화교류한마당〉을 개최하였으며, 이틀 후 지난해 취재했던 중국 흑룡강성 경상도마을을 다시 방문하여 〈경상북도 - 흑룡강성 경상도마을 문화교류한마당〉을 개최하였다. 취재 결과물은 콘텐츠 스토리북, 전시회, 다큐멘터리로 지역민들에게 소개되었다.

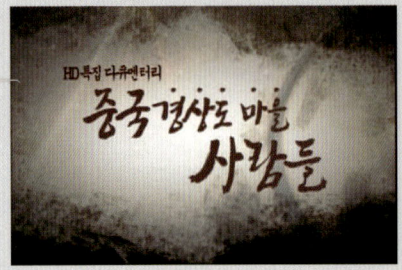

2010. 9~10월	중국 현지 취재 (개인 179명, 7개 단체 인터뷰) 아라디촌, 금성촌, 홍신촌 등
2010. 10. 20	〈길림성 아라디촌 마을잔치 및 경제문화교류 간담회〉 개최 중국 길림성 아라디촌 조선민속촌
2011. 2. 11	대구MBC HD 특집 다큐멘터리 〈중국 경상도 마을 사람들〉 1부 '영상구술 눈물의 이주사' 방영 - 방송통신심의위원회 '이 달의 좋은 프로그램' 상 수상
2011. 2. 14	콘텐츠 스토리북 『중국, 경상도 마을을 가다』 발간
2011. 2. 16~19	콘텐츠 전시회 〈경상도, 지금도 가슴속으로 흐르는 고향〉 개최 경북대학교 스페이스9
2011. 2. 17~20	경상도 마을 1.5세대 초청사업 '75년만의 귀향' 실행-아라디촌 경상도 출신 4명
2011. 2. 25	대구MBC HD 특집 다큐멘터리〈중국 경상도 마을 사람들〉 2부 '경계에 놓인 사람들' 방영

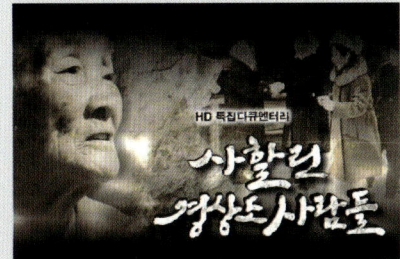

2011. 6~7월	사할린 현지 취재(개인 112명, 11개 단체 인터뷰)
	유즈노사할린스크, 브이코프, 코르사코프, 홈스크 등
2011. 7. 13	〈경상북도 - 사할린 문화교류한마당〉 개최
	러시아 유즈노사할린스크 한인문화회관
2011. 7. 15	〈경상북도 - 흑룡강성 경상도마을 문화교류한마당〉 개최
	중국 홍신촌
2011. 11. 18	대구MBC HD 특집 다큐멘터리 〈사할린 경상도 마을 사람들〉
	1부 '돌아오지 못한 사람들' 방영
2011. 11. 25	대구MBC HD 특집 다큐멘터리 〈사할린 경상도 마을 사람들〉
	2부 '경계인, 끝나지 않은 이야기' 방영
2011. 12. 7~12. 9	콘텐츠 전시회 〈사할린의 여름 하늘은 낮다〉 개최
	경북대학교 스페이스9
2011. 11. 30~12. 2	콘텐츠 전시회 경상북도 청사 본관 현관 전시
2011. 12. 15	콘텐츠 스토리북 『사할린의 여름 하늘은 낮다』 발간
2011. 5. 14~5. 20	고려인1세대 동포고국 방문 (122명)

세계시민으로 사는 경북인 2012

검은 눈의 이방인, 아몬드 눈을 가진 천사

- 독일 현지 9개 도시 취재 / 개인 48명, 9개 단체 인터뷰
- 〈경상북도-재독한인 문화교류한마당〉 개최
- '2015년 경북도-파독동포 네트워크 구축사업' 독일 현지 개최
- 콘텐츠 스토리북 『검은 눈의 이방인, 아몬드 눈을 가진 천사』 발간
- 대구MBC HD 특집 다큐멘터리 〈독일 경상도 사람들〉 방영
- 콘텐츠 전시회 〈검은 눈의 이방인, 아몬드 눈을 가진 천사〉 및 인문학 강좌 개최
- 『유랑, 이후』(최화성 지음/ 실천문학사) 대중 출판
  (한국출판문화산업진흥원 '2013년 우수저작 및 출판지원사업' 당선작)

경상북도와 (사)인문사회연구소는 『경북의 혼을 찾아 떠나는 新실크로드 - 해외동포정체성찾기 사업』의 세 번째 대상지로 2012년 독일을 방문하였다.

독일은 1960~70년대에 걸쳐 광부, 간호사로 일할 한인들이 건너갔던 곳으로, 1961년 한국과 독일 정부가 맺은 경제 및 기술 원조 협정에 따라 독일 내의 탄광과 병원에 노동력을 제공하기 위해 7,936명의 광부, 10,723명의 간호사들이 파독되었다.

2012년 5월 현지 취재 기간 동안 (사)인문사회연구소 조사팀과 대구MBC 다큐멘터리 제작진은 독일 루르 탄광지대인 노르트라인 베스트팔렌주의 총 10여개 도시에서 30여 명 이상의 경상도 출신 재독한인동포들을 만났다. 광부 광산촌, 간호사 기숙사촌 등 이주역사와 관련된 주요 장소를 방문하고 재독 한인동포들의 삶을 취재하였다. 2012년 5월19일에는 재독 영남향우회의 〈영남인의 밤〉 행사와 연계하여 300여 명의 동포와 함께 한 〈경상북도-재독한인 문화교류한마당〉을 개최하였다. 취재 결과물은 콘텐츠 스토리북, 전시회, 다큐멘터리로 지역민들에게 소개되었다. 2013년 10월에는 2012 독일 경상도사람들 사업의 일환으로 참여했던 작가의 작업 결실로 파독 광부, 간호사들의 이야기 『유랑, 이후』(최화성 지음/ 실천문학사)가 대중 출간되었다.

2012. 5월	독일 현지 취재(개인 48명, 9개 단체 인터뷰) 노르트라인베스트팔렌주 10여개 도시
2012. 5. 19	〈경상북도-재독한인 문화교류한마당〉 개최 독일 에센 재독한인문화회관
2012. 9. 25	콘텐츠 스토리북 『검은 눈의 이방인, 아몬드 눈을 가진 천사』 발간
2012. 9. 27	대구MBC HD 특집 다큐멘터리 〈독일 경상도 사람들〉 1부 '이주 50주년, 독일로 간 광부·간호사 이야기' 방영
2012. 9. 28	대구MBC HD 특집 다큐멘터리 〈독일 경상도 사람들〉 2부 '경계의 삶, 독일과 한국 사이' 방영
2012. 9. 25~28	콘텐츠 전시회 〈검은 눈의 이방인, 아몬드 눈을 가진 천사〉 및 인문학 강좌 개최 대구 동부도서관 전시실
2012.9.20~21	콘텐츠 전시회 경상북도 청사 본관 현관 전시
2013. 10. 8	『유랑, 이후』(최화성 지음/ 실천문학사) 대중 출판 (한국출판문화산업진흥원 '2013년 우수저작 및 출판지원사업' 당선작)

세계시민으로 사는 경북인 2013

뜨락또르와 까츄사들

- 우즈베키스탄 현지 5개 도시 취재 / 개인 108명, 25개 단체 인터뷰
- 〈경상북도-우즈베키스탄 고려인 문화교류한마당〉 개최
- 대구MBC HD 특집 다큐멘터리 〈실크로드에서 만난 우즈베키스탄 고려인〉 방영
- 콘텐츠 스토리북 『뜨락또르와 카츄사들』 발간
- 콘텐츠 전시회 〈뜨락또르와 카츄사들〉 및 인문학 강좌 개최
- 『바람에 눕다 경계에 서다 고려인』(한금선/ 봄날의책) 출판
- 한금선 사진전 『째르빼니 우즈베키스탄의 고려인』 개최

경상북도와 (사)인문사회연구소는 『경북의 혼을 찾아 떠나는 新실크로드 - 해외동포정체성찾기 사업』의 네 번째 대상지로 2013년 우즈베키스탄을 방문하였다. 우즈베키스탄은 실크로드의 중간 기착지로 통일신라 시대 경주에서 이스탄불까지 이어지는 문명교류의 역사를 간직한 곳이다. 아울러 1937년 스탈린의 명령에 따라 연해주에서 우즈베키스탄까지 약 18만 명의 한인들이 강제로 이주된 땅이기도 하다.

2013년 5월 현지 취재 기간 동안 (사)인문사회연구소 조사팀과 대구MBC 다큐멘터리 제작진은 우즈베키스탄 한인, 즉 고려인들이 밀집해서 거주하고 있는 수도 타슈켄트시를 중심으로 알마이크, 사마르칸트, 나망간, 페르가나 등지를 방문하여 경상도 출신자를 포함한 현지 동포들을 만났다. 고려인 1세부터 4세까지 다양한 세대와의 만남을 통해 조선에서 연해주로, 연해주에서 다시 우즈베키스탄으로 끝없는 이주를 겪은 그들의 삶을 취재하였다. 아울러 2013년 6월5일에는 200여명의 동포와 함께한 〈경상북도 - 우즈베키스탄 고려인 문화교류한마당〉을 개최하였으며, 취재 결과물은 콘텐츠 스토리북, 전시회, 다큐멘터리로 지역민들에게 소개되었다. 한편, 지난해 우즈베키스탄 고려인 사업에 참여한 한금선 사진작가의 결실로 사진전이 열렸으며, 사진집 〈바람에 눕다 경계에 서다 고려인〉이 출간되었다.

2013. 5~6월	우즈베키스탄 현지 취재(개인 108명, 25개 단체 인터뷰)
	타슈켄트, 사마르칸트, 페르가나, 나만간 등
2013. 6. 5	〈경상북도-우즈베키스탄 고려인 문화교류한마당〉 개최
	우즈베키스탄 타슈켄트 바흐트 레스토랑
2013. 8. 31	대구MBC HD 특집 다큐멘터리
	〈실크로드에서 만난 우즈베키스탄 고려인〉 방영
2013. 11. 30	콘텐츠 스토리북 『뜨락또르와 카츄사들』 발간
2013. 12. 4~7	콘텐츠 전시회 〈뜨락또르와 카츄사들〉 및 인문학 강좌 개최
	경북대학교 스페이스9
2014. 8. 19	한금선 사진집 『바람에 눕다 경계에 서다 고려인』(봄날의책) 출판
2014. 8. 19~31	한금선 사진전 『째르빼니 우즈베키스탄의 고려인』 개최
	사진위주 류가헌 갤러리

세계시민으로 사는 경북인 2014

아시아 바닷길 순례, 그 몸의 말들

- 4개국 현지 13개 도시 취재 / 개인 108명, 35개 단체 인터뷰
- 대구MBC HD 특집 다큐멘터리 〈세계시민으로 사는 경상도 사람들〉 방영
- 콘텐츠 스토리북 『아시아 바닷길 순례, 그 몸의 말들』 발간
- 콘텐츠 전시회 〈아시아 바닷길 순례, 그 몸의 말들〉 및 인문학 강좌 개최, 경상북도청 본관 현관 전시
- 후속사업 〈국제학교 학생과 떠나는 '경북인문기행'〉 진행 (10명 참여)
- '경상북도-족자카르타 국제세미나 개최 '한국-인도네시아 교류 발전방안-새마을운동 세계화추진 중심으로'
- '경상북도-베트남 타이응우옌성 자매결연 10주년 기념사업 주관 콘텐츠전시회 및 문화교류한마당' 개최
- 기념사업 후, 글로벌 네트워크가 구축으로 2017 호치민 경주엑스포 개최 발판 마련

경상북도가 추진하는 『해양실크로드 글로벌 대장정 사업』과 발맞추어 2014년에는 『경북의 혼을 찾아 떠나는 新실크로드 - 해외동포정체성찾기 사업』의 일환으로 해양실크로드의 주요 거점인 중국, 베트남, 인도네시아, 인도 등 4개국을 대상지로 선정했다. 멀게는 1910년대부터 동시대에 이르기까지 많은 한인이 진출해 동포사회를 형성하고 있는 곳이다.

취재 기간 동안 (사)인문사회연구소 조사팀과 대구MBC 다큐멘터리 제작진은 4개국 10여개 도시에 거주하는 한인들과 만났다. 한인 2세 학생들의 학교생활을 기록에 담았고, 현지인과 결혼한 교민의 가정을 찾았으며, 현지에서 운영하는 한인들의 사업체와 농장을 방문해 '세계시민으로 사는 경북인'의 모습을 취재했다. 또한 각국의 한인 이주 역사를 비롯하여 한인사회의 형성과 성장배경, 지금의 한인사회 현상과 흐름도 함께 취재했다.

취재 결과물은 콘텐츠 스토리북, 전시회, 다큐멘터리로 각각 지역민에게 소개되었다. 후속으로 이어진 '경북인문기행' 사업에서는 한인 2세 학생들을 초청해 경주, 안동을 포함한 경북 일대를 둘러보며 다양한 문화체험활동을 펼쳤다.

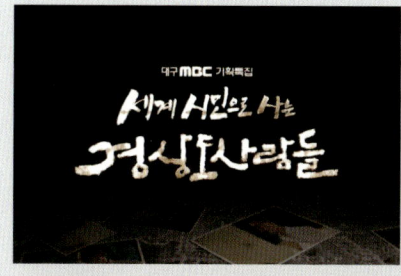

2014. 4~7월	4개국 현지 취재(개인 108명, 단체 35개 인터뷰)
	중국(광저우), 베트남(호치민시, 동나이성),
	인도네시아(자카르타, 반둥, 수카부미, 족자카르타),
	인도(델리, 노이다, 구르가온)
2014. 12. 6	대구MBC HD 특집 다큐멘터리 〈세계시민으로 사는 경상도 사람들〉 방영
2014. 12. 10	콘텐츠 스토리북 『아시아 바닷길 순례, 그 몸의 말들』 발간 콘텐츠 전시회
2014. 12. 17~20	〈아시아 바닷길 순례, 그 몸의 말들〉 및 인문학 강좌 개최
	경북대학교 스페이스9
2014. 12. 10~12	경상북도 청사 본관 현관 전시
2014. 12. 20~24	후속사업 〈국제학교 학생과 떠나는 '경북인문기행'〉 진행

세계시민으로 사는 경북인 2015

네오 빠울리스따노 - 벤데로 일군 꼬레봉들의 꿈

- 브라질 현지 4개 도시 취재 / 개인 79명, 53개 단체 인터뷰
- 대구MBC HD 특집다큐멘터리 〈경북의 혼, 브라질의 꼬레방〉 방영
- 콘텐츠 스토리북 『네오 빠울리스따노-벤데로 일군 꼬레봉들의 꿈』 발간
- 콘텐츠 전시회 〈네오 빠울리스따노-벤데로 일군 꼬레봉들의 꿈〉 및 토크콘서트

2015년 경상북도와 (사)인문사회연구소는 6년째 진행하고 있는『21세기 경북의 혼을 찾아 떠나는 新실크로드 - 세계시민으로 사는 경북인』의 대상지로 브라질을 선정했다. 약 5만 명으로 이루어진 브라질 동포 사회는 중남미에서 가장 큰 규모이며, 짧은 기간에 가장 성공적으로 정착한 이민자 사회의 사례로 꼽힌다. 브라질 동포는 70% 정도가 섬유 의류업에 종사하고 있으며 현지 여성 의류 시장의 40%를 점유할 정도로 중요한 위치를 차지하고 있다.

  (사)인문사회연구소 조사팀과 대구MBC 다큐멘터리 제작진은 취재기간동안 동포 중 92%가 거주하는 상파울루 등 5개 도시를 방문해 50여명의 동포들을 만났다. 이들의 이주 과정과 정착기를 취재하고 60년대 최초의 농업이민단이 조성했던 아리랑 농장 터, 브라질 의류업의 중심지면서 한인 거주지와 사업체가 밀집되어 있는 코리아 타운 봉헤찌로 등 주요 장소를 돌아보며 동포들 삶의 궤적에 대한 이해를 심화했다. 또한 공식 이민사가 50년이 넘은 만큼, 현지에서 태어나고 성장한 이민 2세대를 만나 동포 사회의 현재와 미래에 대해 듣는 시간을 가졌다. 취재 결과물은 콘텐츠 스토리북과 다큐멘터리로 제작하고, 전시회와 행사를 열어 지역민들에게 소개했다.

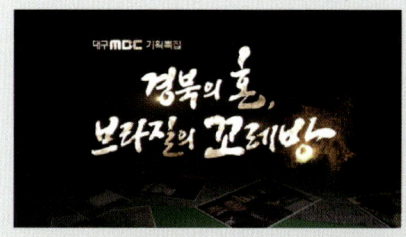

2015. 3월	브라질 현지 취재(개인 79명, 53개 단체 인터뷰) 상파울루, 꾸리찌바, 훠스두이과수, 리우데자네이루
2015. 11. 29	대구MBC HD 특집다큐멘터리 〈경북의 혼, 브라질의 꼬레방〉 방영
2015. 11. 30	콘텐츠 스토리북 『네오 빠울리스따노 - 벤데로 일군 꼬레봉들의 꿈』 발간
2015. 12. 1~2	콘텐츠 전시회 〈네오 빠울리스따노 - 벤데로 일군 꼬레봉들의 꿈〉 및 토크콘서트 꿈꾸는 씨어터

세계시민으로 사는 경북인 2016

고향 곁에 머무는 마음, 자이니치 경북인

- 일본 현지 8개 도시 취재 / 개인 61명, 15개 단체 인터뷰
- 영남일보 기획연재 '디아스포라 - 눈물을 희망으로' 8회
- 해외동포 정체성 찾기 도민회 연수사업 실행 - 일본, 미주, 유럽 등 12개 지역 해외도민회 참여 (43명)
- 콘텐츠 전시회 〈고향에 머무는 마음, 자이니치 경북인〉 개최
- 콘텐츠 스토리북 『고향에 머무는 마음, 자이니치 경북인』 발간 및 토크콘서트
- 세계적인 재일동포 바이올린제작자(故 진창현) 발굴, 이후 유품 기증 및 전시 개최

2016년 경상북도와 (사)인문사회연구소는 7년째 진행하고 있는 『세계시민으로 사는 경북인』 사업의 대상지로 일본을 선정, 조국 근대화에 공헌한 경북출신 재일동포를 재조명 하였다. 일본의 식민지배로 인해 200만의 조선인이 일본으로 이주하였고, 그 중 광복 후에도 귀국하지 못한 60만명이 재일동포 1세대를 형성하였다. 오늘날에는 1세대에서 6세대 까지 약 100만명의 재일동포가 일본에서 살아가고 있다. 재일동포들은 멸시와 차별에 맞서면서도 6·25전쟁, 새마을운동, 88올림픽, IMF 등의 순간에도 고국을 잊지 않고 마음을 모아 전달하였다. 이때까지 재일동포 성금 전체를 환산하면 8,000억원에 달하지만, 그럼에도 이러한 재일동포의 헌신은 잘 알려지지 않았다.

(사)인문사회연구소 조사팀과 영남일보 취재진은 오카야마현, 고베현, 오사카부, 교토부, 가나가와현, 도쿄도, 지바현 등 7개 지역을 방문하여 한국과 일본 사이 경계인으로 살아가지만 한국인의 뿌리를 지켜온 재일동포들을 만났다. 고베 나가타구, 오사카 이쿠노구, 교토 히가시쿠조, 가와사키 오오힌지구, 도쿄 신오쿠보 등 한인 집거지를 찾아 한인 공동체 형성 및 발전사를 취재하였고, 재일동포 1세들을 만나 정착사 및 모국 공헌사를 취재하였다. 또한 현지에서 태어났지만 경북인의 정체성을 가지고 세계시민으로 살아가는 재일동포들을 만나 한인 사회 및 한국정부의 재외국민 정책이 나아가야 할 방에 대한 의견을 듣는 시간을 가졌다. 취재 결과물은 영남일보 기획연재와 콘텐츠 스토리북으로 제작하고, 전시회와 행사를 열어 지역민들에게 소개했다.

2016. 5~6월	일본 현지 취재(개인 61명, 15개 단체 인터뷰)
	오카야마현, 고베현, 오사카부, 교토부, 가나가와현, 도쿄도, 지바현
2016. 7.18~9.6	영남일보 기획연재 '디아스포라 - 눈물을 희망으로 〈2부〉' 8회 연재
2016. 3.9~11	해외동포 정체성 찾기 도민회 연수사업 실행
	일본, 미주, 유럽 등 12개 지역 해외도민회 참가 (43명)
2016. 10.24~28	콘텐츠 전시회 〈고향에 머무는 마음, 자이니치 경북인〉 개회, 경북도청 본관
2016. 12.8	콘텐츠 스토리북 『고향에 머무는 마음, 자이니치 경북인』 발간 및 토크콘서트
	대구예술발전소

세계시민으로 사는 경북인 2017
당신의 산타아나스는 무엇입니까

- 미국 서부 현지 4개 도시 취재 / 개인 55명, 5개 단체 인터뷰
- 영남일보 기획연재 '디아스포라 - 눈물을 희망으로' 7회
- 해외동포자녀 정체성 찾기 연수 '경북 청년 벗나래 캠프' 개최 (41명)
- 콘텐츠 전시회 〈당신의 산타아나스는 무엇입니까〉 개최
- 북 콘서트 〈당신의 산타아나스는 무엇입니까〉 개최
- 콘텐츠 스토리북 『당신의 산타아나스는 무엇입니까』 발간

2017년 경상북도와 (사)인문사회연구소는 8년째 진행하고 있는 『세계시민으로 사는 경북인』 사업의 대상지로 미국 서부를 선정하였다. 1903년 하와이 사탕수수 노동 이민자들을 시작으로 형성된 미 서부 한인 사회는 오늘날 세계 최대의 재외동포사회로 성장하였다.

공식적인 미주 한인 역사는 1903년 1월 13일 한인 이민자들을 태운 갤릭호가 하와이 호놀룰루 항구에 도착한 것을 기점으로 한다. 일본에 들녘을 빼앗긴 가난한 농민들과 유교적 질서를 탈피하고자 한 많은 사람들이 사탕수수 농장 일꾼과 사진신부, 유학생으로 신세계에 오기 시작했다. 한국전쟁 이후부터는 주한 미군과 결혼하여 미국으로 이민 간 군인 아내들과 유학생들의 이민이 이어졌다. 그리고 1965년, 동양인의 미주 이민을 제한하던 미국 이민법이 개정되며 아메리칸 드림을 꿈꾼 한인들의 대대적인 미주이민이 시작되었고, 오늘날 약 250만 명의 한인이 세계 최대 재외한인사회를 형성하기에 이르렀다.

(사)인문사회연구소 조사팀과 영남일보 취재진은 미 서부 하와이, 로스앤젤레스, 샌프란시스코 지역을 방문하여 각 지역의 한인단체들과 경북출신 재미동포 30여명을 만나 1903년 사탕수수농장 이민에서부터 시작된 재미 한인들의 이주사와 한국계 미국인으로서의 삶, 그리고 그들이 이뤄낸 아메리칸 드림을 취재하였다. 또한 1900년대 경북에서 하와이로 이주한 초기

이민자들의 후손과 현지에서 태어난 2세들을 만나 다문화권에서 코리언 아메리칸으로 살아가는 이들의 세계시민으로서의 정체성에 대해 듣는 시간을 가졌다. 취재 결과물은 영남일보 기획연재와 콘텐츠 스토리북으로 제작하고, 전시회와 행사를 열어 지역민들에게 소개했다.

2017. 5~6월	미국 서부 현지 취재(개인 55명, 5개 단체 인터뷰)
	하와이, 로스앤젤레스, 샌프란시스코
2017. 6.22~8.8	영남일보 기획연재 '디아스포라 - 눈물을 희망으로 〈4부〉' 7회 연재
	해외동포자녀 정체성 찾기 연수 '경북 청년 벗나래 캠프' 개최
	재미동포 자녀 참가 (41명)
2017. 12.13~17	콘텐츠 전시회 〈당신의 산타아나스는 무엇입니까〉 개회
	대구예술발전소
2017. 12.15	북 콘서트 〈당신의 산타아나스는 무엇입니까〉 개최
	대구예술발전소
2017. 12.29	콘텐츠 스토리북 『당신의 산타아나스는 무엇입니까』 발간

세계시민으로 사는 경북인 2018

유목의 땅, 유랑의 민족 - 카자흐, 키르기즈 고려인

- 카자흐스탄, 키르기스스탄 현지 4개 도시 취재 / 개인 65명, 12개 단체 인터뷰
- 영남일보 기획연재 '대구·경북 디아스포라 - 카자흐스탄과 키르기스스탄의 고려인' 8회
- 고려인 재외동포 청년과 함께하는 '경북 청년 벗나래 캠프' 개최 (20명)
- 콘텐츠 스토리북 『유목의 땅, 유랑의 민족 - 카자흐, 키르기즈 고려인』 발간
- 북 콘서트 〈유목의 땅, 유랑의 민족 - 카자흐, 키르기즈 고려인〉 개최
- 콘텐츠 전시회 〈유목의 땅, 유랑의 민족 - 카자흐, 키르기즈 고려인〉 개최

2018년 경상북도와 (사)인문사회연구소는 9년째 진행하고 있는 『세계시민으로 사는 경북인』 사업의 대상지로 중앙아시아 카자흐스탄과 키르기스스탄을 선정하였다. 1864년 조선인의 연해주 정착을 기점으로 올해 154주년을 맞은 고려인 역사는 해외 한인 디아스포라의 시초라고 할 수 있다. 1860년대 조선의 빈곤과 국정혼란으로 인해 러시아 연해주, 블라디보스토크 등 극동지역으로 많은 한인들이 이주하여 정착했다. 극동지역은 조선의 독립운동을 위한 피난처가 되었으며, 재소련 조선인들의 독립군 양성 터전이 되기도 했다. 그러나 1937년, 소련의 국내 소수민족 재배치 정책과 일본과의 관계를 고려한 대외정책으로 인해 스탈린은 고려인들을 중앙아시아 카자흐스탄과 우즈베키스탄으로 강제이주 시켰다. 고려인들은 거주 및 이주 제한을 받았으며 집단농장인 콜호즈에서 농업에 종사하며 그들의 전통과 풍속, 예절을 지켜왔다. 1953년 스탈린 사후 고려인들에게 이주의 자유가 허용되며 고려인들은 카자흐스탄과 우즈베키스탄을 넘어 키르기스스탄, 러시아 등 유라시아 전역으로 뻗어나갔다. 오늘날 카자흐스탄의 고려인들은 약 10만 명, 키르기스스탄의 고려인들은 약 2만 명으로 추산된다. 이들은 강제이주의 아픔과 구소련 해체 뒤 혼란스런 상황을 딛고 일어서 한국과 카자흐스탄, 키르기스스탄 사이 가교 역할을 하고 있다.

　　(사)인문사회연구소 조사팀과 영남일보 취재진은 카자흐스탄 우쉬토

베, 캅차가이, 알마티 및 키르기스스탄 비쉬켁 지역을 방문하여 각 지역의 고려인 단체들과 동포 30여명을 만나 이들의 이주사와 고려인으로서의 삶, 이들이 지켜온 정체성과 삶의 문화를 취재하였다. 또한 소련 붕괴 이후 1990년대 경북에서 카자흐스탄, 키르기스스탄으로 이주한 한인들을 만나 이들의 세계시민으로서의 정체성에 대해 듣는 시간을 가졌다. 취재 결과물은 영남일보 기획연재와 콘텐츠 스토리북으로 제작하고, 전시회와 행사를 열어 지역민들에게 소개했다.

2018. 5~6월	카자흐스탄, 키르기스스탄 현지 취재(개인 65명, 12개 단체 인터뷰)
2018. 7~10월	영남일보 기획연재 '대구·경북 디아스포라-카자흐스탄과 키르기스스탄의 고려인〈5부〉' 8회
2018. 7.30~8.4	고려인-재외동포 청년과 함께하는 '경북 청년 벗나래 캠프' 개최 (20명)
2018. 11. 5	콘텐츠 스토리북 『유목의 땅, 유랑의 민족 - 카자흐, 키르기즈 고려인』 발간
2018. 11. 6	북 콘서트 〈유목의 땅, 유랑의 민족 - 카자흐, 키르기즈 고려인〉 개최 안동문화예술의전당
2018. 11.6~11	콘텐츠 전시회 〈유목의 땅, 유랑의 민족 - 카자흐, 키르기즈 고려인〉 개최 안동문화예술의전당

세계시민으로 사는 경북인 2019
열대와 온대 사이의 삶 - 호주·뉴질랜드 경북인

- 호주, 뉴질랜드 현지 5개 도시 취재 / 개인 59명, 9개 단체 인터뷰
- 영남일보 기획연재 '대구·경북 디아스포라 - 호주, 뉴질랜드로 뻗어가는 대구·경북인' 7회
- 콘텐츠 스토리북 『열대와 온대 사이의 삶 - 호주·뉴질랜드 경북인』 발간
- 북 콘서트&콘텐츠 전시회 〈열대와 온대 사이의 삶 - 호주·뉴질랜드 경북인〉, 〈지난 10년의 여정〉

2019년 경상북도와 (사)인문사회연구소는 10년째 진행하고 있는 『세계시민으로 사는 경북인』 사업의 대상지로 호주와 뉴질랜드를 선정하였다.

1973년 당시 호주의 정권을 잡고 있던 노동당은 백호주의를 철폐했고 체류기간이 초과한 이들에게 영주권을 주는 사면령을 내렸다. 이를 기회로 영주권이 없던 이민자들은 호주에 정착할 수 있었다. 호주의 한인 이민자들은 1980년대를 전후하여 '구포'와 '신포'로 나눌 수 있으며, 구포는 베트남에서 노동자로 있다가 호주로 들어 온 '월남파'와 중동에서 건너 간 '중동파'가 있다고 한다. 그리고 1980년대 이후에 호주로 들어 온 투자 이민자들을 신포라고 부르고 있었다.

뉴질랜드의 경우 1965년부터 시행된 콜롬보 플랜으로 한국 유학생들이 뉴질랜드 정부로부터 장학금을 받고 본격적인 유학길에 올랐다. 1991년 해외의 고급인력을 유치할 목적으로 이민자의 나이, 학력, 경력 등을 점수로 계산하여 영주권을 발급해주는 일반 점수 이민제를 시행하였다. 이후 2001년부터 일반 이민, 사업 이민, 가족 이민으로 세분된 이민정책을 통해 한국의 고학력 중산층들이 뉴질랜드 땅을 밟았다. 오늘날 호주의 동포들은 약 16만 명, 뉴질랜드의 동포들은 약 3만 명으로 추산된다. 이들은 세계 최대 다민족·다문화 국가의 일원이 되어 한국과 호주, 뉴질랜드 사이 가교 역할을 한다.

(사)인문사회연구소 조사팀과 영남일보 취재진은 호주의 시드니, 멜번, 브리즈번, 골드코스트 및 뉴질랜드의 오클랜드 지역을 방문하여 각 지역의 한인 단체들과 동포 30여명을 만나 다문화권 국가에서 살아가는 호주, 뉴

질랜드인로서의 삶과 문화를 취재하였다. 또한 1970년을 전후하여 경북에서 호주, 뉴질랜드로 이주한 초기 이민자들과 부모를 따라 떠난 1.5세들을 만나 세계시민으로 살아가는 그들의 정체성에 대해 듣는 시간을 가졌다. 취재결과물은 영남일보 기획연재와 콘텐츠 스토리북으로 제작하고, 전시회와 행사를 열어 지역민들에게 소개했다.

2019. 4~6월	호주, 뉴질랜드 현지 취재(개인 59명, 9개 단체 인터뷰)
2019. 7. 18~9. 5	영남일보 기획연재 영남일보 기획연재
	'디아스포라 - 눈물을 희망으로 〈6부〉'
	'대구·경북 디아스포라 - 호주, 뉴질랜드로 뻗어가는 대구·경북인〈6부〉' 7회
2019. 11. 5	콘텐츠 스토리북 『열대와 온대 사이의 삶 - 호주·뉴질랜드 경북인』 발간
2019. 11. 14.~24	콘텐츠 전시회 : 〈열대와 온대 사이의 삶 - 호주·뉴질랜드 경북인〉
	: 〈지난 10년의 여정〉
	경주세계문화엑스포
2019. 11.14	북 콘서트 : 〈열대와 온대 사이의 삶 - 호주·뉴질랜드 경북인〉
	: 〈지난 10년의 여정〉
	경주세계문화엑스포